부동산 창업을 위한
중개실무 바이블

초보공인중개사의 성공을 위한 필독서

부동산 창업을 위한
중개실무
바이블

당신의 성공 파트너가 되어 줄
20년 이상 베테랑 전문가의 노하우

김진희 · 조우리 지음

매일경제신문사

부동산 시장은 사람들의 심리에 영향받는 인간적인 시장이다. 반복되는 부동산 사이클마다 생명체처럼 변모하는 시장의 파도를 넘어온 저자가 실제 필드에서 다양한 고객과 예측 불허의 상황들을 겪으며 체득한 귀한 실전 중개 팁은 낯선 환경에 첫발을 내딛는 초보공인중개사들이 곁에 두고 언제든 펼쳐 볼 든든한 지침서가 되어줄 것이다.

한국자산관리연구원장 고종완

저자는 20여 년간 현장을 벗어난 적 없는 베테랑 공인중개사다. 중개뿐만 아니라 초보중개사를 위한 창업 실무교육, 한국공인중개사협회 임원, 부동산학과에서 교수로 재직하며 실무와 이론까지 두루 실력을 쌓았다. 이 책은 빠르게 변화하는 부동산 시장에 새롭게 진입하는 공인중개사들이 어떻게 적응해야 하는지 생존 노하우를 제공한다.

KB국민은행 수석전문위원 박원갑

대학에 있으면서 하나도 모르는 1학년 학생이 질문하고, 아무것도 모르는 2학년 학생이 취업 상담을 해주는 장면을 자주 본다. 시중에 나와 있는 수많은 공인중개사 개업에 관한 기술서, 팁, 전략서 등을 볼 때면 걱정이 앞서곤 한다. 김진희 박사님이 저술한 이 책에는 공인중개사 고시에서 시작하여 개업 및 업무 수행에 이르기까지, 중개업 전반에 관한 아주 자세하고 고급스러운 정보가 담겨 있다. 제자들이 첫 아이를 가질 때마다 늘 추천하는 《삐뽀삐뽀○○○》만큼 유익하다.

건국대 부동산학과 교수 신승우

한마디로 말해 이 책은 초보사장님들을 위한 눈높이 부동산 중개 창업설명서이다. 오랜 시간 개업공인중개사로 몸담은 저자의 솔직 담백한 업역 이야기와 함께 철저한 분석적 기술을 접할 수 있고 현장 사례를 통해 실무 정보의 유용성을 확인할 수 있다.

국립 공주대 부동산학과 교수 김재환

학문과 실무 면에서 모두 최고의 성공스토리를 이룬 저자가 어떻게 하면 성공하는 부동산 전문가로서 초석을 이룰 수 있는지 그 노하우를 일목요연하게 제시한 책이다. 부동산에 대한 체계적인 지식과 성공적인 부동산 거래를 하기 바라는 저자의 마음이 고스란히 잘 담겼다.

전 한국공인중개사협회장 박용현

저자의 실전과 경험을 토대로 오랜 자료 수집과 연구를 통해 발간된 이 책은 나에게 깊은 신뢰를 준다. 끊임없이 지식을 축적하고, 세련되게

가공하며, 그 지식에 가치를 불어넣은 저자 김진희 교수의 삶 전체가 이 책에 고스란히 담겨 있어 감사하다.

한국공인중개사협회장 **이종혁**

김진희 교수님은 에듀윌 부동산아카데미에서 대표 교수로 많은 예비 개업공인중개사님들에게 성공 창업을 위한 다양한 비법을 전수해주시고 있다. 이 책은 부동산 경기와 상관없이, 성공 창업으로 이끌어줄 수 있는 바이블이 되어줄 것이다. 창업을 꿈꾸는 공인중개사님들에게 필독서로 추천한다.

에듀윌 부동산아카데미 **심유순 원장**

쉽게 읽자!

몇 해 전 감히 책을 써 보겠다며 책 쓰기 과외를 받은 적이 있었다. 머릿속의 잡학을 글로 옮기는 것이 생각처럼 쉽지 않았다. 그렇게 내 생애 첫 번째 책 쓰기라는 불씨가 사그라들 즈음 출강하고 있는 에듀윌을 통해 출간 제안을 받았다. 불씨가 새롭게 타오르며 다시 도전해야겠다는 생각이 들었다.

쉽게 쓰겠다는 생각으로 시작했다. 강의내용을 바탕으로 하되, 실무에서 사용 빈도가 낮은 내용들은 과감히 뺐다. 꼭 필요한 내용이 쉽게 읽혀야 다음 단계로 넘어갈 수 있다는 생각이 들었다. 휴넷에서 교육 기획 업무를 담당했던 조우리 후배가 때마침 공인중개사 시험에 합격했다. 한창 손 많이 가는 어린 두 아이를 기르며 결코 쉽지 않은 공인중개사 자격 취득에 성공한 것이다. 반가운 마음에 다짜고짜 역할을 분담해 초보자도 쉽게 읽을 수 있는 가이드북을 함께 써보자 제안했다. 쉽게 이해되어 실무의 틀을 잡는 데 도움이 되는 실무활용서를 만들어보자 했다.

'모든 것을 담기보다 필요한 것을 담아보자. 쉽게 읽고, 쉽게 이해할 수 있도록 흐름을 알아가도록 써보자' 하는 마음이었다.

"이론 없는 실무는 천박하고, 실무 없는 이론은 허무하다"

은사이신 공주대 부동산학과 김재환 교수님 말씀이다. 2001년 미국 여기저기를 둘러보고 귀국해 본격적으로 이민을 준비했다. 준비가 마무리되어가던 때 9·11사건이 발생했다. 눈앞이 깜깜했던 내게 사촌 누나는 부동산중개업을 추천했다. 상황이 나아지길 기다리는 동안 부동산 공부도 해볼 겸 시작한 중개보조원으로 부동산중개 시장에 발을 들여놓은 지 어느덧 23년째다. 2002년 경제학 석사 학위를 취득하고, 2003년 제14회 공인중개사에 합격하며 본격적으로 내 사무실을 열고 중개업에 뛰어들었다. 하다 보니 적성에도 맞고 보람도 있어 중개업을 천직으로 여기며 최선을 다했다. 하지만 종종 실무에서 한계를 마주했고 전문 이론의 갈급함은 나를 또 다시 새로운 공부로 이끌었다. 2008년 한양대 부동산학과 입학을 시작으로 2013년 부동산학 석사, 2021년 공주대 부동산학 박사 학위를 취득했다.

이후 공주대 부동산학과 겸임교수로 학부생들과 대학원생들을 대상으로 강의를 하고, 에듀윌 부동산 아카데미에서 부동산 창업 실무 강의를 하며 중요한 사실을 깨달았다. 배우는 사람의 관점과 가르치는 사람의 관점이 다르다는 것이다. 특히 에듀윌에서 합격자들과 소통하며 초보 공인중개사가 실제로 어떤 것들을 궁금해하고 어떤 정보를 가장 필요로 하는지 알게 되었다.

부동산중개는 책 속에 있지 않다. 맞부딪혀야 하는 현실이자 실무다. 하지만 이론이 스미지 않은 실무는 한없이 가볍고 얕다. 배움 없이 주먹구구식으로 반복되는 실무의 가벼움을 인식한 후 부족하게나마 기존의 틀을 벗어나려 노력해왔다.

2020년대에 들어서도 19세기의 유물로 남았어야 마땅한 '복덕방'이라는 이름이 그대로 불리는 것이 씁쓸했다. 동네 사랑방 그 이상의 역할을 기대할 수 없는 듯한 인상을 주는 낡은 말은 내가 배워 온 이론 속 공인중개사의 역할과 책임과는 거리가 먼 명칭이었다. 실제로 이 직업을 폄하하는 이들이 멸칭처럼 쓰는 말이기에 더욱 꺼려졌다.

나는 변화하는 이 시장에서 부동산중개의 새로운 패러다임을 만들어 갈 의지가 있는 독자라면 그게 누구든지 배움을 향한 열망에 미력이나마 보탬을 주고 싶다.

그럼에도 나는 종종 자신을 미숙하다고 여긴다. 세상엔 배워야 할 것이 무궁무진하고 끊임없이 세상의 변화를 받아들이고 적응하려 노력한다. 삶의 균형을 잡아가며 돈을 버는 것, 그에 맞는 지식을 습득하는 과정은 반백 살 나이처럼 조금 더딜지도 모르지만, 독자와 함께 고민하며 실천해 나가고 싶다.

부동산 시장과 부동산중개 시장은 다르다

현재 부동산 시장은 어렵고 힘든 시간을 보내고 있다. 다만 여기서는 부동산 시장과 부동산중개 시장을 구분해 이해할 필요가 있다. 부동산 시장의 호황과 불황이 가격에 맞춰져 있다면, 부동산중개 시장은 거래량에 맞춰져 있다. 다시 말해 부동산 시장의 어려움이 일정 기간 지속되더라도 저가 매물이 시장에 지속 유입되면, 현금 여력이 있는 사람들의 매수세 증가는 거래량 증가로 이어진다. 이렇게 되면 자연스레 부동산중개 시장이 부동산 시장보다 호황을 먼저 맞이하게 된다.

사상 최악의 거래 실적에 개업공인중개사들의 한숨 소리가 여기저기서 들려온다. 과연 이런 상황에서 우리는 창업을 해야 하는가? 아니면 부동산 경기가 좋아지는 날을 하염없이 기다려야 하는가? 사람마다 처한 상황이 다르지만 나라면 불황기에 창업하겠다고 말한다. 그동안의 경험을 돌아보면 불황기 창업은 호황기 창업보다 이점이 많다. 예컨대 불황기에 선택할 수 있는 사무소가 더 많다. 불황기의 낮은 권리금은 초기 창업비용을 줄여준다. 절약한 권리금으로 불황기를 버티며 시장을 익히고 배우자. 뭐든 하루아침에 되는 게 있는가? 오히려 부동산 불황은 중개사에게 공부하며 성장할 시간을 제공한다. 우리에게 내공을 쌓아 갈 기회를 제공한다. 그리고 내 경험에 비추어볼 때 어려운 시기에 맺어진 고객과의 인연이 오래가고 신뢰도 높다. 신뢰로 이어진 인연은 서로에게 많은 비즈니스 기회가 되기도 한다.

반면 부동산 경기가 좋을 때는 선택할 수 있는 중개사무실이 많지 않고, 권리금은 높게 형성된다. 또한 부동산을 매도하고자 하는 매도의뢰인은 적고 상대적으로 매수의뢰인은 많아 매도인 입장에서 중개사에게 아쉬운 얘기를 할 이유가 없다. 다시 말해 중개사의 물건 확보가 쉽지 않다. 따라서 부동산중개시장 진입은 요즘 같은 불황기에 하는 게 조금 더 유리하다. 때로는 역발상이 옳은 선택이 될 수 있다. 어려운 시절이라 한탄하며 무작정 때를 기다리기보다 선점한다는 마음으로 한번 도전해보자. 자격증 취득을 위해 이 악물고 공부했던 기억을 떠올려보자. 만용으로 시작하자는 것이 아니라 공포감으로 물러서기보다 내가 뛸 수 있는 공간을 찾아보자는 의미이다.

필자는 20여 년간 현장경험과 한국공인중개사협회 임원(감사)의 값진 경험을 통해 전국의 부동산중개 현장 속 중개사들의 삶과 행정을 깊숙이 체험했다. 때론 협회의 대표 자격으로 국토부를 드나들며 부동산중개업 정책의 방향을 두고 관계자들과 격론하기도 했다. 부동산학 박사 학위를 취득하고 에듀윌에서 창업을 준비하는 공인중개사들의 현장 애로를 들었고, 공주대 겸임교수로 있으며 학부생들의 어려운 취업 관문에 공감했다. 또 건설, 금융, 시행, 공무원 등의 각 분야 전문가들로 구성된 대학원생들과 쌍방향 소통하며 부동산 산업 발전의 방향성을 함께 고민했다. 그래서 부동산중개 시장을 그 누구보다 잘 알고 있다고 자신감 있게 말할 수 있다.

필자가 몸담은 네오부동산중개법인도 2023년부터 중개업 프랜차이즈를 시작한다. 어려운 부동산중개 시장을 감안하여 시범 가맹점에는 가맹비와 창업 컨설팅 및 교육을 무료로 제공하며 인테리어와 간판도 내부 규정만 준수하면 자체적으로 별도 공사 진행이 가능하다. 가맹점이 잘돼야 본사도 성장할 수 있다는 박용현 대표이사(한국공인중개사협회 제12대협회장)의 생각이다.

이 책은 읽고 따라오기만 하면 어느새 중개 실무의 기초가 다져지도록 내용을 알기 쉽게 구성하였다. 이 책과 더불어 필자는 앞으로 개업공인중개사들의 관점으로 현장의 문제를 인식하고 솔루션을 제시하겠다. 지엽적이고 편법적인 지식보다는 틀을 잡을 수 있도록 밑그림을 그려보겠다. 중심을 벗어나지 않고 정신 바짝 차리고 이끌어가겠다. 부동산중개를 통해 성공 부동산으로 함께 달려 가보자.

마지막으로 책이 나오기까지 도와주신 매경출판 편집팀 여러분, 오랜 시간 한결같이 든든한 파트너로 일해온 권지영 소장님, 신뢰로 함께해준 네오부동산중개법인 박용현 대표이사님과 회사 동료분들께 감사드리며, 항상 부족한 아들을 위해 기도하는 어머니와 조용히 옆을 지켜준 아내, 잘 자라준 대학생 두 아이 준수, 연수에게 감사한다. 내 인생, 기쁘고 어려운 모든 때 항상 함께하신 주님께 작은 영광을 돌린다.

부동산학 박사·공인중개사 **김진희**

먼저 여러분들의 공인중개사 합격을 진심으로 축하합니다. 각자의 자리에서 공인중개사 자격증을 얻기까지 정말 고생 많으셨습니다.

저는 그동안 약 12년간 기업교육 HRD 분야에 몸담았고, 두 아이 출산 후 많은 고민 끝에 기존의 조직생활을 마무리하게 되었습니다. 임원 조찬특강이 있는 날이면 새벽에 출근을 해야 했고, 장기연수교육이 있을 때는 몇 달을 연수원에서 지내야 했습니다. 또한 매일 왕복 3시간 이상이 걸리는 출퇴근시간으로 평일에는 아이를 부모님께 맡기고 주말에만 아이를 만나는 상황에, 과연 무엇을 위하여 이렇게까지 일해야 하는지에 대한 회의감이 들기 시작했습니다. 지금 이 시간에도 삶의 현장에서 고군분투하는 이 시대의 여느 워킹맘들과 같은 생각이었겠지요?

출산 후 완전히 바뀌어 버린 삶 속에서 혼란스러워하며 결국 저는 퇴사를 결심하고 공인중개사 자격증 시험을 준비하게 되었습니다. 감사하게도 32회 시험에 동차로 합격하게 되었고, 기존의 저의 경력과 전혀 다른 분야인 공인중개사로 직업을 전환하게 되었습니다.

제가 지금까지 경험한 바 공인중개사는 여성으로서, 엄마로서 일과 육아를 병행할 수 있는 정말 좋은 직업이라고 생각합니다. 또한 중개를 하면서 내 개인투자 및 재테크에도 도움이 되니 이 또한 장점이 아닐는지요? 이처럼 제가 이렇게 만족하고 있는 이 직업을, 여러분들과도 함께 하고 싶은 마음애 글을 쓰게 되었습니다.

이 책은 저처럼 이제 막 자격증을 취득한 초보공인중개사를 대상으로 중개사무소 창업 및 계약서 작성 등의 중개실무를 다룬 중개업 입문서입니다. 저는 32회 공인중개사로 여러분과 같은 초보자의 입장에서 중개사무소 창업을 위해 궁금한 것들을 책 내용에 최대한 담으려고 노력했습니다.

마지막으로 많은 분들께 감사의 말을 전하고 싶습니다. 먼저 과거의 소중한 인연을 계기로 이렇게 저를 이끌어주시고 많은 가르침을 주신 김진희 대표님께 진심으로 감사드립니다. 엄마가 새로운 도전을 하는 데 어려움이 없도록 예쁘고 착하게 잘 자라주고 있는, 존재만으로도 귀하고 소중한 사랑하는 우리 딸 최아인, 아들 최하준 고맙습니다. 늘 내 편이 되어주고 지원해주는 사랑하는 나의 남편 최용균, 언제든 물심양면으로 도움주시는 부모님과 가족 모두에게 항상 감사하고 사랑한다고 전하고 싶습니다. 또 부족한 글이지만 책으로 출판할 수 있도록 많은 도움주신 매경출판 편집팀분들 모두에게 진심으로 감사드립니다. 끝으로 언제나 늘 나와 함께 동행하시고 힘이 되어주시는 하나님께 이 모든 영광을 돌립니다.

공인중개사 **조우리**

차 례

PART 1

공인중개사에 대한
흔한 오해와 진실

공인중개사
시장 분석

　　2022년도 제33회 공인중개사 자격시험에 38만 명 이상의 응시자가 몰렸다. 1985년에 처음으로 시작된 공인중개사 시험은 과거에는 '중년의 고시'로 통했으나, 최근에는 2030 청년들이 대거 뛰어드는 추세이다. 취업에 도움이 될 것이라는 기대감과 함께, 최근 몇 년간의 집값 상승으로 중개보수를 많이 받을 수 있다는 인식 역시 너도 나도 공인중개사를 꿈꾸게 한 요인이다. 또한 현재는 1차, 2차 각각 평균 60점만 넘으면 합격하는 절대평가 방식이지만, 정부가 상대평가 전환을 예고하면서 제도가 바뀌기 전에 도전한 사람들도 많을 것으로 보인다. 실제로 한국공인중개사협회 관계자의 말에 따르면 '시험의 상대평가는 시간문제이지 입법·행정부와의 조율이 거의 끝났다'고 한다.

제33회(2022년도) 공인중개사 자격시험 합격현황

○ 응시인원 및 합격률

(단위 : 명, %)

구분	대상	응시	결시	응시율	합격인원	합격률
제1차 시험	238,779	176,016	62,763	73.72	34,746	19.74
제2차 시험	149,059	88,378	60,681	59.29	27,916	31.59

＊ 2021년도 합격률: 1차 시험 21.35%, 2차 시험 29.07%

○ 성별

성별	1차 시험			2차 시험		
	대상	응시	합격	대상	응시	합격
총계	238,779명	176,016명	34,746명	149,059명	88,378명	27,916명
여성	118,329명	90,136명	17,031명	69,989명	43,387명	14,434명
남성	120,450명	85,880명	17,715명	79,070명	44,991명	13,482명

○ 연령대별

연령별	1차 시험			2차 시험		
	대상	응시	합격	대상	응시	합격
총계	238,779명	176,016명	34,746명	149,059명	88,378명	27,916명
10대	572명	454명	56명	303명	183명	28명
20대	26,457명	19,071명	4,326명	17,275명	9,479명	3,200명
30대	65,760명	47,759명	8,657명	39,063명	20,588명	6,841명
40대	76,658명	56,134명	10,506명	45,850명	26,820명	8,909명
50대	54,375명	40,870명	9,154명	35,642명	23,522명	7,363명
60대	14,070명	10,997명	1,984명	10,279명	7,331명	1,537명
70대	844명	693명	60명	613명	430명	37명
80대	42명	37명	3명	33명	24명	1명
90대	1명	1명	0명	1명	1명	0명

자료: 한국산업인력공단(Q-net)

○ 응시인원 및 합격률

회차	시행년도	접수자수	응시자수	합격자수	합격률
제 33회 1차 시험	2022년 10월 29일	238,779명	176,016명	34,746명	19.74%
제 33회 2차 시험	2022년 10월 29일	149,059명	88,378명	27,916명	31.59%
제 32회 1차 시험	2021년 10월 30일	247,911명	186,278명	39,775명	21.35%
제 32회 2차 시험	2021년 10월 30일	152,064명	92,569명	26,913명	29.07%
제 31회 1차 시험	2020년 10월 31일	213,959명	151,666명	32,367명	21.34%
제 31회 2차 시험	2020년 10월 31일	129,088명	75,206명	16,554명	22.01%
제 30회 1차 시험	2019년 10월 26일	183,659명	129,694명	27,875명	21.49%
제 30회 2차 시험	2019년 10월 26일	114,568명	74,001명	27,078명	36.59%
제 29회 1차 시험	2018년 10월 27일	196,939명	138,287명	29,146명	21.10%
제 29회 2차 시험	2018년 10월 27일	125,652명	80,327명	16,885명	21%
제 28회 1차 시험	2017년 10월 28일	184,760명	128,804명	32,969명	25.60%
제 28회 2차 시험	2017년 10월 28일	120,560명	76,393명	23,698명	31.02%
제 27회 1차 시험	2016년 10월 29일	163,180명	112,038명	29,749명	26.55%
제 27회 2차 시험	2016년 10월 29일	110,071명	71,829명	22,340명	31.10%
제 26회 1차 시험	2015년 10월 24일	137,875명	93,185명	25,956명	27.85%
제 26회 2차 시험	2015년 10월 24일	90,896명	58,178명	14,913명	25.63%
제 25회 1차 시험	2014년 10월 26일	112,311명	75,235명	16,992명	22.59%
제 25회 2차 시험	2014년 10월 26일	71,641명	45,655명	8,956명	19.62%
제 24회 1차 시험	2013년 10월 27일	96,279명	62,817명	14,243명	25.03%
제 24회 2차 시험	2013년 10월 27일	62,380명	39,343명	9,846명	22.67%
제 23회 1차 시험	2012년 10월 28일	104,649명	69,335명	12,711명	18.33%
제 23회 2차 시험	2012년 10월 28일	74,067명	44,540명	11,373명	25.53%
제 22회 1차 시험	2011년 10월 23일	106,980명	72,482명	9,800명	13.52%
제 22회 2차 시험	2011년 10월 23일	86,179명	56,875명	12,675명	22.28%
제 21회	2010년 10월 24일	127,459명	67,039명	15,072명	22.50%
제 20회	2009년 10월 25일	155,024명	73,180명	15,719명	21.50%
제 19회	2008년 10월 26일	169,434명	89,428명	15,920명	17.80%
제 18회	2007년 10월 28일	153,640명	82,465명	19,593명	23.80%

회차	시행년도	접수자수	응시자수	합격자수	합격률
제 17회	2006년 10월 29일	147,402명	79,398명	10,496명	13.20%
제 16회	2005년 10월 30일	151,636명	81,543명	16,493명	20.20%
제 15회 추가	2005년 05월 22일	138,272명	88,622명	30,680명	34.50%
제 15회	2004년 11월 14일	239,263명	167,797명	1,258명	1%
제 14회	2003년 09월 21일	261,533명	147,500명	29,636명	11.30%
제 13회	2002년 10월 20일	265,995명	159,795명	19,169명	7.20%
제 12회	2001년 09월 16일	132,996명	85,456명	15,461명	11.30%
제 11회	2000년 09월 24일	129,608명	91,823명	14,855명	15.90%
제 10회	1999년 04월 25일	130,116명	81,585명	14,781명	11.40%
제 9회	1997년 11월 02일	120,485명	69,953명	3,469명	2.90%
제 8회	1995년 11월 12일	72,940명	42,423명	1,102명	1.50%
제 7회	1993년 11월 13일	49,602명	28,114명	2,090명	7.40%
제 6회	1991년 11월 10일	95,775명	65,187명	1,798명	2%
제 5회	1990년 04월 01일	42,766명	30,660명	3,524명	11.50%
제 4회	1998년 12월 18일	33,400명	25,964명	5,507명	21.20%
제 3회	1987년 11월 19일	26,257명	19,166명	943명	4.90%
제 2회	1986년 11월 02일	39,083명	36,167명	3,018명	11.60%
제 1회	1985년 09월 22일	198,808명	157,923명	60,277명	38.20%

자료: EBS 공인중개사(https://www.ebs.co.kr/land/examInfo/pass#none)

이처럼 '어른들의 수능'이라는 신조어를 만들어 낸 공인중개사 시험에서 여러분들 역시 공부할 때는 합격만 하면 모든 것이 탄탄대로일 것만 같았지만, 막상 합격하고 나니 창업도 취업도 만만치 않다는 것을 느끼고 있을 것이다. 응시생들은 장밋빛 전망을 꿈꾸며 시험에 도전하지만 실제로 모든 공인중개사가 고소득을 올리는 것은 아니다. 공인중개사 시장이 이미 포화됐다는 지적이 오래전부터 나왔고 일각에서는 이제 집값이 고점을 찍었다는 얘기도 있다. 최근에는 거래가 없어 가게 월세도 내기 힘든 지경이라고 토로하는 개업공인중개사도 많다. '반값 중개보수' 역시 공인중개사에게 어려움으로 다가온다. 국토교통부는 2021년 10월 19일부터 부동산중개 수수료를 기존보다 최대 절반으로 인하하는 새 공인중개사법 시행규칙을 공포·시행했다.

○ **부동산 중개보수 요율표 (주택: 주택의 부속토지, 주택분양권 포함)**

거래내용	거래금액	상한요율	한도액	중개보수 요율결정	거래금액 산정
매매·교환	5천만 원 미만	1천 분의 6	25만 원	– 중개보수는 거래금액×상한요율 이내에서 결정(단, 이때 계산된 금액은 한도액을 초과할 수 없음)	– 매매: 매매가격 – 교환: 교환대상 중 가격이 큰 중개 대상물 가격 – 분양권: 거래 당시까지 불입한 금액(융자 포함) + 프리미엄
	5천만 원 이상~ 2억 원 미만	1천 분의 5	80만 원		
	2억 원 이상~ 9억 원 미만	1천 분의 4	없음		
	9억 원 이상~ 12억 원 미만	1천 분의 5	없음		
	12억 원 이상~ 15억 원 미만	1천 분의 6	없음		
	15억 원 이상	1천 분의 7	없음		
임대차 등 (매매·교환 이외)	5천만 원 미만	1천 분의 5	20만 원	– 중개보수는 거래금액×상한요율 이내에서 결정(단, 이때 계산된 금액은 한도액을 초과할 수 없음)	– 전세: 전세금 – 월세: 보증금 + (월차임액×100) 단, 이때 계산된 금액이 5천만 원 미만일 경우: 보증금 +(월차임액×70)
	5천만 원 이상~ 1억 원 미만	1천 분의 4	30만 원		
	1억 원 이상~ 6억 원 미만	1천 분의 3	없음		
	6억 원 이상~ 12억 원 미만	1천 분의 4	없음		
	12억 원 이상~ 15억 원 미만	1천 분의 5	없음		
	15억 원 이상	1천 분의 6	없음		

※ 2021.10.19. 시행
※ 공인중개사법 시행규칙 제20조 제1항, 별표 1)

공인중개사로 먹고 살기 어렵다는 점은 통계에서도 살펴볼 수 있다. 한국공인중개사협회에 따르면 2021년 공인중개사들의 중개업소 신규 개업 건수가 1만 6,806건으로 전년(1만 7,561건) 대비 4.3% 감소했다. 2013년 이후 최소 수준으로 떨어진 것이다. 전국적인 주택 거래절벽과 오프라인 사무실이 없어도 영업을 할 수 있는 온라인 플랫폼이 늘어난 영향으로 보인다. 2021년에는 부동산 규제 기조가 유지된 가운데, 하반기 대출규제가 강화되면서 주택 거래가 급감했다. 거래량이 줄어들면서 중개사들 간 경쟁이 심해져 창업 유인이 줄어들게 되었다. 또한 2021년 기준 공인중개사 자격증 소지자 49만 3,502명 중 11만 6,327명(23.6%)만 중개업소를 운영 중이다. 자격증 소지자 4명 중 1명만 창업하여 개업 공인중개사로 종사 중인 것이다. 대부분의 사람들은 불안한 미래를 대비해 인생 2막을 위한 보험 정도로 생각하고 공인중개사 자격을 취득하는 경우도 많다.

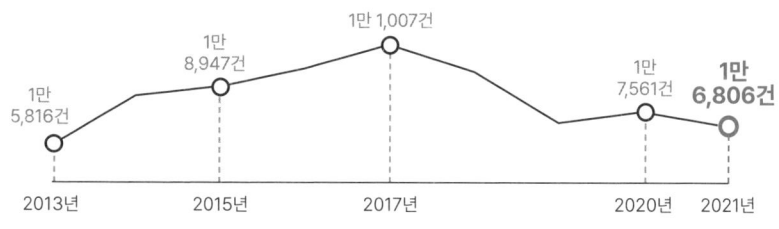

2021년 전국 공인중개사 현황 (단위 : 건)

○ **연도별 신규 등록 건수 추이**

1만 5,816건 (2013년)
1만 8,947건 (2015년)
1만 1,007건 (2017년)
1만 7,561건 (2020년)
1만 6,806건 (2021년)

○ **자격증 소지자 중 중개업소 운영 비율** (전체 소지자 : 49만 3,502명) ▨ 미운영 ■ 운영 중

76.4% 37만 7,175명 | 11만 6,327명 **23.6%**

자료: 한국공인중개사협회

다음 개업공인중개사 개폐업 현황을 살펴보면 개업률만큼 휴폐업률
도 상당한 것을 알 수 있다.

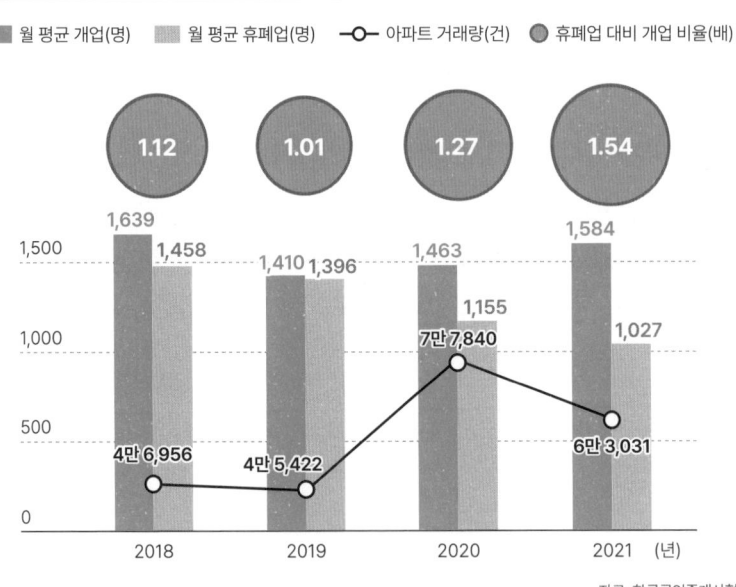

공인중개사 개폐업 현황

■ 월 평균 개업(명)   ■ 월 평균 휴폐업(명)   ─○─ 아파트 거래량(건)   ● 휴폐업 대비 개업 비율(배)

자료: 한국공인중개사협회

2020년 7월 14일에 정부가 발표한 한국판 뉴딜 정책의 10대 대표 과
제 중 '지능형 정부 전환'에서, 중개사 없는 부동산거래시스템에 관한 내
용이 있었다. 중개사의 소개로 매물을 직접 방문하는 방법 대신 VR(가상
현실)과 AR(증강현실) 기술을 활용해 집을 보고 거래하는 시스템을 만들
겠다는 것이다. 또한 해외시장 개방에 따라 대형 부동산법인이 국내로
진출하고 있고, 4차 산업혁명에 발맞추어 AI 로봇이 중개를 하거나 메타
버스 활용이 예상되는 등의 중개시장 변화가 감지된다. 온라인 기반 부

동산중개 플랫폼이 늘어나고 있다는 점도 공인중개사들의 개업을 위축시키는 요인으로 꼽힌다.

첨단 정보기술과 부동산 서비스가 결합된 프롭테크Proptech 기업도 매년 증가하고 있다. 거래 감소로 인한 중개업소 간 경쟁 심화에 온라인 플랫폼, 프롭테크 기업까지 가세하고 있다.

연도별 프롭테크 관련 기업 수 추이

(단위 : 개)

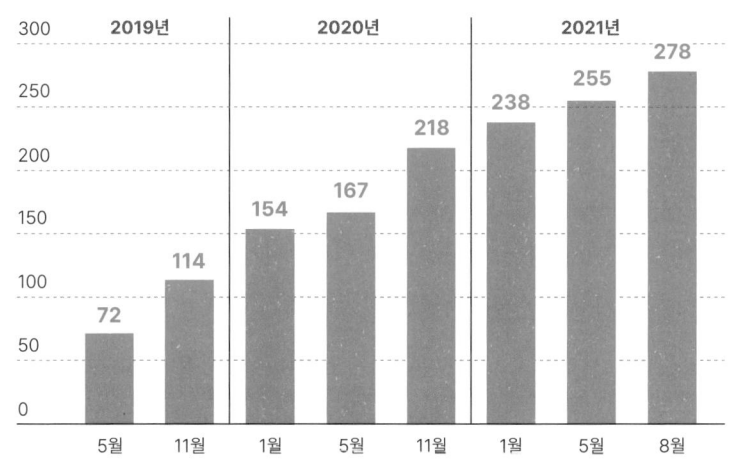

자료: 한국프롭테크포럼

'향후 부동산중개시장도 프롭테크 영향권 안에 들 것인가?'라는 질문을 곳곳에서 받는다. 참 어려운 문제이다. '풍전등화와 같은 중개시장이 프롭테크라는 큰 산 앞에서 갈 길이 막막하다'라고 말하는 분들은 기존 개업 공인중개사들이다. 반면 새롭게 창업을 준비하는 공인중개사들은 기존 시장의 높은 카르텔이라는 현실을 느끼며 뭔가 새로운 방법을 모색하고 있다. 어쩌면 다소 불리해 보이는 신규 공인중개사들이 프롭테크에 손을 빌려 기존

개업공인중개사들의 시장에 도전하는 듯한 모습으로 비춰진다.

'러다이트 운동(1811~1817)'은 산업혁명시대에 영국에서 일어난 기계 파괴운동이다. 산업혁명으로 인하여 기계가 사람들의 일자리를 빼앗자 투쟁에서 패배한 노동자들은 일자리를 잃고 길거리로 나왔다. 그들의 실직 원인인 기계를 파괴하자는 운동이었다. 결국 산업혁명의 큰 물결을 거스르지 못하고 러다이트 운동은 끝났다. 지금의 프롭테크도 어쩌면 4차 산업혁명의 큰 물결이라는 생각을 간과할 수 없다. 갈수록 프롭테크의 영역은 확대될 것이고, 고객들은 중개서비스의 질을 프롭테크의 활용 정도를 통해 판단할 것이다.

그동안의 부동산중개시장은 교차로 등 생활정보지 광고에서, 부동산114·닥터아파트 등 인터넷 플랫폼 광고를 지나, 다음부동산·네이버부동산·직방·다방·호갱노노 등을 뛰어넘어, 이제는 밸류맵·디스코·부동산지인 등을 활용하고 있다. 이러한 프롭테크 사이트를 쉽게 접하면서 고객이 공인중개사보다 더 스마트해지고 있다. 지금은 5060세대가 부동산 시장을 주도하고 있지만, 향후 지금의 3040세대가 시장을 주도하게 되면 부동산도 더 이상 발품이 아니라 손품 시장이 될 것이다. 그러므로 앞으로 공인중개사들은 새로운 기술을 두려워하기보다 적극적으로 활용하고 도전해야 한다.

- **공인중개사:** 공인중개사 시험에 합격한 사람이다.
- **개업공인중개사:** 본인 명의 부동산중개사무소를 운영하는 공인중개사로 보통 대표, 대표공인중개사, 소장으로 불린다(이하 '개공').

- **소속공인중개사**: 개업공인중개사가 운영하는 사무소에 취업한 공인중개사로 보통 실장, 부장으로 불린다(이하 '소공').
- **중개보조원**: 개업공인중개사가 운영하는 부동산사무소에서 물건에 대한 간단한 안내나 일반사무를 하는 사람이다.

김 박사 이야기 │ **부동산중개사가 된 사연**

부동산 중개일을 하기 전 난 공인중개사가 되겠다는 생각을 한 번도 해본 적 없었다. 20년 전에 미국에 이민가려고 준비하면서 변호사상담, 현지답사까지 다 마치고 난 후 한국에 들어와서 정리하던 중에 911사건이 발생했다. 상황이 나아지길 기다리고 있는 동안 사촌누나의 권유로 시작되었다. 당시 누나는 경기 남부지역에서 분양권 투자를 통해 솔솔한 재미를 보고 있었다.

사촌누나: "여기 와서 중개 배우는 게 어때? 어차피 2년 동안 미국 못 간다면서… 여기서 부동산 배우면 미국에서도 한국부동산 투자가 가능하니…"
필자: "그럼 부동산 공부도 할 겸 한번 해볼까?"

그때부터 사무실에서 중개보조원으로 들어가 바닥청소부터 일을 배웠다. 공인중개사 자격증은 이렇게 일을 배우면서 14회에 자격증을 취득했다. 이후에 일을 가르쳐주신 사수격 소장님과 동업을 했던 경험, 지역 카르텔이 구성되던 시절 안타깝게 비회원으로 취급받아 어려움을 겪었던 경험, 동업에서 독립하여 혼자 사무실을 운영한 경험, 실장 몇 명과 함께 일하며 사무실을 운영한 경험, 유치권 등 22명의 복잡한 권리로 얽혀 있던 공장을 교회로 매수하며 해결했던 경험, 미국계 회사의 한국 진출을 위한 부지 선정 작업에 CBRE와 함께 참여했던 경험 등 이렇게 지금까지 20년 이상 개업공인중개사로서 중개업을 하고 있다.

개업공인중개사를
해야 하는 이유

　이러한 부동산 시장의 어려움 속에서도 꾸준히 공인중개사가 인기 있는 이유는 무엇일까?

직장을 다니며 준비가 가능하다

　공인중개사는 난이도가 낮은 시험은 아니지만 특별한 기술 없이도 단기간에 준비가 가능하고, 자격증만 취득하면 누구나 어디에든 창업을 할 수 있다는 장점을 갖고 있다. 가끔 주변 분들이 공인중개사 시험난이도가 어느 정도인지 묻는다. 그럼 나는 머리로 하는 공부가 아니라 엉덩이로 하는 공부라고 말씀드린다. 그만큼 인내하며 꾸준하게 일정시간 이상을 투자한다면 충분히 합격할 수 있다. 따라서 직장인은 주말이나 퇴근 이후에, 전업주부는 집안일과 육아 중 짬짬이 인터넷이나 스마트폰을 활용해 충분히 준비 가능하다. 예전에는 대부분 학원에서 오프라인 강의에 치중하다 보니 시간적, 공간적 제약이 많았다. 하지만 최근 합격생들을 모니터링해보면 집에서, 직장에서 온라인 강의를 통해 준비하는 분들이 많다.

정년 없는 평생 직업이다

갈수록 심각해지는 취업한파에 취업준비생들은 자신의 경쟁력을 높이려고 각종 자격증 취득에 안간힘을 쓰고 있다. 또한 정년퇴직을 앞둔 이들은 제2의 인생을 준비하기 위해 다방면으로 노력하고 있다. 이러한 상황에서 정년없는 고소득 전문직이 각광받고 있는 가운데, 나이와 학력에 관계없이 누구나 취득 가능한 공인중개사에 대한 관심이 높다. 공인중개사는 노후를 실질적으로 대비할 수 있는 실용적인 자격증이다. 또한 결혼과 출산 후에도 안정적으로 일을 할 수 있기에 남녀노소 모두에게 인기를 끌고 있다.

시간이 자유롭다

중개사무소마다 다소 차이는 있지만 출퇴근이 자유로우며, 본인이 직접 스케줄을 짤 수 있기에 다른 직업군보다 활동의 제약을 덜 받는 편이다. 주변의 일부 개공들은 평일에 산행, 골프 등 취미생활을 하기도 하고, 자기시간을 효율적으로 관리하여 해외탐방, 세미나 등에 참여하기도 한다. 더 나아가 석사, 박사 학위 취득에도 열성적이다. 필자도 그런 개공 중 한 사람이었다. 가끔 내가 다른 일을 했다면 이런 자유로운 활동들이 가능했을까 싶어 내 업무에 감사했다. 한마디로 워라벨을 지켜갈 수 있는 직업이다. 요즘 MZ세대들이 추구하는 삶을 개공들은 자연스럽게 시대를 앞서 살아가고 있다는 생각이 든다. 소득은 일의 능력에 따라 결정되지만 여유 시간은 어떤 일을 하느냐에 따라 결정되는 게 아닐까?

창업 준비가 비교적 쉽고 간단하다

다른 사업에 비해 사무실과 튼튼한 몸만 있으면 바로 창업이 가능하고, 인건비나 재료비 등 큰 부담이 없기에 소자본으로 쉽고 저렴하게 창업할 수 있다. 물론 좋은 입지, 고급 인테리어를 지향한다면 비용이 증가한다. 그러나 중개업의 가장 큰 장점 중 하나는 물건 재고가 없다는 것이다. 상품을 취급하는 대부분의 업체들은 재고관리에 대한 비용이 발생하며, 이것을 제대로 관리하지 않으면 손실이 막대하다. 부동산중개업은 물건의 취득과 관리비용이 광고비, 인건비 정도로 다른 업종에 비해 상대적으로 저렴하다. 추구하는 상황에 따라 다르겠지만 인테리어도 설치 인테리어보다는 소품 위주 인테리어가 더 많아 창업도 쉽고 처분도 쉽다.

성취감을 통해 자신감을 가질 수 있다

중개업은 계약에 따라 수익이 발생한다는 점, 또한 최근 중개보수 개편안 시행에 따른 중개보수 인하 등 어려움도 많다. 그러나 여전히 본인의 영업력에 따라 일반 직장보다 몇 배, 몇 십 배의 소득을 가져다줄 수 있다는 것은 큰 장점일 것이다. 중개계약이 성사되고 중개보수를 받았을 때의 성취감도 매우 크다. 다만, 초보 개공은 중개보수 금액이 얼마인지에 현혹되기보다, 업무의 양을 늘려 성취감을 고취시키는 것이 바람직하다. 이러한 성취감이 자신감으로 이어지고 그 자신감은 다시 중개성사로 이어지는 선순환이 발생하기 때문이다. 어떤 개공은 큰 프로젝트에만 집중한다. 일이 성사되면 당연히 좋겠지만 업무가 잘되기만 하겠는가? 초보개공이 작은 성공을 통해 성취감을 맛보며 일을 발전시켜나간다면 좋은 결과도 얻을 수 있을 것이다.

부동산 재테크를 하기에 좋다

공인중개사는 중개업을 통해 부동산에 대한 심도 있는 지식을 쌓을 수 있고, 부동산 시장을 정확하게 파악할 수 있다. 또한 고객들의 투자패턴을 가까이서 지켜보며 이러한 간접경험을 통해 본인의 재테크에도 관심을 가질 수 있다. '중개로 내공이 쌓이면 반드시 부동산 투자를 한다'는 마음으로 일하자. 강의를 하다 보면 걱정을 넘어 향후 부동산 시장을 매우 부정적으로 보는 공인중개사들을 만나게 된다. 그러면 필자는 '어부가 바다가 무서우면 배에서 내려야 하는 게 아닌가요?'라고 답변한다. 나도 한때 부동산 시장을 부정적으로 바라보던 때가 있었다. '아는 게 병'이라고 경제학을 전공한 입장에서 부동산의 경제적 해석은 자연스러운 귀결이겠으나, 도가 지나쳐 폭락론을 걱정하던 시절이 있었다. 그때는 이 일을 시작한 것이 어찌나 후회스럽고 힘들던지 이직을 고민하기도 했었다. 그러나 필자의 경험적 데이터를 가지고 설명하면 주변의 많은 부자들 중에는 주식보다는 부동산 투자를 통해 부를 이룬 사람들이 많다. 여러분 주변을 둘러보자. 주식을 하는 친구의 결과가 어떠했는가? 코인을 투자한 지인은? 내 주변에 집 사고 땅 사고 건물 산 지인들은 비교적 부동산 투자로 성공한 경우가 많다. 최근 부동산 경기의 어려움을 보며 이런 말을 하는 필자가 이해되지 않는다는 독자도 있을 것이다. 하지만 그동안의 부동산 시장의 사이클을 생각하며 긴 호흡으로 이 시장을 긍정적으로 바라보는 게 어떨까?

폭넓은 업무 수행이 가능하다

공인중개사는 중개대상물의 알선·중개 외에도 부동산컨설팅, 부동산 프랜차이즈, 주택 및 상가 분양대행, 부동산 관리대행 등 전문 컨설턴트로서 부동산의 구입, 이용, 개발, 관리까지 폭넓은 업무를 수행할 수 있다. 2005년 하반기부터는 변호사나 법무사만이 할 수 있었던 경·공매 행위를 중개법인과 공인중개사가 직접 대행할 수 있게 되어 그 위상과 업무 영역이 한층 더 높아졌다.

취업 시 가산점이 추가된다

공인중개사 자격증 보유 시, 일부 기업에서는 2~3% 정도 가산점을 부여하는 등 취업의 폭이 넓어진다. 필자는 공주대 부동산학과에서 학부 및 대학원생을 대상으로 부동산중개론, 부동산공시론 등을 강의하고 있다. 특히 학부생들은 아직 창업보다는 공무원 시험이나 취업 시 가산점을 염두에 두고 공인중개사 시험을 준비하는 경우가 많다. 부동산에 대한 사회적 관심이 증대되면서 공인중개사 시험에 대한 가산점을 주는 기업이 늘어나고 있다는 학생들의 전언이다.

지루할 틈이 없다

중개업은 매번 신규 의뢰인과 신규 부동산을 마주하기 때문에 중개업이 따분하고 지겨워서 그만두는 경우는 드물다. 대신 중개대상물이 바뀌게 되면 거기에 맞는 스킬이나 노하우를 필요로 하기에 일을 할수록 어려움을 느끼기도 한다. 필자는 프로야구를 좋아한다. 팀별 특징이 있지만 유독 페넌트 레이스Pennant Race(정규리그)에 강한 팀이 있고, 포스트 시즌Post Season(정규리그가 끝난 다음 최종 우승을 가리기 위해 하는 모든 경기)에 강한 팀이 있다. 중개업은 포스트 시즌 같은 숏게임의 연속이다. 지루할 틈 없이 계속 집중해야 하고 집중의 결과에 따라 보수가 결정된다.

공인중개사가 전문직이라고는 하지만 아직까지 우리 사회에서 그만한 대우나 신뢰를 받지 못하는 것이 현실이다. 그럼에도 불구하고 공인 중개사에 대한 관심과 열정은 다른 그 어떤 직종보다 뜨겁다. 공인중개 사! 결코 쉽지 않은 직업이지만 그 매력에 한 번 빠지면 절대 빠져나올 수 없을 것이다.

김 박사 이야기 | **공인중개사의 부동산 투자**

주식으로 망했다는 사람은 많지만 부동산으로 망했다는 사람은 거의 보지 못했다(10년 전에 집 산 것 자체를 후회하는 사람은 없다. 무리해서 더 좋은 곳을 사 지 않은 걸 후회하더라도…).

개업공인중개사를 하겠다고 결심했다면 부동산 시장을 긍정적으로 보라. 부 동산의 미래를 걱정하는 사람이라면 이 일에 적합하지 않다. 부동산 시장을 긍정적으로 봐야 중개도 투자도 성공할 수 있다. 성공은 둘째 치고 부동산을 부정적으로 보는 사람이 험난한 이 시장을 버텨낼 수 있겠는가?

삼성전자 주식이 200만 원까지 올랐을 때 5만 원에 산 사람이 있었을 것이 다. 하지만 지금까지 보유하고 있는 사람은 많지 않다. 조금 오르거나 떨어 져도 상황에 따라 팔게 되는 것이 주식시장이다. 부동산은 거주해야 해서, 쉽게 팔리지 않아서, 오를 때는 계속 오를 것 같아서, 가격이 떨어질 때는 고 점가격이 생각나서, 부모님이 주셔서, 와이프가 여기 아니면 이사 안 가겠다 고 해서 등 보유할 수밖에 없는 이유가 수백 가지이다.

나도 한때 폭락론을 지지하며 아파트 폭락한다는 말이 훨씬 일리 있게 들렸 다. 부동산중개를 하면서 폭락론이 마음속에 자리 잡고 있으니 부동산을 어 떻게 재미있게 했겠나? 상당 시간 동안 힘들었다. 중개 수입으로 생활은 그 럭저럭 했지만 투자를 기피하니 자산은 증가하지 않았다. 부동산을 긍정적 으로 볼 수 있어야 중개업이 재미있고 오래할 수 있다.

PART 2

초보 공인중개사, 부동산 창업하기

사업계획서 작성

    비록 사업규모가 작은 개인 중개사무소라 할지라도 구체적인 계획 없이 즉흥적으로 개업한다면 성공하기 어렵다. 사업후보지 부동산의 주거래 종목, 후보지의 지역특성, 개업 가용한 금액, 권리금과 월세, 직원 채용 계획, 동업 여부, 실거래신고와 전월세신고를 통한 매매 및 전월세 거래량, 부동산사무실 매물 후보지 특성, 지역 카르텔 존재 여부와 경쟁관계, 내 전직과의 연관성, 내 성품이나 성별 등 머릿속으로만 생각했던 내용들을 사업계획서를 통해 구체화하고 객관적으로 확인해가면 다시 한 번 정리되며 목적이 명확해진다. 사업계획서는 논리적, 구체적, 객관적으로 작성하되 내 스스로 설득되고 공감되어야 한다. 사업계획서를 통해 현재 본인의 준비상태를 객관적으로 파악하고 스스로 부족함을 깨닫는 것이 진정한 창업 준비의 시작이라 볼 수 있다.

1. 기본에 충실하자

계약서, 확인설명서 작성만 제대로 해도 등록관청 지도단속을 두려워하지 않아도 된다(국세청 지도단속 제외).

2. 공인중개사만 하자

변호사, 감정평가사, 세무사 업무보다는 공인중개사 업무에 집중하자. 고객이 팔겠다면 팔아주고, 사겠다면 사줘라. 공인중개사의 업무는 평가가 아니라 고객의 거래 안전이다.

3. 정치적으로 해석하지 말고 시장을 보자

공인중개사가 정치적 견해를 갖지 말자는 것이 아니다. 고객 앞에서 공인중개사의 정치적 발언은 금물이다. 시장과 역행하는 부동산 정책을 신뢰하기보다 시장을 제대로 보는 혜안이 필요하다.

4. 부동산 신조어를 알자

신조어를 아는 것이 부동산 트렌드를 읽는 지름길이다. 또 신조어를 알면 때론 고객과의 함축적 소통이 가능하다. 초품아, 갭투자, 영끌 등 자세한 내용은 PART8 부록의 '부동산 신조어 및 중개업계 용어' 부분에서 다루도록 하겠다.

5. 내공을 쌓고, 이후 반드시 투자하자

10년간은 헛다리만, 5년간은 관망만, 5년 전부터 본격적으로 한 투자가 지금 어느 정도 경제적 자유를 누릴 수 있게 했다. 필자는 20여 년간 셀 수 없는 중개를 통해 쌓은 경험을 바탕으로 지난 5년간 집중적으로 부동산에 투자했다.

6. 부동산 시장은 내 생각보다 더 오르고, 덜 떨어진다

내 개인적 경험을 바탕으로 말하자면, 가격이 오를 때 공인중개사들 모임에서 앞으로 얼마나 더 오를까를 예측해보면 항상 예측보다 더 올랐다. 반면 하락할 때 얼마나 하락할까를 예측해보면 반대로 예상보다 덜 하락하는 현상을 보였다. 그동안의 가격 추이를 확인해보고, 부동산중개나 투자에 참고하면 도움된다.

7. 갈수록 중개시장은 어렵지만, 경험할수록 기회는 온다

온라인 활용 등 새로운 시장에 적응해나가자. 필자 주변을 둘러보면 사실 부동산중개만으로 부자가 된 분은 많지 않다. 상황마다 다르지만 주변 여러 개공들의 연평균 수입을 보면 샐러리맨보다 못한 경우도 많다. 또한 부동산 중개 수입이 좋아도 수입의 대부분이 그에 맞는 생활비로 지출되는 경우가 다반사다. 경제적 자유는 부동산중개 수입으로 만들어지기보다는 중개를 통한 경험을 기반으로 부동산 투자를 통해 획득 가능하다. 그래서 필자는 시작하는 비기너들에게 "중개로 내공을 쌓고 반드시 부동산에 투자하자"라고 말한다. 우리가 알고 있는 것을 용기 내어 실천할 필요가 있다.

중개사무소
개설등록절차

공인중개사가 사무소를 개설하고자 할 때는 가장 먼저 실무교육을 이수하고 관할지역 관청(시군구청)에 개설등록을 신청한 후, 보증 설정을 하고 중개업등록증을 교부받음으로써 업무를 개시할 수 있다. 등록신청에 필요한 절차 및 서류는 다음과 같다.

중개사무소 개설등록절차

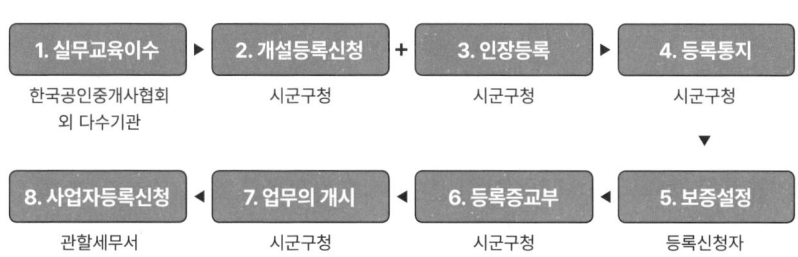

1. 실무교육이수	▶	2. 개설등록신청	+	3. 인장등록	▶	4. 등록통지
한국공인중개사협회 외 다수기관		시군구청		시군구청		시군구청

8. 사업자등록신청	◀	7. 업무의 개시	◀	6. 등록증교부	◀	5. 보증설정
관할세무서		시군구청		시군구청		등록신청자

1. 실무교육이수

(1) 교육대상:

- 공인중개사 자격증 소지자로서 중개사무소 개설등록을 하고자 하는 자(법인의 경우에는 사원, 임원, 분사무소의 책임자 포함) 및 소속공인중개사로 고용되려는 자
- 다만, 실무교육 수료일이 1년 이내인 자, 폐업신고 후 1년 이내에 중개사무소를 개설하려는 자는 교육 불필요

(2) 교육시간: 28~32시간

(3) 교육장소: 한국공인중개사협회(중앙, 각 지부) 외 시·도지사가 지정한 다수의 위탁기관(최근 코로나의 영향으로 비대면 온라인수업으로 진행 중)

(4) 교육비: 13만 원(교재 포함)

(5) 교육내용: 개업공인중개사의 직무수행에 필요한 법률지식, 부동산 중개 및 경영실무, 직업윤리 등

2. 개설등록신청 및 인장등록

(1) 개설등록 시 제출서류

개설등록신청을 위해 중개사무소를 개설하고자 하는 관할 시군구청장에게 다음 서류를 제출해야 한다. 정부24(www.gov.kr)에서 해당서류를 스캔한 후 파일 첨부해 온라인으로도 제출가능하다. 제출 후에는 등록관청 담당자와 직접 통화해서 확인하는 것이 좋다.

- 부동산중개사무소 개설 등록신청서
- 공인중개사 자격증 사본
- 법인 등기부 등본(법인의 경우만)
- 실무교육 이수확인증 사본(1년 이내)
- 여권용 사진
- 사무소 확보를 증명하는 서류(임대차 계약서 사본 등)
- 등록비용

(2) 인장등록

중개업무 개시 전에 인장을 등록관청에 등록해야 한다. 온라인 등록 시에는 백지에 인장을 선명하게 날인하여 스캔 후 파일 첨부하면 된다.

- **개인:** 성명이 나타난 인장으로서 가로·세로 각각 7~30mm 이내인 것
- **법인:** 상업등기 규칙에 의해 신고한 법인의 인장

3. 등록통지

등록신청을 받은 등록관청은 등록 요건(결격사유, 건축법상 사무실 적합 여부, 지방세 체납 여부 등) 검토 후 신청일로부터 7일 이내에 법인과 공인중개사인 개업공인중개사로 구분해 등록하고, 등록 신청인에게 개설등록을

서면으로 개별통지해야 한다.

4. 손해배상책임 보증 설정

공인중개사법 제30조에 의거 개업공인중개사는 업무를 개시하기 전에 손해배상책임을 보장하기 위해 공제 등에 가입한 후 공제증서 사본을 등록관청에 제출해야 한다.

○ 손해배상책임 보장 금액

〈손해배상책임 보장 금액 상향조정(시행령 제24조 제1항 개정, 2021.12.31)〉
- 시행시기: 2023년 1월 1일
- 법인인 공인중개사: 2억 원 → 4억 원
- 법인이 아닌 공인중개사(개인): 1억 원 → 2억 원

○ 공제기관

구분	한국공인중개사협회	SGI서울보증
관리감독기관	국토교통부	금융감독원
목적	회원 간 상호 부조	공제사업을 통한 영리
비용 (1년/2억 원 보장 기준)	24만 원 정도(장기가입 할인)	18만 원(장기가입 할인 없음)
신용점수	영향 없음	공제금액이 부채로 잡혀 신용점수에 영향
보장금액 가입 상향	제한적	제한 없음
공제사고 시 추심 강도	회원 간 상호 부조로 강도 약함	영리업체로 강도 강함
공제사고 시 소송 대행	승소율을 감안해 변호사 선임 후 적극 응대	변호사 대응 소극적
공제 사고 구상권 행사	공제금 지급 시	공제사고 발생 시

5. 등록증 교부

등록관청은 등록대장에 관련 사항을 기재하고 보증설정 여부를 확인한 후 등록증을 교부한다. 참고로 보증보험 공제에 가입 시 공제기관에서 시군구청에 보증설정 여부를 통보해준다.

6. 사업자등록 신청

업무개시일로부터 20일 이내 관할 세무서에 신청해야 한다. 다만, 신규로 사업을 시작하려는 자는 사업개시일 이전이라도 사업자등록을 신청할 수 있다(부가가치세법 제8조 제1항). 사업자등록을 했다는 것은 영리업체를 운영하며 발생하는 수익에 대해 납세의무를 감당하겠다는 의미이다. 참고로 업무 종료시간에 임박해서 방문하면 당일 업무처리가 어려울 수 있으니 최소 1시간 전에 여유롭게 방문하자.

카드단말기 설치나 현금영수증 발행은 사업자등록 이후에 가능하다. 법인의 경우도 법인통장개설은 법인사업자등록 이후에 가능하다. 세금계산서(일반과세자, 법인사업자) 발행을 위한 보안카드 발급도 바로 이어서 하면 효율적이다.

○ **구비서류**

- 사업자등록신청서
- 중개사무소 등록증 사본
- **개인:** 임대차계약서(상황에 맞게 무상 사용승낙서, 전대차계약서 등)
- **법인:** 법인등기부 등본(법인인감카드를 소지하고 등기소에서 발급)

7. 기타

사무실을 계약하기 전에 반드시 등기사항증명서 및 건축물관리대장을 열람하고 부동산중개업이 가능한 장소인지 관련 공무원에게 꼭 확인하도록 하자. 건축물대장상 용도가 맞지 않는다면(제2종 근린생활시설) 담당 주무관이나 시군구청 인근 건축사를 통해 용도변경 가능 여부를 확인하자. 용도 부적합으로 중개사무소 허가가 나지 않는 경우 계약금을 잃게 될 수도 있다.

김 박사 이야기 | **한국공인중개사협회 공제와 서울보증보험**

나는 비용이 더 들더라도 한국공인중개사협회 가입을 추천한다. 행여라도 중개사고가 났을 때 보다 적극적으로 대응해주는 곳이 협회이다(보증보험사는 원칙적으로 대응하는 편).

협회는 중개사고 시 변호사 선임부터 회원에게 유리하게 방어한다. 공제에 따른 고객보상은 판결문을 통해 2억 원(법인 4억 원) 내에서 고객에게 선지급

하고 추후 공인중개사에게 구상권을 청구한다. 그러나 현실적으로 회원 간 상호부조에 입각하다 보니 강하게 구상권을 행사하지 않는 편이다. 다시 말해 회원 입장에서 선의의 사고발생 시 추심에 따른 스트레스가 보증보험사에 비해 상대적으로 적다.

협회의 감독기관은 국토교통부로 공제금이 부채로 잡히지 않기 때문에 금융기관 신용점수에 영향을 미치지 않는다. 반면 서울보증보험은 강력한 채권추심으로 공인중개사로 하여금 강한 심리적 압박을 준다. 또 가입하려는 중개사가 과거 중개사고 경험이 있을 경우 공제 가입을 받지 않는 등 철저히 영리 목적으로 운영된다.

보증보험의 감독기관은 금융감독원으로 공제금이 부채로 잡혀 신용도가 낮아질 수 있다. 한 개업공인중개사가 신용대출을 받으려고 은행에 방문했는데 이미 대출금액이 있다는 이유로 거절당한 사례가 있다. 거절사유는 타 신용정보회사에 보증금 1억 원(과거 보증한도) 대출설정으로 대출불가 판정을 받은 것이다. 이에 협회가 보증보험 가입이 실제 회원의 신용등급에 영향을 미치는지 파악하려고 시뮬레이션한 결과, 보증보험 가입 후 약 2개월 뒤에 신용등급이 3 → 4등급으로, 신용평점은 773 → 728로 대폭 하락한 것으로 확인된 바 있다.

다만, 협회의 경우 만료일 이후 공제가입이 불가하다. 그러므로 공제만료일 1개월 전후 공제만기 안내를 받으면 즉시 재가입하는 것이 좋다. 만약 폐업 시에는 일자별로 금액을 산정하여 반환해준다.

필자는 보증료가 2배라도 2021년도부터 개인중개사무소의 공제금은 2억 원으로, 이듬해에 설립한 중개법인은 4억 원으로 가입했다. 내 사무실 근처 전용면적 85㎡ 미만 아파트 시세가 12~18억 원이므로 계약금을 10% 넣으면 1억 원 이상이 되기 때문이다. 공제금을 2억 원 이상으로 가입하고 "선생님, 제가 2억 원으로 공제보험을 들었으니 문제발생 시 제 보증금에서 책임지겠습니다. 걱정 마세요" 하며 논리적으로 고객에게 보장금액을 설명해주면 신뢰가 커진다. 사실 2억 원은 1건에 대한 보증금액이 아니라 공인중개사 전체 사고에 대한 보장금액이다. 그렇지만 고객 입장에서는 크게 안심할 수 있다.

현재 협회 공제는 개인의 경우 의무 2억 원, 최대 3억 원까지이고, 법인의 경우 의무 4억 원, 최대 5억 원까지 보증보험을 가입할 수 있는데, 개인적으로 협회에 자율적으로 10억 원까지 공제가입할 수 있도록 건의했고 필자 의견에 공감하는 개공이 늘어나고 있는 추세이다. 고객과의 신뢰 측면에서 협회 공제보장금액을 증액하는 것도 고려해보자.

○ 한국공인중개사협회 공제가입 혜택

- 거래정보망 무료(한방부동산포털, 한방앱, 네이버 매물 월 15건 무료전송)
- 예정이자 할인(공제가입기간 3년 시 5%, 5년 시 10% 추가 할인)
- 무사고 장기공제가입 할인
- 중개보수 청구소송 관련 송달료 지원 등
- 부동산중개사고 예방가이드 제공

공인중개사
필수 법정 교육

개업공인중개사 등 부동산중개업종사자에 대한 교육 관련 개정 법령이 2014년 6월 5일부터 시행됨에 따라 개업공인중개사, 소속공인중개사, 중개보조원 등은 아래의 법정 교육을 의무적으로 이수해야 한다(공인중개사법 제34조). 참고로 현재는 코로나19 모두 온라인 교육으로 진행 중이다.

1. 실무교육

중개사무소의 개설등록을 신청하려는 자(법인의 임원·사원, 분사무소의 설치신고를 하려는 경우 분사무소의 책임자) 및 소속공인중개사로 고용되려는 자는 개설등록 신청일 전(소속공인중개사는 고용신고일 전) 1년 이내 28~32시간의 실무교육을 이수해야 한다(이수일로부터 1년간 유효).

2. 직무교육

중개보조원은 고용신고일 전 1년 이내에 3~4시간의 직무교육을 이수해야 한다(이수일로부터 1년간 유효).

3. 연수교육

개업공인중개사(법인의 임원·사원·분사무소 책임자 포함) 및 소속공인중개사는 실무교육을 받은 후 2년마다 연수교육을 이수해야 한다.

(1) 교육대상:

- 실무교육을 받은 개업공인중개사 및 소속공인중개사(실무교육 후 2년마다)
- 중개법인의 대표, 분사무소 책임자 또는 임원·사원

(2) 이수기간: 교육대상 해당연도의 1월 1일부터 12월 31일까지

(3) 교육시간: 12~16시간

(4) 교육장소: 한국공인중개사협회 외 시·도지사가 지정한 다수의 위탁기관

(5) 기타: 기한 내 연수교육을 이수하지 않는 경우에는 100만 원 이하의 과태료가 부과됨

창업시기 선정

　중개사무소의 경우 합격자 발표가 있는 12월부터 시장이 슬슬 움직여, 다음해 2~4월쯤 매물이 많이 나오는 편이다. 호경기에는 사무소 자리가 없고 불경기에는 쏟아지는데 최근에는 다르다. 매년 공인중개사 합격자 수가 증가하며 33회는 2만 8,000여 명의 합격자가 배출되어, 불경기임에도 불구하고 중개사무소를 찾는 수요가 많아 좋은 자리 찾기가 쉽지 않다.

　결론부터 이야기하면 중개사무소 창업은 언제해도 괜찮다. 적기가 따로 있는 것은 아니며 창업은 시기의 문제가 아니라 마인드의 문제다. 아무리 불경기라도 잘되는 사람은 언제나 존재한다. 부동산 경기가 좋으면 중개시장에도 좋은 영향을 주지만, 부동산 경기가 나쁘다고 해서 중개시장이 무조건 나쁘다고 할 수는 없다. 매매시장이 주춤하는 시기에도 꾸준히 임대차는 발생하며, 부동산 정책으로 주택시장이 묶여 있더라도 업무용, 상업용, 토지, 공장, 창고 등 다양한 시장이 존재하기 때문에 어디서든 매출은 일어날 수 있다.

성공하는 공인중개사는 부동산 시장 상황과 무관하게 늘 본인의 역할에 충실한 사람이다. 부동산 시장이 호전되기만을 기다리지 말고 내가 할 수 있는 것부터 당장 시작해보자. 내가 준비가 되었다면 창업은 빠를수록 좋으며 좋은 시기는 결국 내 자신이 결정하면 되는 것이다.

김 박사 이야기 │ 적절한 불황기가 창업하기 좋은 시기

앞에서 불경기 창업도 추천한다고 언급했다. 필자가 신규 창업을 준비하는 공인중개사라면 적절한 불황기를 창업의 시기로 선택할 것이다.

경기가 좋을 때 의뢰인들은 입지가 좋거나 지역에서 오래된 공인중개사를 찾아가는 경향이 많다. 반면 경기가 안 좋을 때는 물건이 쌓이니 매도를 의뢰하는 고객 입장에서는 노출 기회를 늘리는 것이 매매 확률을 높일 수 있다고 생각한다. 그래서 여러 부동산사무소에 물건을 접수하게 되는 것이다. 부동산 경기가 안 좋은 초기에는 거래량이 급격하게 줄기 때문에 소위 '손가락 빨며 버티기 해야 한다'며 공인중개사들 간 서로를 위로한다. 단순히 기다리는 것이 아니라 바뀐 정책과 세제를 공부하고 고객관리에 힘쓰며 다음에 도래할 호황을 준비한다. 짧게는 2~3년 뒤 부동산중개 시장이 살아나고 돈은 그때 번다.

공인중개사들 중에는 "다른 사람들 모두가 힘들 때 서로 의지하며 버티기도 수월하다"라고 말하는 사람도 있고, "어려울 때 함께 하니 심리적으로 덜 불안하다"는 사람도 있는데 필자는 "꽃이 져야 열매를 맺는다"라고 말하고 싶다.

중개사무소
입지 선정

    초보공인중개사가 가장 쉽게 자리 잡는 방법은 좋은 입지에 중개사무소를 개업하는 것이다. 광고마케팅 기법의 발전으로 영업방법은 다양해졌으나, 그래도 접근성이 좋은 곳일수록 손님이 유입될 확률이 높다. 중개사무소 자리는 인근 부동산에 직접 의뢰하거나 공인중개사협회 홈페이지, 공인중개사 카톡, 밴드 등에서 확인할 수 있다. 개업하고자 하는 지역의 사전답사 및 고객분석(소득, 세대, 수요), 시간대별 유동인구, 부동산 실거래데이터 확인은 필수이다. 지역에 따라 회원제 가입 여부도 중요하니 참고하기 바란다.

신규 개업 or 기존 인수

　개업 시 공실상가나 타 업종 상가를 부동산사무실로 전환하여 권리금 없이 들어갈 것인지, 기존에 운영하던 사무소를 권리금을 주고 인수할 것인지 고민하게 된다. 필자는 신도시, 입주장 아파트, 대형건물 등을 제외하면 기존사무소를 인수하는 것도 좋은 방법이라고 생각한다. 신규 개업 시 인테리어 및 집기시설 구입 등 시간과 비용이 생각보다 많이 소요되며, 매물과 고객을 확보하는 데도 몇 개월이 걸리기 때문이다. 그럼에도 권리금을 지급하고 인수받은 것보다 힘들어도 스스로 직접 작업한 물건이 고객과의 거래계약 가능성을 더욱 높일 수 있다.

○ 신규 개업

장점	- 권리금 절약 가능 - 자신만의 컨셉으로 고객에게 신선함을 줄 수 있음
단점	- 매물, 고객 확보까지 시간이 많이 걸림 - 매출 예측이 불확실 - 인테리어, 집기시설 구입 등에 많은 시간과 비용 소요

○ 기존 인수

장점	- 안정된 매물 및 고객확보로 즉시 수익이 발생할 수도 있음 - 중개사무소 안정화에 소요되는 자금과 시간을 줄일 수 있음
단점	- 권리금 등 초기 자본이 많이 듦 - 기존 중개사무소의 단점도 인수해야 함 - 고객 입장에서 기존 공인중개사와 내가 비교 대상이 됨

입지 선정 시 유리한 지역

(1) 익숙한 곳

내가 잘 알고 익숙한 지역이면 중개하는 데 많은 도움이 된다. 장점만 있는 것은 아니지만 아무래도 내가 익숙한 곳은 자신감이 생기고 그 자신감이 고객에게 신뢰를 줄 수 있다.

(2) 출퇴근이 용이한 곳

시간적·비용적으로 유리하며 고객의 요청에 빠르게 대응할 수 있다. 긴 출퇴근시간은 장기 업무를 어렵게 하는 가장 큰 이유이다.

(3) 현재, 미래에 부동산 호재가 많은 곳

호재가 많은 곳은 거래가 활발하다. 호재와 악재가 지속적으로 반복되며 이슈가 살아있는 곳도 중개입지로는 추천한다(예: 세종시). 이슈가 살아있다는 것은 관심의 대상이고, 이런 곳은 고객이 끊이지 않는다. 그러므로 지역별 개발 및 교통계획 등은 미리 파악하고 있는 것이 좋다.

(4) 단지 내 상가

아파트 내 상가 및 오피스텔 1층 사무실은 비교적 안정적으로 영업이 가능하다. 집합건물의 특성상 권리분석이 쉬워 초보중개사들이 쉽게 접근할 수 있으나 권리금이 비싼 편이다. 대단지 아파트나 평형이 다양한 곳은 20평 → 30평 → 40평으로 단지 내에서 이동하는 경우도 많다. 본인의 성향이 도전적이라기보다 안정적인 스타일이라 생각된다면 아파트 단지 내 상가가 가장 무난한 창업 장소가 될 수 있다. 돌이켜보면 필자도 아파트단지 내 상가에 있을 때 가장 편안하게 업무를 수행했던 것으로 기억한다.

(5) 중심상업지역 대로변

유동인구가 많아 손님이 많다. 그러나 권리금이 비싸고 임대료가 높으므로, 광고마케팅 능력이 있고 대중교통 및 주차장 이용이 편리한 곳이면 골목 안에 위치한 사무소도 괜찮다. 대로변은 확실히 노출효과가 있다. 다만, 노출의 결과로 거래가능성이 크지 않은 고객도 유입될 수 있다.

(6) 주택가 이면도로

단독·다가구·다세대주택 등 주거밀집지역은 초보중개사가 경험을 쌓기에 좋다. 임대료나 권리금이 상대적으로 저렴한 편이라 초기자본에 대한 부담이 적은 편이지만 그만큼 중개보수도 낮은 편이다. 처음 시작하는 공인중개사들이 중개보수보다 일의 경험을 원할 때 선택하면 좋다.

(7) 배후지가 좋은 곳

찾아오는 사람도 많아야 하지만 배후지가 좋아야 물건이 많이 나온다. 위치가 좋아도 배후지가 좋지 못하면 물건이 없어 공동중개를 할 수밖에 없다.

(8) 역세권

보통 역세권에는 건물·상가·사무실·원룸·오피스텔 등이 밀집되어 있으며, 소유자나 임차인이 자주 바뀌는 편이다. 참고로 역 주변 노점상이 많은 출구가 주요 상권이라고 보면 된다. 또한 지하철 역사에 출구별 광고판 비용을 문의하면 유동인구가 많은 출구를 예측할 수 있다. 유동인구에 따라 광고판 비용이 상이하기 때문이다. 아무래도 유동인구가 많은 지역에서 거래기회도 많이 생길 것이다.

김 박사 이야기 | **중개사무소 구하기**

필자는 주로 1층 코너 자리에서 부동산 사무실을 운영했었다. 동네주민은 서비스의 질에 따라 코너에 위치하지 않은 부동산도 방문하지만, 외부에서 방문하는 고객들은 일반적으로 코너부동산이 많은 물량을 확보하고 있을 거라는 막연한 믿음이 있어 유리하다. 반면, 항상 1층이 좋은 것만은 아니다. 타깃이 누구냐에 따라 지역상황에 따라 달라질 수 있으니 자신의 상황에 맞게 선택하자.

중개사무소 매물이 네이버부동산이나 협회 홈페이지에 올라와 있다면 누구나 욕심내는 A급 물건은 아니라고 보는 게 맞다. A급 물건은 알음알음 소개로 빠진다. 일신상의 문제로 어쩔 수 없이 사무소 운영을 그만 둬야 할 경우 보통 친목회장이나 지회장에게 먼저 알리게 된다. 권리를 매도하여 원만한 인수인계를 하기 위함이다. 따라서 모두가 원하는 좋은 사무소 자리는 이렇게 품절이 되는 것이다. 광고 올라올 겨를이 없다.

중개사무소 매물광고로 올라오는 물건은 이렇게 한번 걸러져 올라온다고 생각하면 된다. 그럼에도 매물로 올라오는 광고를 찾아보고 임장을 가서 매도를 원하는 상대편 공인중개사의 말을 들어봐라. 그러한 경험을 통해 창업을 준비하는 공인중개사는 분별력을 기르게 되고, 지역 정보와 동네 분위기를 익힐 수 있다.

참고로 소위 '컨'이라 불리는 창업컨설팅을 주의해야 한다. 중개사무소가 잘 나가지 않아 어려워하는 개공에게 권리금을 얼마까지 받아줄 테니 더 받은 금액은 내게 달라는 식의 방법으로 영업을 하고 있다. 컨설팅업체의 손님 작업은 보통 초보중개사를 노린다. 이제 막 공인중개사 시험에 합격한 공인중개사를 타깃으로 하는 것이다. 당하지 않으려면 현장 상황을 꼼꼼하게 확인할 필요가 있다.

회원제
부동산이란?

    회원제 부동산은 지역별로 중개사무소를 회원으로 묶어 공동중개를 원활하게 하는 친목회 개념이다. 신규 개업 시 회원가입이 어려운 편이며, 기존 회원 부동산을 권리금 주고 인수해야 하는 경우가 대부분이다. 권리금은 지역에 따라 수천만 원에서 몇 억까지 호가하기도 한다. 일반적으로 대규모 아파트는 회원제가 많고 상가, 오피스텔, 주택, 토지 등은 상대적으로 적은 편이다.

    회원제는 두 가지 의무가 있다. 하나는 일정금액의 회비납부 의무이고, 다른 하나는 회원 간에만 거래할 의무이다. 회원제 부동산은 렛츠(경인네트웍스), 마이스파이더, 텐커뮤니티, 부동산알터, 부동산날개 등 공동중개망(폐쇄회로망) 내에서 매물을 올리고 공동중개를 진행한다. 정보망 사용료는 월 2~3만 원 정도이고, 비회원은 공동중개망을 볼 수 없어 회원제의 성격이 강한 지역에서는 소외될 수밖에 없다. 하지만 대부분 아파트는 회원, 비회원을 구분하지 않고 네이버 부동산을, 원룸과 오피스텔은 직방을 광고매체로 사용하고 있어, 과거처럼 친목회의 폐쇄정보망에 따른 비회원업소와 물건 비공유가 어려워지고 있다. 그래서 일부 지역에서는 폐쇄적인 회원제의 실효성이 떨어지고 있다.

단체를 구성하여 중개를 제한하는 행위가 공인중개사법상 불법으로 규정되어 있음에도 수십 년간 만들어진 관행이라 회원제는 존속할 수밖에 없다. 기존 공인중개사들이 권리금을 주고 들어갔으므로 이변이 없는 한 앞으로도 회원제는 유지될 것으로 보이지만, 지역에 따라서는 다소 약화될 것으로 예상된다. 요즘과 같은 거래절벽 상황에서는 권리금을 주고 인수한 사무실을 후에 인계할 때 권리금을 못 받고 나오는 사례도 간혹 발생한다. 필자는 종종 "교수님이 만약 창업을 준비하는 공인중개사라면 권리금을 지급하고 회원제 사무소를 인수하실 건가요?"라는 질문을 받는다. 상황에 따라 다르겠지만 회원제의 힘이 강하고, 아파트 위주로 거래하는 곳이라면 회원제 부동산을 인수할 것이다. 그렇지 않은 지역이라면 비회원제도 괜찮다. 지역에 따라 비회원이어도 공동중개에 유연한 곳이 있다. 소통하지 못하는 것에 대한 스트레스를 극복할 자신이 있다면 비회원으로 개업하여 회칙, 규율, 강제휴무 등에 얽매이지 않고 자유롭고 공격적으로 마케팅하는 것도 방법일 수 있다. 결국 선택은 자신의 몫이다.

창업형태 결정

중개사무소는 크게 개인사무소, 공동(합동)사무소, 법인사무소로 구분된다.

1. 개인사무소

개업공인중개사 혼자 사무실을 운영하거나, 소속공인중개사 또는 중개보조원을 고용하여 함께 운영하는 것으로 가장 일반적인 형태이다.

2. 공동(합동)사무소

간혹 공동사무소와 합동사무소를 구분하여 쓰는 경우가 있지만 동일한 의미로 생각하면 된다. 관공서에서는 보통 공동사무소라 칭하고 있으므로 본 책에서는 공동사무소로 통합 지칭한다.

공동사무소는 개업공인중개사의 효율적인 업무 수행을 위하여 다른 개업공인중개사와 중개사무소를 공동으로 사용하는 것을 말한다. 최근 동업의 개념으로 사무실 공동 사용뿐 아니라 절세 방편으로 회계도 함께 하는 형태의 사무실이 늘어나고 있다. 예컨대 중개사무소 매출이 일정금액(연매출 8,000만 원) 이상이 되면 간이과세자에서 일반과세자로 전환된다. 그러면 거래당사자인 고객은 중개보수의 10%에 해당하는 부가가치세를 추가로 지급해야 한다. 개공 입장에서도 세금을 보관하다 납세하는 것이기에 별다른 실익이 없지만, 아파트와 같은 주택의 거래당사자는 중개보수에 부가가치세가 포함되는 것을 잘 이해하지 못한다. 이러한 고객들의 중개보수 저항을 피하고자 소공 명의로 중개사무소를 추가로 개설하여 개공 명의 사무소는 일반과세자로, 소공 명의 사무소는 간이과세자로 세금처리를 하는 것이다. 부가가치세 저항이 심한 고객은 간이과세자 대표가, 일반적인 경우는 일반과세자 대표가 계약하는 방식이다.

간혹 창업자금이 부족하거나 경험이 없는 중개사가 본인의 자격증을 걸고 자격증이 없는 사람과 함께 사무소를 운영하기도 하는데, 중개사고 발생 시 모든 책임은 공인중개사에게 있으므로 자격증 대여는 하지 말아야 한다. 공동사무소는 당연히 모두가 공인중개사로서 개설등록해야 한다. 참고로 동업계약서는 세세하고 꼼꼼하게 작성하자.

○ 동업계약서 작성 시 명시사항

- **동업자 간 지위 결정:** 공동대표 혹은 대표와 소속공인중개사 관계 등
- **의사결정 순위:** 주요 결정에 동업자 간 이견이 있을 때를 대비해 의사결정 방법을 미리 약속
- **동업조건 협의:** 공동투자자금 및 수익금 배분 등
- 업무분담 및 근로시간
- 동업계약 종료 시 규정

3. 법인사무소

중개법인 개설은 상황에 맞게 결정하면 된다. 자본금 5,000만 원 이상, 공인중개사인 대표, 대표자를 제외한 임원 또는 사원의 1/3 이상이 공인중개사라면 법인을 개설할 수 있으나, 실익이 있으려면 과세표준(매출비용)이 7,000만 원 이상은 되어야 한다. 실제 현업에서는 과세표준이 2~3억 원 정도 되었을 때 법인으로 전환하는 경우가 많다. 주된 사무소가 속한 지역을 제외한 시군구별로 1개의 분사무소를 설치할 수 있으며, 중개법인은 겸업이 제한되어 있다는 점도 주의해야 한다. 중개법인의 특징은 아래와 같다.

- 개인사무소에 비해 직원이 많으므로 매물 수가 많아도 대응이 가능하다. 원활한 법인 운영을 위해서는 업무 매뉴얼화 및 전문성 강화가 필요하다.

- 고객의 관점에서 개인사무소보다 신뢰감이 든다. 그러나 최근 어려운 중개시장과 과당경쟁체제로 법인직원들의 도의에 어긋나는 행동이 자주 입에 오른다. 개정된 표시광고법으로 매물의 지번까지 노출해야 한다는 점을 악용하여 다른 중개사무소의 물건을 인터넷 광고 등에서 편취하는 행위, 일명 '뒷박치기' 등으로 시장에서 신뢰를 떨어뜨리는 경우도 만연해 있다. 최근 지역마다 이러한 행위를 어디까지 편취이고 경쟁인지에 대한 나름의 해석들이 나오고 있다.

- 경비처리가 유리하다. 개인사업자와 달리 법인은 회사와 대표가 별개의 존재이다. 개인사업자는 대표자의 급여를 비용처리할 수 없고 법인 대표이사는 책정된 금액만큼 급여로 지급되어 비용처리가 가능하다. 뿐만 아니라 기타 광고비, 인테리어 등 소모성 비용들이 경비 처리된다. 매출이 많은 곳은 법인사무소로 운영하면 소득세 등 세제적 측면에서 여러 가지로 유리하다.

- 일반적으로 세금 및 회계상의 이유로 일정 규모 이상이 됨에 따라 개인 → 공동 → 법인 순으로 전환한다. 이것은 매출증대에 따른 행복한 고민이다. 공동사무소에 대한 부분은 위에서 언급했고, 법인 사업자의 경우 필자의 세무사 의견으로는 연매출 3억 원 이상이라면 법인사업자가 유리할 수 있다는 전언이다. 이를 참고하여 본인의 상황에 맞게 사업자를 결정하자.

김 박사 이야기 | 동업을 고민한다면?

사람에 따라 의견이 다르지만 나는 동업을 적극 추천한다. 훌륭한 파트너, 뜻이 잘 맞는 사람과 함께라면 동업에 이점이 많다. 나도 지금까지 동업을 많이 했다. 혼자 일하면 업무의 한계에 봉착하게 되며 스스로 쉴 수 있는 휴식 시간 또한 가질 수 없다. 또한 직원을 두고 운영하기에는 많은 비용을 감당해야 하는 상황이 발생하기도 한다.

워라벨을 실현하고 리스크를 헷지hedge하고 싶다면 동업을 고민해보자. 동업자와 수익을 공유해야 하지만 리스크도 공유하게 된다. 혼자 일하면 아무래도 더 분주하고 귀찮기도 해서 점심을 자주 거르게 된다. 결국 이러한 패턴이 건강에 악영향을 준다. 그런데 동업자가 있으면 서로 식사도 챙기고 좀더 절제된 업무가 가능하다. 규칙적으로 생활하게 되고, 동업자와의 건강한 경쟁도 업무에 도움이 된다.

이렇게 서로 상황을 이해하고, 뜻이 잘 맞으면 동업이 좋다고 생각한다. 동업을 잘하는 사람이 능력 있는 사람이고 성공확률도 높다. 필자도 현재까지 부족한 부분을 동업자를 통해 채우며 왔다. 단, 아래 조건은 필자가 생각하는 동업의 기본 철칙이다.

- 반드시 자격증 있는 사람들끼리 동등한 입장으로 동업하고 지분을 동일하게 하자. 공인중개사와 자격자가 아닌 사람과의 동업은 지양하자.
- 남녀도 역할분담이 가능하면 좋다고 생각한다. 하지만 반드시 이성적/감성적 컨트롤이 가능해야 한다.
- 주요 안건에 이견이 있을 때를 대비해 반드시 의사결정 방법을 구체적으로 세우자. 필자의 경우는 동업자와 지난달 매출이 많은 사람의 의사결정을 따르기로 한 적도 있었다. 다소 유치하지만 생각보다 효과적이었다.

- 동업계약서는 구체적으로 정확하게 써야 한다.
- 출자금도 동일하게 하는 게 좋겠지만 상황에 따라 결정하되, 수익 배분은 동일하게 하는 게 좋다.
- 공동사무소의 경우 개설등록, 사업자등록은 별도로 한다.
  예) 등록1: 네오부동산중개(대표 홍길동), 등록2: 강남네오부동산 중개(대표 김갑돌)
- 어렵지만 헤어질 때 상황도 미리 약속하고 기재하자. 헤어질 때는 거자필반去者必返의 마음으로 웃으며 이별하자. 성숙하게 향후 협력할 수 있는 여지를 남기는 것도 중요하다.

가족 간에도 동업은 철저하게 규약을 정하지 않으면 불화가 생기기 마련이다. 하지만 동업은 잘 운영하면 불확실한 미래에 우리가 선택할 수 있는 좋은 대안이 될 수 있다.

부동산 상호 및
인테리어

I. 부동산 상호

　기존 사무소 인수 시 오랫동안 영업을 잘해온 곳은 같은 상호를 유지하는 것이 좋지만, 기존 사무소의 인식이 좋지 않은 곳은 상호를 변경하는 것이 좋다. 상호는 부르기 쉽고, 기억하기 좋으며 흔하지 않은 것이 좋다. 시군구마다 다르긴 하지만 보통 동일 시군구 내 동일 상호명은 등록이 불가하다.

○ 공인중개사법 제18조

> - ① 개업공인중개사는 그 사무소의 명칭에 "공인중개사사무소" 또는 "부동산중개"라는 문자를 사용하여야 한다.

2. 간판

간판은 제작비용이 수백만 원이라 한번 제작하면 바꾸기가 쉽지 않으므로 신중하게 결정하는 것이 좋다. 코너에 위치한 상가의 경우 간판 비용이 1,000만 원을 넘기도 한다.

개업공인중개사 성명 기재

간판 및 옥외광고물 설치 시 개업공인중개사의 성명이 반드시 들어가야 한다. 규정 위반 시 등록관청은 사무소의 간판 등에 대하여 철거를 명할 수 있다.

상호명 강조하기

만약 상호가 'OK부동산'이고, 중개사무소가 대로변에 위치할 경우 '부동산' 표시를 강조하는 것이 좋다. 대로변에서는 차도 사람도 빠른 속도로 지나간다. 스쳐지나가며 여기에 '부동산이 있구나'라는 인식을 심어주는 것이 중요하다. 반면 이면도로에서는 지역에 맞는 효율적인 네이밍이 강조되면 좋다. 이면도로에서는 차도 사람도 천천히 주변을 둘러보며 지나가기 때문에 감성적이거나 신뢰를 줄 수 있는 상호로 고객의 기억에 남게 하는 것이 필요하다.

전화번호는 적당하게

간판에 상호명은 크게, 전화번호는 작게 기재하는 것이 좋다. 고객 입장에서 전화번호는 언제든지 스마트폰으로 검색이 가능하다. "본인이 거주하는 아파트 단지 내 부동산 번호를 아시는 분?"하며 필자가 강의 중에 수강생들에게 질문했을 때 손드는 수강생은 별로 없다. 그런데 아직도 우리는 경쟁적으로 전화번호 글자 키우기에 열을 올린다.

포털사이트에서 간판 디자인 검색

간판은 지역적 특성에 맞고 고객들의 관심을 끌 수 있는 상호명을 정한 후, 디자인, 폰트, 색감, 이미지 등을 잘 선택할 필요가 있다. 간판 디자인은 직접 제작하려고 하다 보면 시간도 많이 걸리고, 막상 제작해보면 퀄리티도 만족할 만한 수준이 못 된다. 네이버나 구글 같은 포털에 '간판 디자인'을 검색하여 이미지 사진들을 빠르게 쭉 보다 보면 트렌드를 읽을 수 있다. 마음에 드는 디자인과 폰트를 선택한 후, 업체에 맡겨 수정작업을 거치면 훨씬 만족스럽고 퀄리티 높은 결과물을 얻을 수 있다. 이때 이미지나 폰트는 저작권이 있으니 반드시 사용가능 여부에 대한 확인이 필요하다.

LED 조명 설치

간판에 LED조명을 설치하여 밤에도 중개사무소가 홍보될 수 있도록 하는 것이 좋다. 이때 사무실 실내조명도 함께 켜두면 24시간 밝은 이미지를 심어줄 수 있고, 주변 상가가 어두운 밤에 불이 켜져 있으면 광고효과가 더 살아난다. 늦은 밤이나 새벽 시간에는 너무 밝게 켜두기보다는 은은한 조도로 맞추면 민원 소지도 없으며, 근무 시간과 종료 시간을 불빛으로도 구분할 수 있다. LED 조명의 경우 24시간 불을 켜 놓아도 전기료 부담은 크지 않다.

LED 간판 사진

현수막 설치

잘 제작되었거나 화려한 간판은 처음에는 눈에 잘 띄지만 시간이 지날수록 점차 주변과 함께 익숙해진다. 익숙해지면 자연스럽게 광고효과는 떨어진다. 고가의 간판은 자주 바꿔주기 어려우므로 필자는 간판 아래 별도로 현수막 게시공간을 만들어 주기적으로 현수막을 교체해주었다. 간판과 출입문 사이의 공간은 실질적으로 활용도가 낮기 때문에, 그 공간의 사이즈를 재고 그 가장자리 각 모서리에 걸쇠고리를 설치하면 플라스틱 타이로 현수막 셀프 설치가 가능하다. 큰 비용을 들이지 않고도 변화를 줄 수 있으며, 고객들은 오며가며 이 중개사무소는 활기 있는 곳이라고 느끼게 된다. 이러한 이미지가 신뢰감 있게 다가와 매출로 연결된다. 단, 지역 친목회에 따라 현수막 설치를 과당경쟁의 행태로 보고 금지하는 곳도 있으니 사전에 미리 확인하는 것이 좋다.

간판 아래 현수막 설치 사진

이중 덧문 설치

출입문 앞에 설치하는 여닫이형 이중 덧문도 광고효과를 높일 수 있
다. 특히 지나가는 보행자 및 차량의 시선에서 자연스러운 눈높이로 홍보
할 수 있는 이점이 있다. 하지만 지역별로 보행자 통행 방해로 단속이 철저
한 곳이 있으니 주변 사무소들의 사례를 살펴보고 설치하는 것이 좋다.

3. 명함

포털사이트에서 명함 디자인 검색

명함도 간판처럼 네이버나 구글에 '명함 디자인'을 검색하여 마음에
드는 디자인을 선택한 후, 업체에 맡겨 수정작업을 거치는 것을 추천한

다. 사이트 내에서 자체적으로 폰트와 디자인을 골라 제작하고 저렴한 가격에 바로 인쇄까지 가능한 '미리캔버스' 같은 사이트를 이용하는 것도 좋다.

공인중개사 사진 추가

명함에 공인중개사 얼굴 사진이 들어가면 보다 전문적으로 보일 수 있다. 너무 진중하거나 날카로운 표정보다 친근하고 프로페셔널한 이미지가 좋으며, 실물과 구분하기 어려운 지나친 보정은 오히려 신뢰를 떨어뜨리니 주의하자. 밝은 캐리커처가 들어간 명함도 특별해 보인다.

명함 뒷면도 활용

양면 명함을 제작하여 뒷면에 공인중개사 이력사항이나 부동산 관련 유용한 정보를 넣는 것도 좋다. 보통은 경력사항이나 학력, 이력사항을 넣는 편이며, 심플한 디자인을 좋아하는 사람은 간단한 로고나 다짐을 적어도 괜찮다(예: '정직이 최고의 중개입니다', '프리미엄 VIP 중개 서비스').

특별한 명함 제작

보통 명함을 받으면 리멤버에 등록하고 폐기하거나 그냥 방치되기 일쑤다. 반면 입체명함, 3D명함 등 기발한 명함은 제작비는 다소 비싸더라도 고객이 보관하고 싶게 만든다. 세법개정 등 부동산 이슈가 있는 시기에는 4페이지 명함을 제작하여 관련 부동산 정보를 함께 기재한다면 고객들은 그 명함을 쉽게 버리지 않을 것이다. 명함은 간판에 비해 제작 비용이 저렴하므로 다양한 방법으로 마케팅에 활용해볼 수 있다.

4. 인테리어

인테리어는 지역별 수준에 맞게 하는 것이 좋다. 고가주택이나 고급 상업시설이 밀집된 곳에서는 과감하고 고급스러운 인테리어가 영업에 도움이 된다. 반면 재개발, 재건축 지역에서는 허름하고 오래돼 보이는 중개사무소가 더 많은 물건을 보유하고 있을 거라고 생각하며 오히려 더 신뢰하기도 한다.

깔끔하고 편안한 분위기

부동산중개도 사람을 상대로 하는 서비스업이기 때문에 깔끔하고 편안한 인테리어가 고객들에게 호감을 줄 수 있다. 또한 거래단위가 큰 만큼 신뢰를 주는 정돈된 분위기를 연출해야 한다. 참고로 깨끗한 장소의 비결은 지저분한 것을 가릴 공간이 있다는 것이다. 사무소 한쪽에 파티션을 설치하여 냉장고나 탁자 등을 놓고, 그곳에서 식사를 하거나 잠시 쉴 수도 있다.

사무실 구조 및 크기

외부 노출을 고려하면 출입구 쪽 전면이 넓은 형태가 좋다. 사무실 크기는 운영 전략이나 직원 수에 따라 달라지지만 보통 33㎡(10평) 내외가 일반적인 부동산 사무실의 규모이다.

최적의 가구 배치 및 동선 활용

대표 책상은 출입문 쪽을 바라보는 것이 좋다. 그래야 고객이 사무실을 방문했을 때 눈을 마주치며 인사를 할 수 있다. 또한 직원이 있을 경우 동료 간 협업을 고려하여 사무실 위치를 구성해야 한다. 중개사무소는 누구나 편하게 방문하는 곳이지만 때로는 비밀스러운 대화를 나누는 공간이기도 하기에, 상담 및 계약 공간은 조용히 집중할 수 있도록 별도의 공간으로 구획하는 것이 좋다. 나는 미리 8절지 종이에 책상, 의자, 계약테이블, 서랍장, 프린터기, 화분 등을 작은 축척으로 만들어 시뮬레이션해보고, 어떤 위치가 고객의 동선에서 편리할지를 고민한 후 가구와 가전을 배치한다. 요즘은 인터넷이나 스마트폰에서 미리 동선을 그려볼 수 있는 시뮬레이션 프로그램도 있으니 활용해보자.

계약 테이블은 항상 깨끗하게

계약 시 서류가 걸리거나 뒤섞이지 않도록 테이블 위는 항상 깔끔하게 유지해야 한다. 그래서 필자는 모니터암, 무선키보드, 무선마우스를 사용한다. 또한 계약할 때 공인중개사가 계속 왔다갔다 하면 고객들은 산만함을 느낀다. 그래서 계약 시 필요한 펜, 스테이플러, 인주, 파일 등은 미리 책상에 준비해놓아야 한다. 프린터도 가급적 2대 이상을 갖추는 것이 좋다. 필자는 다른 부동산 사무실에 가게 되면 프린터 개수를 세어본다. 보통 프린터가 1대만 보이면 초보중개사일 가능성이 높다. 참고로 계약서 날인 시에는 마우스패드 위에 계약서를 올리면 도장이 선명하게 찍힌다. 이런 디테일도 놓치지 말자.

자격증 및 홍보물 게시

공인중개사 자격증, 교육수료증, 트로피, 상장, 위촉패, 감사패 등을

상패 진열 사진

잘 보이는 곳에 액자로 진열해두면 고객들의 신뢰감을 높일 수 있다. 언론기사나 방송출연 등의 이력이 있다면 홍보효과는 더욱 크다. 그러나 초보중개사의 경우 게시할 수 있는 것이 중개사무소등록증, 공인중개사 자격증, 보증설정증명서류, 중개보수요율표, 사업자등록증뿐이므로 이럴 때는 부동산 관련 민간자격증(부동산권리분석사, 부동산정보분석사, 부동산 풍수상담사 등)을 취득하는 것을 추천한다. 다양한 자격증이 사무실에 진열되어 있으면 보다 전문적으로 보이고 신뢰감 있게 느껴질 것이다. 기존 직장에서 받은 표창장, 취미생활 사진, 가족사진 등을 게시하는 것도 고객에게 친근함을 줄 수 있는 좋은 방법이다.

썬팅은 깔끔하게

중개사무소 출입구나 유리창에 하는 썬팅에 상가전문, 아파트전문, 지역전문(예: 세종시 전문) 등의 문구는 굳이 기재할 필요가 없다. 다양한 중개를 취급한다고 어필하는 것이 오히려 전문적이지 않다는 느낌을 줄 수도 있다. 또한 광고를 위해 입구 유리에 붙인 급매, 전세, 월세 등의 게시물은 자칫 지저분해보일 수도 있고, 오랫동안 게시될 경우 관리가 안 되는 중개사무소라는 인식을 심어줄 수 있으므로 유의하자.

프로필 사진

입구 유리에 공인중개사 프로필 사진을 노출시키면 얼굴을 걸고 사업을 하는 것이기에 자신감 있고 믿음직스럽다는 이미지를 줄 수 있다. 그리고 고객이 먼저 내 얼굴을 보고 사무실에 들어오는 것이기 때문에 첫 만남이지만 친근하게 느낄 수도 있고, 오며가며 내 얼굴을 오랫동안 본 사람들은 익숙하고 편안함을 느낄 수도 있다.

보안장치

출입문 보안시설 및 내부 CCTV는 안전을 위한 필수 장치이다. 단, CCTV 설치 및 운영 안내문을 반드시 게시해야 한다.

김 박사 이야기 | **우리 사무소에는 3가지가 없다(3無 사무소)**

1. 지도가 없다.

우리 사무실은 대형 PC모니터를 통해 네이버지도나 카카오지도를 띄우고 브리핑한다. 부동산 같지 않아 신선하다는 분들이 많다. 모니터는 사무실 크기를 감안하여 최대한 큰 게 좋다. 참고로 필자는 현재 78인치 모니터를 사용한다. 과거에 어르신들이 찾으실까봐 롤스크린으로 지도를 제작하여 사용

했었지만 펼칠 일이 거의 없었다. 어르신 고객들도 크고 시원한 모니터를 좋아하신다.

2. 바닥에 케이블이 없다.

사무실 바닥에 전선이 널려 있으면 미관상으로도 보기 좋지 않고 청소하기도 불편하다. 우리 사무실에는 컴퓨터 본체도 거치대를 연결하여 책상면 하단에 붙여놓았다. 사무실 내에 어떠한 것도 발에 걸리지 않게 하여 깔끔한 환경을 유지하고 있다. 전기 배선도 바닥 매립방식으로 하면 깔끔한 분위기를 연출할 수 있다. 무엇보다 가장 큰 장점은 청소가 정말 편하다.

3. 모니터 스탠드가 없다.

우리 사무실은 모니터보다 더 비싼 모니터암을 사용하고 있다. 중개사무실에 가보면 고객과 공인중개사가 마주보는 자리에 모니터가 있는 경우가 많은데, 대부분 모니터 아래 주변이 지저분한 경우가 많다. 모니터암을 사용함으로써 책상도 넓게 사용할 수 있고 깨끗하다. 고객들은 "고급스러워 보인다. 치과 같다"라는 말을 하기도 한다. 기능적인 면에서도 모니터가 자유자재로 움직이기 때문에 고객과 함께 화면을 공유하는 것이 가능해 브리핑할 때 효율적이다.

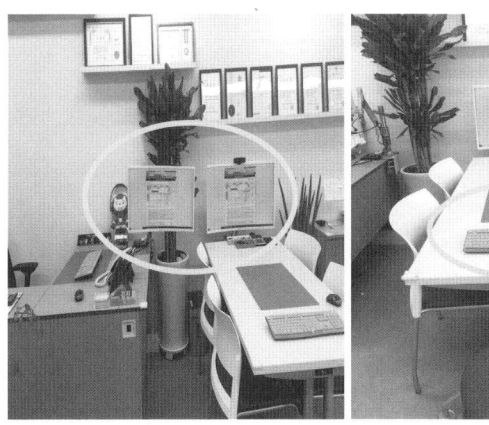

중개대상물
표시·광고 행위 기준

　　부동산중개대상물에 대한 허위·과장 광고로 인한 소비자 피해예방을 위해 개정된 〈공인중개사법〉 및 〈동법 시행령과 시행규칙〉이 2020년 8월 21일부터 시행되었다. 표시광고 위반 시 최대 500만 원의 과태료를 부과하므로 잘 숙지하고 조치해야 억울한 피해를 막을 수 있다. 개업공인중개사가 인터넷 광고 시 명시해야 할 사항은 다음과 같다.

---

1 중개사무소 및 개업공인중개사 (5가지 항목 예시, 중개대상물 종류별 공통사항)

① 명칭	AA공인중개사사무소			□
② 소재지*	BB시 CC동 DD건물 1층	□	④ 등록번호	가123456	□
③ 연락처*	02-123-4567	□	⑤ 성 명*	김OO	□

②소재지: 지번과 건물번호 생략 가능 (예시) 서울 영등포 의사당대로 (O)
　　　　　한방의 경우 중개사사무소 소재지의 지번을 이용하여 네이버부동산/KB등과의
　　　　　중개사정보 연동 및 지도 표시 기능을 사용하므로 지번까지 입력이 필요합니다.
　　　　　※단, 블로그를 통한 매물 광고 시에는 위의 예시대로 기재하셔도 됩니다.
③연락처: 등록관청에 신고된 중개사무소 연락처만 가능 (이 외 다른 연락처는 표시 불가)
⑤성　명: 개업공인중개사의 성명 (소속공인중개사 성명은 대표자 성명과 병기 시 가능)
　　　　　(예시) AA공인중개사사무소 김ㅇㅇ(소속공인중개사 박ㅇㅇ)

※ 중개보조원 관련 사항(명함, 이름, 전화번호 등) 명시 금지

---

2 중개대상물 (12가지 항목 예시, 건축물 기준)

① 소재지*	EE시 FF동 00번지 GG아파트 00동 00층	☐	⑦ 입주가능일	00년 00월 00일 또는 00년 0월 초순	☐
② 면적*	전용면적 : 84m² (공급면적 113m²)	☐	⑧ 방수/욕실수	0개/0개	☐
③ 가격*	0억 0천만원	☐	⑨ 행정기관 승인일자*	(사용승인일) 00년 00월 00일	☐
④ 중개대상물 종류	공동주택	☐	⑩ 주차대수*	세대당 1대 주차	☐
⑤ 거래형태*	매매	☐	⑪ 관리비	매월 4만원, 수도요금 및 전기요금은 실사용량에 따라 별도 부과	☐
⑥ 총 층수	총 00층	☐	⑫ 방향*	남향 (거실 기준)	☐

① 소재지
 · (단독주택) 지번 포함 (단, 건축물 중 건축법 시행령 별표1의 제1호 가목의
   단독주택만 읍·면·동·리까지 표시 가능)
 · (그 외 주택) 지번·동·층수 포함(단, 중개의뢰인 요청 시, 층수 저/중/고 표시 가능)
 · (주택을 제외한 건축물) 읍·면·동·리까지 표시 가능, 층수 포함
② 면적:전용면적을 '제곱미터(m2)' 단위로 표시해야함
③ 가격:단일가격으로 표시해야함
④ 중개대상물 종류 : 건축법에 따른 건축물의 용도
               (단독주택, 공동주택, 제1종 근린생활시설 등)
⑤ 거래형태 : 매매/교환/임대차/그 밖에 권리 득실변경
⑦ 입주가능일 : '즉시입주' 혹은 입주 가능한 세부 날짜를 표시해야함
 * 거래당사자가 합의에 따라 입주가능일을 조정할 수 있는 경우에는 입주가능 월의 초순,
   중순, 하순으로 표시 가능
⑨ 행정기관 승인일자 : 사용검사일/사용승인일/준공인가일 중 선택하여 세부 날짜를
                 표시해야함
⑩ 주차대수 : 총 가능한 주차대수 또는 세대 당 가능한 주차대수
⑪ 관리비 : 관리비와 사용료를 명확히 구분하여 표시 해야함
⑫ 방향:방향의 기준과 함께 표시해야함(거실이나 안방 등 주실의 방향 기준)
※기타 자세한 사항은 '중개대상물의 표시·광고 명시사항 세부기준(국토부 고시
제2021-1488호) 및 가이드라인 참고

※ 개업공인중개사가 인터넷광고 시, 올바로 명시한 사례(예시)

〈중개대상물의 표시·광고 명시사항 작성 예시1 (건축물 기준) - 표 형식〉

중개 사무소 정보	① 명칭	AA공인중개사사무소			
	② 소재지	BB시 CC동 DD건물 1층	④ 등록번호	가123456	
	③ 연락처	02-123-4567	⑤ 성 명	김OO	
매물 정보	① 소재지	EE시 FF동 00번지 GG아파트 00동 00층	⑦ 입주가능일	00년 00월 00일 또는 00년 0월 초순	
	② 면적	전용면적 : 84m² (공급면적 113m²)	⑧ 방수/욕실수	0개/0개	
	③ 가격	0억 0천만원	⑨ 행정기관 승인일자	(사용승인일) 00년 00월 00일	
	④ 중개대상물 종류	공동주택	⑩ 주차대수	세대당 1대 주차	
	⑤ 거래형태	매매	⑪ 관리비	매월 4만원 수도요금 및 전기요금은 실사용량에 따라 별도 부과	
	⑥ 총 층수	총 00층	⑫ 방향	남향 (거실 기준)	

⟨중개대상물의 표시·광고 명시사항 작성 예시2 (건축물 기준) – 줄글 형식⟩

⟨중개사무소 정보⟩
명칭 : AA공인중개사사무소
소재지 : BB시 CC동 DD건물 1층
등록번호 : 가123456
연락처 : 02-123-4567
성명 : 김OO

⟨매물 정보⟩
소재지 : EE시 FF동 00번지 GG아파트 00동 00층
면적 : 전용면적 : 84m² (공급면적 113m²)
가격 : 0억 0천만원
중개대상물 종류 : 공동주택
거래형태 : 매매
총 층수 : 총 00층
입주가능일 : 00년 00월 00일 또는 00년 0월 초순
방 수 / 욕실 수 : 0개/0개
행정기관 승인일자 : (사용승인일) 00년 00월 00일
주차대수 : 세대당 1대 주차
관리비 : 매월 4만원, 수도요금 및 전기요금은 실사용량에 따라 별도 부과
방향 : 남향 (거실 기준)

※ 중개대상물의 종류(5가지)별 표시·광고 명시사항 구분 – 요약표

가. 공동 사항
ㅇ 중개사무소 및 개업공인중개사의 표시·광고 명시사항(5가지)
- 상호, 소재지, 전화번호, 등록번호, 개업공인중개사 성명

나. 중개대상물 종류(5가지)별 명시사항 구분
ㅇ 중개대상물의 표시·광고 명시사항 : 중개대상물 유형별 상이
- (토지, 5가지) 소재지, 면적, 가격, 중개대상물 종류, 거래형태
- (건축물, 12가지) 소재지, 면적, 가격, 중개대상물 종류, 거래형태, 총 층수, 입주가능일, 방 수 및 욕실 수, 행정기관 승인일자, 주차대수, 관리비, 방향
- (입목, 5가지) 소재지, 면적, 가격, 수종/수량/수령, 거래형태
- (공장재단/광업재단, 3가지) 소재지, 가격, 거래형태

구분	위반 내용	중개대상물 종류			
①중개사무소 및 개업공인중개사	명칭	공통			
	소재지				
	연락처				
	등록번호				
	개업공인중개사 성명				
②중개대상물	소재지	입목	공장재단/광업재단	토지	건축물
	가격				
	거래형태				
	면적				
	중개대상물 종류				
	총 층수				
	입주가능일				
	방 수 및 욕실 수				
	행정기관 승인일자				
	주차대수				
	관리비				
	방향				
	수종/수량/수령	입목			

자료: 한국공인중개사협회(2022.02.22)

창업자금 및
운영비

창업 초기의 자금력은 사업성패의 중요한 요인이다. 자금에 대한 계획을 제대로 하지 않고 섣불리 개업을 하면 월세 부담 등을 견디지 못하고 곧 폐업하게 될 수도 있다. 6개월 정도는 일을 못해도 견딜 수 있는 여유자금을 예비비로 책정해야 안전하게 시작할 수 있다. 개업공인중개사는 수입이 매월 일정하지 않기 때문에 지출에 대한 부분을 잘 관리해야 한다. 또한 중개보수에 대한 부가가치세는 별도의 통장으로 관리해 종합소득세 신고 시 당황하지 않도록 하는 것이 좋다.

창업 시 필요한 항목을 다음 표로 작성해보았다. 사무소 위치, 규모, 개인의 기호에 따라 다를 수 있으니 대략적으로 어떤 항목들이 포함되는지만 참고하기를 바란다.

○ 창업자금 및 운영비

항목	세부항목	창업 비용	월별 비용	비고
중개사무소	보증금			자가 vs 임대 여부에 따라 상이
	월세			VAT 포함 여부
권리금				
인테리어				
사무실 집기	PC, 책상, 프린터, CCTV…등			
한국 공인중개사 협회	가입비			
	공제비			연 1회
	정례회비			
	실무교육			
인건비(기본급)	소공, 중개보조원 등			실적급 별도
관리비	전기, 수도…등			
통신비	전화, 휴대폰, 인터넷 등			
광고비(온라인)	네이버부동산, 직방 등			
광고비(오프라인)	현수막, DM, 판촉물 등			
식비	중식, 회식			
차량 유지비	보험, 수리비			연 1회/수시
차량 유류비	기름값, 주차비			
교육비	교육비, 도서구입비 등			수시
기타	사무용품 등			
개업식	떡, 개업선물			인근 중개사무소, 고객 등
예비비				6개월 운영비
항목별 소계				

컴퓨터: 성능의 기준은 카카오지도와 네이버지도 등을 자유롭게 사용할 수 있어야 한다.

모니터: 사무실 크기를 감안해 화면은 클수록 좋다(책상 모니터와 계약서 모니터 구분).

스마트폰: 안드로이드 추천(녹취기능과 다양한 부동산 앱 사용 가능), 카메라 광각기능이 있는 것, 또 용량은 카톡과 사진을 충분히 저장할 수 있는 대용량을 사용하자.

가구: 새 제품이 아니더라도 일체감 있게 배치하자(책상과 서류 보관함 등).

스피커: 소리가 크지 않은 잔잔한 음악을 사무실에 흐르게 하자(가사가 없는 음악으로).

인터넷 전화기: 많은 통화를 해도 저렴하다. 녹취 기능이 있는 것으로 설치

프린터: 고장 시를 대비해 2대 설치(계약 중 프린터가 고장 나면 난감하다. 비상시를 대비해 2대 설치를 권유한다)

테이블 패드: 계약서 등에 서명 시 필기감 중요

의자: 종일 앉아 일하는 사무용의자는 좋은 제품으로 구입해 기본 건강도 챙기자.

화분: 죽은 화분은 보이지 않게 치우자.

소파: 소파보다는 회의 테이블과 회의용 의자가 요즘 트렌드다.

냉난방기: 가급적 고급스러운 천장형을 추천한다. 스탠드는 별도의 장을 만들어 사용하는 것을 권장한다. 정기적인 필터 청소는 기본!

기타: 정수기, 커피메이커, 공기청정기, 청소기, 싱크대 등

직원 채용

　대표의 입장에서 직원 채용은 아주 중요한 문제이다. 개업공인중개사가 성공하기 위해서는 나의 부족한 부분을 채워주거나 함께 시너지를 낼 수 있는 사람이 필요하기 때문이다. 이에 부동산 경험이 풍부한 중개보조원을 고용하거나, 다양한 물건 및 고객을 확보하기 위해 여러 소속공인중개사를 채용해 함께 일하기도 한다. 직원과의 파트너십이 좋다면 매출상승에 큰 역할을 하게 되지만, 어떤 사람을 채용하느냐에 따라 사업의 흥망성쇠가 달려 있기도 하다. 그러므로 상호 신뢰관계를 바탕으로 오래 근무할 수 있는 직원을 신중하게 채용하고 근로계약서는 반드시 작성해야 한다. 주택, 상가, 토지 등 물건별로 담당 직원을 구분하는 것도 전문성을 높이는 방법이 될 수 있다.

1. 직원 채용의 장단점

장점	- 매출 상승 - 다양한 영역별로 중개업무 가능 - 적극적인 외부 영업활동 가능
단점	- 비용 상승 - 중개사고의 확률이 높아짐 - 직원 퇴사 시 영업비밀이 유출되기 쉬움

2. 채용 방식

소속공인중개사: 한국공인중개사협회 구인/구직 메뉴를 활용하면 좋다. 구직자들의 문의가 많아서 단기간에 채용이 가능하다.

중개보조원: 협회보다 일반 채용사이트를 이용하는 것이 효과적이다.

3. 급여 지급 방식

- 기본급 지급
- 기본급 없이 실적급 지급(수익배분 비율 결정)
- 매출 배분 방식(총 매출에서 월세, 광고비 등 기본유지비를 제외하고 대표와 직원이 분배)

급여는 계약 시마다 건별로 지급하거나 주별, 월별로 지급할 수도 있다. 이때 중식비, 교통비, 소모품비, 광고비 등도 급여에 포함할지, 별도로 제공할지 결정한다.

4. 주의사항

- 직원 채용은 개업공인중개사가 중개 업무를 100% 파악하고 있는 상태에서 시간이 부족할 때, 혹은 사업영역을 더 확장하고 싶을 때 하는 것이다. 실력이 부족해서 직원을 채용하는 경우 직원이 갑자기 그만두면 사업에 막대한 영향을 끼칠 수 있다.

- 유독 중개업계에서 소속공인중개사의 인근지역 개업에 대한 문제가 빈번하고 분쟁도 많이 발생한다. 물건정보, 고객정보 등 영업비밀이 유출될 경우 다른 직종에 비해 타격이 크다. 또한 중개사무소의 이직률은 다른 업종에 비해 높은 편이다. 능력 좋은 직원은 개업을 하거나 더 보수가 좋은 곳으로 이직하기도 하고, 능력이 떨어지는 직원은 수입이 변변치 않아서 오래 버티지 못한다. 따라서 직원의 입장에서 일하고 싶은 중개사무소, 대표와 직원이 함께 성공할 수 있는 구조를 만들어야 한다.

- 공인중개사법 제15조 2항에 따라 소속공인중개사 또는 중개보조원의 업무상 행위는 그를 고용한 개업공인중개사의 행위로 보기 때문에, 어떠한 중개사고도 발생하지 않도록 신경 써야 한다.

- 직원이 들어올 때마다 업무를 설명하는 것은 쉬운 일이 아니다. 그러므로 기본적인 매뉴얼 및 프로그램을 만들어 교육시키면 적응기간을 단축시키고 업무효율성을 높일 수 있다.

- 면접 시 자격증 소지 여부, 나이, 결혼 여부, 경제력(비수기 생계유지), 출퇴근 시간, 학력, 경력, 컴퓨터 사용능력, 운전가능 여부, 성실성, 장기근무 가능성 등을 확인하는 것이 좋고, 입사 시에는 이력서, 주민등록등본(초본)은 반드시 받도록 한다. 직원채용 시 지원자는 인근 지역에 거주하는 사람들이 많으므로, 사무소 이미지 차원에서 면접 시 소정의 교통비를 지급하는 것도 권장한다.

5. 고용계약서 작성

직원 채용 시 업무의 한계 및 사무실에서 제공해주는 사항을 미리 정하는 것이 좋다. 직원의 과실로 손해발생 시 책임소재도 분명히 해야 한다. 개업 목적 없이 단순히 돈을 벌기 위해 일하는 직원도 있지만 대부분은 나중에 개업할 목적으로 일도 배우고 경험도 쌓기를 원한다. 간혹 취업한 중개사무소에서 얻은 정보를 바탕으로 인근에 개업하는 직원도 있으므로 이러한 상황을 대비해 채용 시 고용계약서를 잘 작성해야 한다. 고용에는 책임과 의무가 따르는 법이다. 중개사무소도 근로기준법 적용 대상이므로 반드시 고용계약서 또는 프리랜서 계약서를 작성해야 한다.

6. 고용신고 및 인장등록

개업공인중개사는 소속공인중개사 또는 중개보조원 고용 시에는 업무개시 전까지, 고용관계 종료 시에는 종료된 날부터 10일 이내에 등록관청에 신고해야 한다. 또한 소속공인중개사가 업무를 개시하기 전에 중개행위에 사용할 인장을 등록해야 한다.

이처럼 고용신고는 업무개시 전에 해야 하지만 현실적으로 미리 하기가 쉽지 않아 보통 고용된 다음날 인터넷으로 신고하는 경우가 많다. 인장등록은 백지에 도장을 찍어서 정부24(www.gov.kr)에 JPG이미지 파일로 첨부하면 된다.

김 박사 이야기 | **직원을 뽑는 기준**

내가 직원을 뽑는 기준은 다음과 같다.

- 거짓말을 하지 않는 사람
- 말이 많지 않은 사람
- 학력보다는 지혜로운 사람(상황에 대한 대처, 매칭, 고객공감 능력)

직원의 급여지급에 있어서 내 경험상 실적급이 더 깔끔하다. 기본급을 주면 개공 입장에서는 '나는 줄 만큼 줬다', 소공 입장에서는 '내가 이만큼 일했는데 이것밖에 안 되나?' 하는 마음으로 서로 고마워하기보다는 아쉽고 서운해한다.

기본급 안 받고 "일만 가르쳐주세요" 하는 경우, 개공은 적은 급여에 대한 미안한 마음으로 일이라도 더 알려주려 노력하게 된다. 소공이 주도적으로 계약을 성사시키면 개공도 좋은 일이기 때문에 소공이 계약할 수 있도록 광고지원 등 도와주는 것은 당연하다.

사실 기본급 100만 원은 노동법상 문제의 소지가 있다. 퇴사 시 서운함을 느낀 소공이 고발하는 경우도 간혹 발생한다. 프리랜서 위탁계약은 지급한 금액에 대해 사업소득으로 처리하면 노동법상 문제도 없고 깔끔하다. 단, 출근시간을 제한하거나 업무시간을 기재하고 매월 지급하는 형식으로는 안 된다. 정확하게 알아보고 세심한 계약이 필요하다.

필자 생각으로 공인중개사라면 개공을 꿈꾸는 것이 맞다고 본다. 우리가 시험 준비할 때를 생각해보자. '내가 이 월급 받겠다고 이 공부를 했나?' 하는 마음이 들지 않는가?

창업 vs 취업

I. 창업

이제 막 자격증을 취득한 공인중개사는 바로 개업을 할지 직원으로 취업을 할지 고민하게 된다. 철저하게 준비되어 있다면 바로 개업하는 것도 좋다. 특히 중개업계에서 직원으로 채용하기를 꺼리는 남성이나 나이가 있는 사람들은 바로 개업하는 것이 좋다고 본다. 필자는 한국공인중개사협회나 사설교육기관에서 부동산창업 과정수강 후 개업하는 것을 추천한다. 수강료가 다소 높지만 체계적으로 과정을 밟아가는 것이 큰 도움이 된다. 교육종료 후에도 분야별 교수에게 궁금한 점을 물어볼 수 있고, 같은 시기에 수강한 동기들과 실무내용을 공유하며 함께 성장할 수 있다.

간혹 중개사무소와 다른 사업을 겸업하는 경우도 있는데 정체성이 모호하면 금방 문을 닫는 경우가 많다. 보다 전문성을 갖추고 제대로 일해야 성공할 수 있을 것이다.

2. 취업

중개업계에서 소속공인중개사는 오히려 취업이 어렵다. 소공은 경험을 쌓기 위해 잠깐 머물거나 노하우를 빼낸 후 따로 개업할 것이라고 생각하기 때문이다. 그래서 대표 말도 잘 듣고 일도 잘하는 중개보조원을 더욱 선호한다. 여성과 남성 중에는 여성이 상대적으로 취업이 쉽다. 여성 특유의 부드러움으로 직원 및 고객과의 관계도 좋고, 청소, 설거지 등 사무소 내부 업무도 잘 처리한다. 간혹 남성 공인중개사들은 중개법인, 기획부동산, 분양대행사, 경매회사 등에 취업하기도 하는데 대부분 많은 시행착오를 겪게 된다.

개인중개사무소 취업 시 주의할 곳

– 자격증 대여 사무소: 자격증 대여는 불법이며 적발 즉시 자격이 취소됨과 동시에 엄중한 처벌을 받게 된다. 무자격자가 운영하는 중개사무소는 절대 안 된다.

– 고객이 없는 곳: 고객이 없는 중개사무소에서는 배울 것이 없거나 배움이 당연 오래 걸린다. 사무소 입지가 좋거나, 개업한 지 오래된 곳은

단골고객이 많은 편이므로 잘 선택해 취업하는 것이 좋다.

– 일을 잘 가르쳐주지 않는 곳: 보통의 개공은 소공에게 일을 잘 가르쳐주지 않는다. 일을 배우고 나서 바로 그만두는 사람, 더욱 최악은 근처에 개업을 하는 사람인데 이런 사람이 생각보다 꽤 많다. 적어도 1년 이상 근무할 것을 약속하고 성실하게 일한다면 대표에게 많은 노하우를 배울 수 있을 것이고, 이런 상호신뢰를 바탕으로 훗날 협력적 관계를 유지하는 경우도 많다.

– 부부가 운영하는 곳: 가급적 부부가 운영하는 사무소는 가지 않는 것이 좋다. 괜한 오해가 생길 수도 있고 비즈니스 외적인 부분까지 신경 써야 하는 경우도 있다.

– 추후 개업하려는 지역에서 가까운 곳: 소공으로 일하다가 나중에 개업할 생각이 있다면, 가급적 개업하려는 지역에서 가까운 곳에는 취업하지 않는 것이 좋다. 개업 시 근무했던 중개사무소와 고객이나 매물 유출의 오해로 불화가 생길 수도 있고, 대부분 인근지역 내에서 재취업이나 개업 금지 특약을 넣고 고용계약을 하는 경우가 대부분이기 때문이다.

그 외 취업 시 주의사항

– 중개법인: 법인과 직원 간 좋은 파트너십을 가지고 가는 곳이면 좋겠지만 중개법인 중 일부는 경력도 없고, 나이도 먹었고, 개업도 어려운 초보중개사의 약점을 이용해서 직원의 열정만 앗아가는 경우도 있다.

– **기획부동산**: 컨설팅 회사는 실제로 기획을 잘하는 곳과 칼질*을 잘하는 곳으로 구분된다. 칼질을 잘하는 곳이 바로 기획 부동산이며, 입사 초기에는 기본급 및 식대지원을 받으면서 버티지만 어느 순간 책상 지키며 앉아 있기가 불편해진다. 주변 직원들의 실적이 좋으면 더 위축되고, 그 순간 경쟁심리로 가족, 친지 및 친구들에게 물건을 파는 등 지인영업으로 이어져 문제가 생긴다.

– **경매회사**: 개인적으로 공인중개사로서 경매는 배워야 한다고 생각한다. 권리분석의 최고봉은 단연 경매다. 경매와 중개는 사이클이 다르기 때문에 일생에 좋은 경매 2-3개만 받아도 인생이 달라질 수 있다. 그러나 경매와 경매회사는 다르다. 경매회사에 취업하려면 경매교육을 들어야 하는데 금액만 몇 백만 원에 이른다. 최근 경매는 경쟁이 심해 낙찰가가 시세와 별 차이가 없거나 오히려 시세보다 높아 실익이 없는 경우가 많다. 경매회사 직원 입장에서는 낙찰이 되어야 고객으로부터 수수료를 받기 때문에, 다른 입찰자와의 경쟁에서 이길 수 있는 높은 금액으로 낙찰가를 쓰게 유도하는 것이다.

---

* **칼질:** 큰 토지를 사서 분할해 되파는 것을 칼질이라고 하며, 보통 기획부동산에서 개발행위가 현실적으로 어려운 땅을 싸게 구입해 비싸게 판매하는 부정적 행위를 말한다.

김 박사 이야기 | **돈 받지 말고 배워보는 것은 어떨까?**

사람 욕심 많은 대표 개공은 자리가 없어도 자리를 만들어 뽑는다. 필자라면 고객 많은 부동산에 가서 "대표님, 6개월만 일하고 싶어요. 급여 안 주셔도 되고요. 6개월 동안 열심히 하고 채용은 그때 결정하시면 어떨까요?" 하고 이력서를 놓고 올 것이다. 이런 열정적이고 합리적인 사람이라면 대표는 없는 자리도 만들어 채용할 것이다. 사람 안 뽑는 대표는 인재가 와도 안 뽑는다. 의심이 많은 사람은 물건 뺏길까 매물도 공유 못한다.

학원에서 돈 주고도 배우는데 돈 받지 말고 배워보는 것은 어떨까? 대표의 일하는 스타일을 보고 배워 내게 맞는 기준을 세워 그에 맞게 벤치마킹하며 개공을 준비하는 것이다. 보통 개공은 소공을 잘 안 뽑는다. 오히려 40대 중후반 여성 중개보조원을 더 좋아한다. 자격이 없기 때문에 중개보조원은 대개 대표가 지시하는 대로 순종적으로 따라 일한다. 반면, 소공은 자격이 있기 때문에 언제든 나갈 준비가 되어 있는 듯 말하고 대표는 이를 저항의 의미로 받아들이기도 한다.

PART 3

매출을 극대화할 수 있는
중개영업 기법

중개업 생존전략

공인중개사 평균 연 수입

이 통계치를 보면 전체의 73.5%가 연 수입 4,800만 원 미만이라고 답했다. 이는 순수익이 아니라 매출이며, 매월 영업비용(임대료, 인건비, 광고비 등)으로 100~300만 원을 지출한다는 비중이 80%가 넘는 것을 감안하면 한 달 수입이 100만 원도 안 되는 사업자가 상당할 것으로 보인다. 연봉 1억 원 이상으로 월 1,000만 원 정도 매출을 올리는 사람은 단 6.6%뿐이다. 그렇다면 중개업으로 성공하기 위해서는 무엇을 어떻게 할 수 있을까?

개업공인중개사 평균 연 수입

(단위 : %)

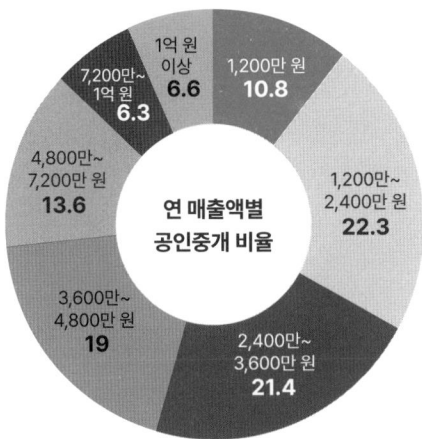

연 매출액별
공인중개 비율

- 1,200만 원 **10.8**
- 1,200만~ 2,400만 원 **22.3**
- 2,400만~ 3,600만 원 **21.4**
- 3,600만~ 4,800만 원 **19**
- 4,800만~ 7,200만 원 **13.6**
- 7,200만~ 1억 원 **6.3**
- 1억 원 이상 **6.6**

개업공인중개사 평균 월별 영업비용 지출

(단위 : %)

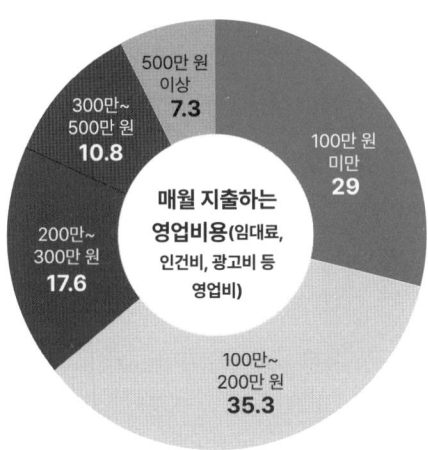

매월 지출하는
영업비용(임대료,
인건비, 광고비 등
영업비)

- 100만 원 미만 **29**
- 100만~ 200만 원 **35.3**
- 200만~ 300만 원 **17.6**
- 300만~ 500만 원 **10.8**
- 500만 원 이상 **7.3**

✽ 한국공인중개사협회 회원 1만 5,000명 대상 2017년 설문조사

자료: 한국공인중개사협회

실력 있는 공인중개사 되기

공인중개사는 인간의 가장 기본적인 욕구인 의식주에서 주거를 중개하는 매우 중요한 역할을 하고 있다. 부동산 시장은 상승기, 하락기를 거치며 끊임없이 변화한다. 일반적으로 부동산 상승기는 매도자 우위 시장이라 불리며 물건은 없고 매수의뢰인은 많은 상황이다. 반대로 부동산 하락기는 매수자 우위 시장이라 불리며 물건은 많고 매수의뢰인은 없다. 이럴 때 물건이 없다고, 손님이 없다고 경기 탓만 하며 마냥 손 놓고 있을 것인가? 이러한 부동산 시장의 어려움 속에서도 초보중개사가 실력 있는 공인중개사로 발돋움할 수 있는 요인에는 무엇이 있을까?

좋은 인상

중개업은 사람을 상대하는 서비스업이므로 첫인상이 매우 중요하다. 깨끗하고 밝은 옷차림과 환한 미소, 편안하면서도 전문가다운 이미지로 고객에게 어필하는 것이 좋다. 호감 가는 목소리와 긍정적인 마인드는 고객에게 좋은 에너지를 전달해줄 수 있을 것이다. 중개사무소의 문턱이 너무 높으면 안 된다. 동네 사랑방처럼 고객들이 언제나 방문할 수 있는 편안한 분위기여야 한다.

시간관리 및 목표관리

중개사무소는 자영업이기에 내가 노력하는 만큼 성공할 수도, 눈치 볼 사람이 없어 한없이 나태해질 수도 있다. 그러므로 스스로의 시간관리와 목표관리가 필요하다. 하루의 시간을 어떻게 활용할 것인지 구체적으로 계획하고 실행해야 하며, 연월일별로 목표매출 및 계약건수를 설정하고 달성 여부 및 보완사항을 분석하는 것이 중요하다.

적극적으로 영업하기

20년 이상의 베테랑 공인중개사, 변호사, 법무사 등도 진입하는 이 시장에서 초보중개사가 살아남기 위한 영업력은 필수다. 가만히 앉아서 찾아오는 손님을 기다릴 것이 아니라, 전화, DM, 명함작업, 광고마케팅 등을 통해 물건과 고객을 확보해야 한다. 블로그, 유튜브, 페이스북 등 SNS를 활용하는 것도 좋다.

브리핑 실력 키우기

상담 및 계약 시 프로페셔널한 브리핑 실력은 고객에게 신뢰감을 줄 수 있다. 브리핑 노하우는 모델하우스에 방문하여 분양대행사 직원의 설명을 들을 수도 있고, 공동중개 시 상대측 공인중개사를 통해 배울 수도 있다. 상황별로(상담, 현장방문, 계약 등) 스크립트를 작성하여 익숙해질 때까지 연습하는 것도 좋다.

스마트한 IT 활용능력

중개업 일상업무(매물관리, 고객관리, 브리핑문서 작성, 컨설팅자료 작성 등) 및 마케팅(블로그, 유튜브 등)을 위한 IT 활용능력은 필수이다. 최근 프롭테크라 통칭하는 빅데이터·AI(인공지능)·VR(가상현실) 등 IT기술로 무장한 새로운 서비스가 기존 부동산 시장의 판도를 바꾸고 있다. 이에 발맞추어 프롭테크 앱이나 사이트를 잘 활용하면 매우 유용한 정보를 얻을 수 있다.

독서하기

넘쳐나는 정보의 홍수 시대에서 사람들은 오히려 더 피로감을 느낀다. 이럴 때 제대로 된 책 한 권이 내 머릿속을 말끔히 정리해줄 수 있을 것이다. '부동산'이라는 키워드로 검색을 하면 주로 투자 관련한 책이 많이 나온다. 초보공인중개사는 '부동산 창업', '중개실무' 등의 키워드로 중개업 관련 책 읽기를 추천한다.

중개실무 교육수강

공인중개사 자격증 합격점수와 중개사무소 매출은 상관관계가 없다. 부동산중개는 영업의 영역이므로 경험 많은 기존 공인중개사와 경쟁하려면 부동산 관련 공부는 꾸준히 해야 한다. 다소 교육비가 비싸게 느껴지더라도 교육에 대한 투자는 필수다. 유튜브를 통해 노하우를 얻는 것도 좋다. 유튜브에서는 전문교육기관의 유료교육만큼 체계적이지 않더라도, 무료로 손쉽게 다양한 정보를 얻을 수 있다.

- **교육기관**: 한국공인중개사협회, 사설교육기관(에듀윌 등)
- **교육내용**: 계약서 작성, 중개영업 및 실무, IT마케팅, 토지공법, 세법, 민법, 상권분석, 상가중개, 재개발·재건축, 경매, 부동산 정책 등

본인의 품성 및 경험을 장점으로 살리기

필자가 아는 여성 공인중개사는 고객의 이야기를 경청하며 조언도 잘 해주어 동네에 팬이 많다. 어느 남성 중개사는 트럭운전기사 출신으로 와일드하지만 믿음직스럽게 고객을 잘 리드한다. 결정을 망설이는 고객

들은 이런 공인중개사의 힘 있는 리딩을 믿고 따른다. 이처럼 획일화된 기준이 아닌 본인만의 품성 및 경험을 장점으로 살린다면 고객에게 더욱 매력적으로 어필할 수 있을 것이다.

건강관리

중개업에서 생존하기 위해 무엇보다 가장 중요한 것은 건강을 지키는 것이다. 시간이 자유스러운 자영업자는 불규칙한 생활습관으로 인해 자칫 몸이 망가지기 쉬우므로 개공 역시 더욱 철저히 자기관리에 힘써야 한다. 중개업은 정신적, 육체적 스트레스가 많기 때문에 운동, 취미생활 등 자신에게 맞는 스트레스 해소방법을 찾아야 한다. 특히 바쁘다는 이유로 식사를 거르지 말자. 꼭 챙겨 먹자.

인내하기

중개사무소를 개업한 지역에 대해 완벽하게 파악하고, 중개실무에 자신감을 얻기까지는 오랜 시간이 걸린다. 대부분의 공인중개사들은 최소 3년은 되어야 제대로 일을 한다고 느낀다. 개업 초기에 시행착오도 겪고 어려움도 많겠지만, 내가 할 일은 이것밖에 없다는 간절함으로 일하고 인내하면 반드시 프로공인중개사로 거듭나 성공할 수 있을 것이다. 인내하며 기다리는 사람에게는 당할 재간이 없다.

중개사에게 가장 요구되는 중요한 덕목 중 하나는 자신이 실수하거나 잘못하지 않았어도 고객에게 사과할 수 있어야 한다는 것이다. 개공은 때론 누구 잘못이냐를 따지기보다 냉정하게 실익을 따져야 한다. 고객에게 센 척하는 사람은 바보다. 필자가 잘 아는 부동산 큰 자산가인 대표는 아침마다 본인 자존심은 안방 장롱 깊은 곳에 두고 출근한다 말하더라. 고객에게 고개 숙이는 게 오히려 현명하게 사업하는 방법이다.

개공이 외제차나 너무 비싼 차를 끌고 다니는 것도 보기 좋지 않다. 모두가 그렇게 생각하는 것은 아니지만, 공인중개사가 좋은 차 타는 것은 영업에 도움되기보다는 방해되는 경우가 많다. 고객은 공인중개사가 열심히 일해 돈 벌어 샀다고 생각하기보다는, 공인중개사가 고객을 이용해 번 돈으로 구매했을 것이라는 부정적 생각을 더 많이 하는 것 같다.

공인중개사들끼리 모여 농담 삼아 "그럼 개공의 적정 차량은 무엇일까?"에 대해 이야기한 적이 있다. 소나타, 그랜저, 산타페 정도가 적당하다는 의견이 많았다. 그 이상의 차는 영업에 방해가 된다는 의견이 다수다. 물론 개인 취향도 있고 상황은 모두 다르다.

필자는 현재 10년 넘은 차를 탄다. 필자의 이유는 좀 다르다. 만약 여윳돈 1억 원이 있으면 차보다는 항상 투자가 우선이다. 나중에 더 나이 들어 남의 시선을 덜 봐도 될 때 좋은 차 타면 된다며 스스로를 위로한다. 자영업자는 직장인보다 주변 시선을 더 많이 의식할 수밖에 없다. 차만 바뀌어도, 조금만 목소리가 커져도 "요즘 돈 좀 벌었나 보네"라는 얘기가 바로 들린다. 이런 측면에서는 때론 자영업자가 더 힘들다는 생각이 들기도 한다.

매물확보

    중개업에서 어려운 것은 물건작업이다. 보통 좋은 물건은 오래된 중개사무소에 접수되는데, 고객들은 특별한 사정이 아니면 이전에 거래한 경험이 있는 중개사무소에 다시 의뢰하기 때문이다. 그러므로 초보중개사는 고객이 찾아오기만을 기다리지 말고 직접 고객을 발굴하고 찾아가는 노력이 필요하다. 매물을 많이 보유할수록 계약 건수가 늘어나는 것은 당연하다. 이 장에서는 매도인(임대인) 대상으로 물건을 확보하는 방안에 대해 알아보려고 한다.

1. 매물접수

물건확보 시 가장 좋은 것은 전화 및 사무소 방문 등 고객이 스스로 찾아오는 것이다. 기존 고객이 다시 물건을 주는 경우도 있고 소개를 통해 연락하는 고객도 있다. 매물접수 시에는 물건명, 소재지, 면적, 희망가격, 입주가능일, 현 상태, 매매·임대조건 등에 대해 확인 후 매물장을 작성해야 한다. 물건이 많은 것도 중요하지만 관리를 잘 하는 것이 더욱 중요하다. 매물장은 엑셀로 작성하거나 별도이용료를 내고 사설정보망 및 매물관리 프로그램을 이용하기도 하지만, 나는 이와 별도로 매물노트를 작성하기를 추천한다. 나는 사무소 직원들에게도 반드시 매물장 노트를 적게 한다. 물건A와 사람B를 매칭시키려고 노트 앞뒤를 뒤적거리다가 오히려 사람C와 더 적합하다는 것을 알게 되는 경우가 의외로 많다. 디지털 사회에서 컴퓨터 활용능력이 아무리 뛰어나더라도, 때로는 아날로그적인 것이 더 좋을 때도 있다. 중요한 것은 자신에게 맞는 매칭능력을 확대할 수 있는 도구를 찾아 사용하면 된다.

2. 전화작업TM, Telemarketing

물건확보 시 전화작업은 매우 중요하다. 먼저 매도인(임대인)의 연락처를 파악하는 것이 관건이므로, 물건지에 직접 찾아가 정보를 얻거나 관리사무소에 방문하여 소유자에게 명함 전달을 부탁하는 것도 방법이다. 전화작업 전에는 고객별, 상황별 스크립트를 미리 작성하여 연습해보는 것도 좋다.

참고로 중개사무소 인수 시 인계받은 고객정보로 사전통지 없이 전화하는 것은 개인정보보호법 위반이며, 고객정보를 합법적으로 이용하기 위해서는 중개사무소 내 '개인정보이전 안내문'을 30일간 게시하고 사진을 찍어 두어야 한다.

○ **전화 내용**

- 물건 문의
- 부동산 정책, 뉴스, 개정세법 등 정보 전달
- 지역, 매물별 관련 이슈사항
- 기존 고객관리

장점	- 직접 대면 시보다 덜 긴장됨 - 직접 방문보다 시간 절약 - 고객의 질문에 검색을 하거나 "확인 후 다시 연락 드리겠다" 등으로 대응 가능
단점	- 고객의 표정을 읽거나 마음을 사기 어려움 - 불친절하게 전화를 받는 사람으로부터 마음에 상처를 받을 수 있음 - 전화번호는 개인정보이므로 민감하게 반응하는 사람도 있을 수 있음

3. 우편발송 DM, Direct Mail

상대방의 전화번호를 알 수 없는 경우 등기사항증명서, 건축물대장, 부동산종합증명서 등 공적장부를 열람하면 소유자의 이름과 주소를 확인할 수 있다. 근무 중 여유시간을 이용해서 해당 소유자 주소로 편지와 명함을 동봉하여 틈틈이 DM발송하는 것을 추천한다. DM의 효과를 극대화하려면 고객의 호기심을 불러일으켜 전화가 오도록 만드는 것이 중요하며, 소유자 정보는 엑셀로 잘 정리해 두어야 추후 고객에게 전화가 왔을 때 당황하지 않고 원활하게 상담을 진행할 수 있다. 참고로 회원제 중개사무소의 경우 과도한 경쟁을 지양하기 위해 DM을 금지하는 경우도 있으니 사전에 확인하는 것이 좋다.

○ DM 내용

- 매도, 임대계획 있으면 연락 달라는 직접적인 표현
- 부동산 정책, 뉴스, 개정세법 등 정보 전달
- 지역, 매물별 관련 이슈사항
- 명함 동봉

○ 오픈율 높이는 방법

- 보내는 사람에 부동산 상호명 대신 이름 기재
- 봉투는 흰색이 아닌 컬러, 투명 봉투
- 우표나 요금완납 스티커 붙이기(우체국 요금 별납은 집안으로 들어가기 전 반송함이나 바닥에 버려지는 경우가 대부분)

장점	- DM을 통해 연락 온 고객의 정보는 순수 DB화 가능 - 다른 지역에 사는 소유자는 DM에 관심을 가짐 - 시장상황이 좋지 않은 곳, 즉 주택보다는 상가, 토지 등에 효과가 있음
단점	- 비용과 시간이 많이 소요 - 일회성보다 여러 번 발송해야 효과가 있음 - 주소지 변경 시 반송되기도 함 - 오픈률 3% 정도로 낮은 편

4. 명함작업

상가 등에 방문하여 직접 고객에게 명함을 전달하는 것으로, 상가에 대한 전반적인 정보파악(내부구조 및 시설, 인테리어, 고객 연령 및 성별, 시간대별 유입 손님 수, 동일건물 내 입점 점포 수 및 업종 등)이 중요하다.

○ **주의사항**

- 직접 고객을 만나는 것이므로 용모를 단정히 할 것
- 반드시 상대방이 사장인지 체크 후 명함 전달할 것
- 매장 내 손님이 있거나 종업원만 있다면 다음에 다시 방문하기
- 자신감 있게 말하기
- 상처받지 않기

장점	- 대면으로 고객과 친분을 쌓을 수 있는 좋은 기회 - 원활하고 정확한 고객상담 가능
단점	- 시간과 체력소모 - 불친절한 사람으로부터 마음의 상처를 받을 수 있음

필자는 '일은 결국 사람이 한다'는 말을 자주 언급한다. 부동산중개도 매물의 좋고 나쁨보다 사람과의 신의가 더 중요하다.

경험 하나를 여러분과 공유한다. 부동산중개를 시작한 지 얼마 안 되었을 때 매물 확보를 위해 건물주나 토지주 연락처를 알아내려 동분서주한 시절이 있었다. 그러던 중 우연히 어느 건물에 걸린 '주인직접'이란 현수막을 보고 정중하게 전화했다. 통화한 분은 유명 대기업 오너 일가셨고, 그때부터 필자와의 인연이 시작되었다. 지금은 그 누구도 뗄 수 없는 가족 같은 사이가 되었고, 항상 필자의 든든한 후원자가 되어 주셨다. 어르신의 많은 부동산 매물은 필자가 모두 전속하여 중개하고 있을 뿐 아니라 임차인들에겐 임대인의 대리인 역할까지 도맡아 하며 관리적 측면까지 대행하고 있다. 이렇게 사람과의 관계를 통해 신뢰를 만들어 놓으면 비즈니스는 덩달아 따라오게 된다.

참고로 명절을 잘 이용하면 좋겠다는 생각이다. 설과 추석 명절을 통해 작은 감사의 선물을 보내는 것도 고객확보에 큰 도움이 된다. 요즘은 카카오톡 선물하기를 통해 간편하게 선물을 보낼 수 있어 좋다. 고객의 기념일에는 케이크, 동지에는 팥죽, 여름철 복날엔 팥빙수 쿠폰을 보내면 작지만 고객들은 큰 기쁨과 감사를 표시한다.

고객확보

　최근 매수인이나 임차인 측 고객은 중개사무소 방문 시 미리 정보를 찾아보고 오는 경우가 많다. 그러므로 고객에게 양질의 정확한 정보를 제공해야 고객의 신뢰를 얻어 계약으로 이어질 수 있다.

　중개사무소에서의 광고는 주로 물건보다는 손님을 확보하기 위한 수단으로 사용된다. 크게 온라인과 오프라인으로 나눌 수 있으며, 광고는 비용이 발생하기 때문에 비용 대비 최대 효과를 누릴 수 있는 광고방법을 잘 선택해야 한다. 한국공인중개사협회나 사설교육기관을 통해 광고·마케팅에 대한 교육을 수강하거나, 유튜브나 블로그 등을 검색해서 효과적인 광고방법을 찾아보는 것도 좋다. 온라인 광고에 사진을 올릴 때는 정면보다는 아래에서 촬영하거나 광각렌즈를 사용하면 동일 물건이라도 더 넓어 보이는 효과가 있다. 거래완료된 물건은 반드시 삭제해야 하며, 개정된 중개대상물 표시·광고 규정을 잘 체크하도록 하자.

1. 매수(임차) 상담

고객확보 시 가장 좋은 것은 전화 및 사무소 방문 등 고객이 직접 찾아오는 것이다. 기존 고객이 다시 연락을 주는 경우도 있고, 소개를 통해 문의하는 고객들도 있다. 매수(임차) 접수 시에는 원하는 지역, 면적, 입주요청일, 희망가격, 매수·임차조건 등에 대해 확인 후 매수장을 작성한다. 방문이나 전화문의를 한 손님은 지속적으로 확인전화 및 재방문을 유도해 결국은 계약으로 이끌어내야 한다. 특히 전월세 고객은 이사일에 맞춰 임차를 빠르게 결정해야 하므로 단기간에 계약을 성사시키는 것이 중요하다. 고객은 중립적이고 합리적인 공인중개사를 원하는 게 아니라 철저히 자기 편에서 일해 줄 수 있는 공인중개사를 원한다. 고객과의 신뢰관계를 잘 쌓는다면 해당 공인중개사에게 지속적으로 중개의뢰를 할 것이다.

2. 네이버 부동산

전국의 아파트, 상가, 토지, 건물시장의 70~80%를 차지할 만큼 고객들이 많이 찾는 곳이므로 네이버부동산 매물등록은 필수다. 네이버에서 직접 등록은 불가하며, 네이버부동산과 제휴된 CP사Content Provider를

○ 네이버부동산 제휴 CP사

공실클럽, 교차로부동산, 닥터아파트, 룸앤스페이스, 매경부동산, 보는부동산, 부동산114, 부동산렛츠, 부동산뱅크, 부동산써브, 부동산포스, 산업부동산, 선방, 스피드공실, 알터, 울산교차로, 조인스랜드, 천안교차로, 텐컴즈, 피터팬의 좋은방구하기, 한경부동산 등

통해서 매물을 등록해야 한다.

여기서 등록·수정된 매물정보는 업데이트 과정을 거치므로 네이버부동산에 노출되기까지 일정 시간이 소요된다. 각 업체들이 제공하는 서비스 및 금액이 다르기 때문에 비교해보고 본인에게 맞는 제휴업체를 결정하면 된다. 1건당 광고비는 평균 2,000원 정도이며 집주인 확인 등 옵션이 붙으면 비용이 다소 증가한다. 참고로 물건이 귀한 단독, 상가, 공장 등은 네이버부동산 광고를 올리면 소재지가 예측되어 다른 중개사무소에 물건을 뺏길 우려가 있으므로 광고를 지양하는 중개사무소도 있다.

3. 네이버 검색광고

네이버에서 키워드 검색 시 클릭당 비용이 지출되는 CPC Cost Per Click 광고로 파워링크, 비즈사이트 등이 있다. 비용 부담이 있지만 정보를 검색하는 이용자에게 내 비즈니스 정보를 노출하여 타깃팅이 정교하며, 광고시스템 내 다양한 보고서를 통해 성과를 즉시 확인할 수 있어 정확한

효과분석이 가능하다. 네이버 검색광고 시 네이버 스마트플레이스를 통해 본인의 중개사무소 정보를 네이버 지도에 등록해두는 것이 좋다.

4. 부동산 앱(직방, 다방, 한방 등)

직방, 다방

흔히 얘기하는 손품의 대표주자다. 이런 플랫폼업체가 부동산 시장을 변화시켰다고 해도 과언이 아니다. 지역별·기간별·노출개수에 따라 광고비가 다르며, 원룸·오피스텔 등을 구하는 대학생, 사회초년생 등은 대부분 직방·다방에서 물건을 찾는다. 오피스텔 원룸 광고효과는 절대적이다. 직방과 다방의 마켓 쉐어는 7:3 정도로 직방이 선두주자다.

한방

한방은 한국공인중개사협회가 운영하는 사이트로 반드시 사용할 것을 추천한다. 한방포털 200건, 한방앱 40건, 네이버에 최대 월 15건까지 무료광고를 올릴 수 있다. 또한 전국망·지역망 기능을 통해 공동중개도 할 수 있고, 지회별 커뮤니티로 정보 공유도 가능하다. 이처럼 한방앱은 다양한 홍보채널 및 전국망·지역망 운영으로 매물홍보 및 광고비 절감 효과를 얻을 수 있으며, 건축물대장, 토지대장, 지적도, 토지이용계획확인서 등 공적장부 열람도 가능하다.

5. 블로그

과거에는 워킹손님이 대부분이었으나 지금은 블로그, 유튜브를 보고 연락하는 고객수도 상당하므로 블로그 운영도 광고마케팅의 좋은 수단이 될 수 있다. 저품질 등을 예방하기 위해 블로그 전문교육을 수강하는 것을 추천한다.

○ **블로그 운영 방법**

- 잘 운영되고 있는 블로그를 참고하여 모방할 것
- 다양한 주제로 포스팅(매물등록, 부동산 정책, 뉴스, 개인일상, 맛집 소개, 좋은 글 등)
- 물건의 특징이 잘 드러나는 제목, 키워드로 내용 작성하기
- 음성입력 기능을 이용하면 키보드로 타자를 치는 것보다 많은 시간을 단축할 수 있음(스마트폰에서 네이버블로그 앱 → 글쓰기 버튼 → 마이크 버튼 누르고 말하기 → 텍스트로 입력됨)
- 사진, 동영상, 스티커, 약도, 링크 등 다양한 기능 활용하기

장점	- 광고비 무료 - 잘 운영하고 있는 블로그는 중개사무소를 하나 더 차린 것 같은 효과를 얻을 수 있음
단점	- 꾸준하지 않으면 효과가 없음(매일 혹은 적어도 2~3일에 1건 정도는 포스팅) - 시간과 노력이 많이 소요됨 - 저품질 함정에 빠지면 공든 탑이 무너질 수 있음(AI 로봇이 포스팅 평가)

6. 유튜브

유튜브 시장은 앞으로도 더욱 성장할 것이며, 유튜브는 이제 선택이 아닌 필수이다. 블로그와 마찬가지로 전문교육기관에서 과정을 수강하고 체계적으로 관리하는 것이 중요하다. 필자 역시 5~6년 전 아나운서 후배와 함께 '부동남'이라는 유튜브 채널을 운영했었다. 부동산에 관한 정보를 쉽고 재미있게 이야기하는 형식으로, 당시에 없던 나름의 신선함이 있었는데 꾸준하지 못했다는 아쉬움이 있다.

○ 유튜브 운영 방법

- 부동산중개업 특성에 맞는 유튜브 채널 전략이 필요
- 자신만의 컨셉 정하기
- 개인채널 말고 비즈니스 채널로 개설할 것
- 채널명은 다른 사람과 중복되는 것, 지역명(예: 세종시 토지박사), 중개업소명
  (예: 랜드공인중개사사무소) 등이 들어가는 것은 제외
- 스마트폰으로 촬영하고 파이널 컷 프로, 키네마스터 등 프로그램으로 편집
- 유튜브에 업로드한 매물이 거래 완료되었을 경우, 표시·광고 규정상 삭제해야
  하므로 채널 성장이 어려울 수도 있음

장점	- 광고비 무료 - 구독자수, 조회수 등이 높으면 오히려 광고수익을 얻을 수도 있음
단점	- 꾸준하지 않으면 효과가 없음(1~2주에 1건 정도는 업로드) - 시간과 노력이 많이 소요됨 - 디지털 작업에 익숙하지 않은 사람은 운영하기 어려움

7. 지역정보지

최근 대부분의 중개업 광고는 온라인상에서 진행하고 있지만, 일부에서는 아직도 교차로, 벼룩시장, 사랑방 등에서 광고하는 것이 더 효과적인 지역도 있다.

8. 판촉물

판촉물의 종류는 수건, 캔디, 꽃씨, 물티슈, 볼펜, 마스크, 천연비누 등 매우 다양하다. VIP 고객에게는 골프우산, 야외활동을 위한 스포츠 마스크 등도 좋고, 계약을 한 손님에게는 잔금일에 덕담과 함께 두루마리 휴지, 케이크, 디퓨저 등을 드리는 것도 좋다. 단가를 고려하여 고객에 맞게 제공하는 것이 효과적이다. 필자는 한때 저렴한 치약짜개로 단지 내 집안 욕실 침투를 성공적으로 진행한 경험이 있다.

9. 기타

24시간 고객들에게 중개사무소가 홍보될 수 있도록 종일 LED 조명을 켜두는 것도 좋다. 외출 시에는 출입문에 "잠시 외출중입니다. ***-****-****로 연락 부탁드립니다"라는 메시지를 남기고, 사무실 전화는 휴대폰으로 착신전환하여 한 통의 전화도 놓치지 않도록 해야 한다.

중개업도 새로운 방식은 계속 배워야 하고 좋은 것은 응용하며 업무를 선진화하여 고객 서비스의 질을 향상시켜야 한다. 이러한 측면에서 프롭테크의 활용은 부동산중개에서 선택이 아니라 필수다. 요즘은 고객이 공인중개사보다 더 많은 정보를 알아 공인중개사의 역할이 축소되고 있다. 이럴수록 공인중개사도 프롭테크 기술을 중개 도구로 적극 활용하고, 고객의 눈높이에서 소통할 수 있도록 노력하자. 남의 일처럼 관망하거나 할 수 없다고 포기하기보다는 사용할 수 있는 앱을 찾고 활용하려는 노력이 수반되어야 한다.

시간이 흐를수록 프롭테크가 중개에서 차지하는 비중이 점차 늘겠지만, 부동산 중개는 고객을 향한 진심이 더욱 중요하다. 단순한 부동산 계약 완성을 목적으로 하기보다 고객의 필요에 맞게 성심을 다하면 계약으로 이어진다는 생각이 순리에 맞다. 그러한 진심이 좋은 인연을 만들게 되고, 그 인연은 신뢰로 발전하는 선순환의 고리가 만들어진다. 프롭테크는 그런 목적을 위한 도구일 뿐이다.

공동중개

    영업을 통해 다수의 고객을 확보하는 것도 중요하지만, 실제 현장에서는 공동중개의 비율도 상당하므로 주변 중개사무소와 좋은 관계를 유지해야 한다. 개업 초기에는 단독중개로 계약을 진행하기가 쉽지 않으므로, 공동중개를 통해 부족한 부분을 채워가는 것이 효과적이다. 따라서 공동중개가 가능한 중개사무소 리스트를 확보해 수시로 확인하는 것이 좋다.

1. 공동중개의 장점

    - 고객의 입장에서 다양한 매물을 볼 수 있다.
    - 공인중개사의 입장에서 업무활동 범위가 넓어진다.

- 물건이나 고객을 찾기 위한 인건비, 광고비, 시간 등을 절약할 수 있다.
- 초보공인중개사의 경우 공동중개를 통해 다른 공인중개사들의 중개노하우를 습득할 수 있다.

2. 공동중개의 단점

- 거래당사자 양쪽에서 받을 수 있는 중개보수를 한쪽에게만 받게 되어 기대보수가 줄어든다.
- 좋은 매물은 독점하고, 좋지 않은 매물만 공유될 가능성이 있다.
- 상대편 거래당사자 의사를 공동중개사무소를 통해 전달받게 되어 진의파악이 다소 어려울 수 있다.

3. 공동중개 시 주의사항

- 상대방의 매물정보를 편취하면 안 된다.
- 상대 공인중개사로부터 소개받은 고객에게 직접 명함을 주거나 따로 연락하면 안 된다. 내가 어느 중개사무소에서 왔다는 것을 알리지 않는 것이 에티켓이다.
- 계약이 성사되지 않더라도 한쪽의 잘못으로 돌리기보다는 공동의 책임으로 한다.
- 내가 물건지 중개사무소일 경우 어느 부동산에게 무슨 매물을 알려

주었는지 꼼꼼하게 기록해야 한다. 속이는 부동산은 어쩔 수 없다. 부동산중개 시장에 비밀은 없어서 시간이 지나면 자연스럽게 들통 나 민망한 경우가 종종 있다. 물건 편취를 반복하는 부동산은 결국 다른 부동산으로부터 인정받지 못한다.

- 물건지 중개사무소의 소개로 현장방문하였으나, 이후 우연히 해당 매도인(임대인)이 우리 중개사무소를 찾아와 물건접수를 한 경우에 는 단독중개를 해도 문제 없다. 이때 물건지 중개사무소에서 물건 편취라고 오해할 수도 있으니, 가급적 접수받은 즉시 상대측에 상 황에 대한 양해를 구하는 것이 좋다. 물건을 편취한 것은 아니지만 향후 지속적으로 좋은 관계를 유지하기 위해 공동중개로 진행하는 것도 좋다.

- 거래금액이 큰 빌딩이나 토지 등은 일명 '교통'이라는 중개형식을 취하기도 한다. 여러 명의 공인중개사가 협력하여 중개하는 것으로 중개보수 배분에 대한 사전협의가 필요하다. 중간에서 연결해주는 교통부동산은 양쪽의 입장이 왜곡되지 않도록 내용을 잘 전달하고 조율해야 한다.

- 상대측 부동산에서 계약서를 작성하는 경우에도 계약서 및 확인설 명서를 꼼꼼히 확인해야 중개사고를 예방할 수 있다. 다만, 계약서 작성 시 노골적으로 자신의 의뢰인 일방의 편을 들면 계약이 원활 하게 이루어지지 않는 경우가 있어, 공동중개 공인중개사 간 협력 이 필요하다.

- 단독중개를 통해 수익을 극대화하기보다 때로는 공동중개로 빨리 계약을 체결하는 것도 중요하다. 단독중개를 통해 수익만 노리다가

는 계약을 놓치는 경우도 생긴다. 현장 공인중개사들은 이렇게 이야기하기도 한다. "아끼다 똥 된다."

김 박사 이야기 │ **공인중개사가 가져야 할 미덕**

공동중개를 하다 보면 공인중개사도 의뢰인과 같은 입장에서 과몰입하는 경우가 있다. 이렇게 되면 중개완성을 위한 이성적 판단이 어렵다(예: 임대인 측 중개사가 임대인 편들기). 임대인 측 공인중개사가 임차인의 입장을 고려해 친절하게 설명해줄 필요도 있다. 매너중개는 상대 공인중개사에게 향후 다른 건에서도 공동중개를 하고 싶게 만든다. 배려 없이 고집 피우기보다 상대 공인중개사를 고객으로 생각하고 좋은 이미지를 주기 위한 노력도 베테랑 공인중개사가 가져야 할 덕목이다.

최근 현장에서는 예전보다 공동중개가 많이 줄었다. 광고매체의 발달로 고객이 내 물건을 직접 보고 문의하는 경우가 많기 때문이다. 광고가 공동중개보다는 단독중개의 기회를 더 제공한다. 수익 면에서는 단독중개가 좋지만 공동중개를 간과하면 안 된다. 공동중개를 통해 선배 공인중개사들의 중개 브리핑과 계약서 작성 노하우를 배울 수 있다. 10명 공인중개사와 공동중개 시 10명의 계약 노하우를 획득할 수 있는 것이다.

간혹 계약을 주도하는 공인중개사가 내가 알고 있는 것과 다른 방향으로 계약서 작성 시, 상대 공인중개사의 실수를 고객들 앞에서 지적하기보다는 따로 조용히 확인하는 것도 좋은 매너이다. 공동중개로 계약 성사 시 상대 공인중개사와 같이 식사를 하면서 교분을 쌓으면 또 다른 기회가 찾아온다. 결국 중개업도 사람이 하는 비즈니스이다.

협력업체

부동산중개를 하다 보면 여러 관련분야의 자격사, 실무자들과 협력관계가 이루어진다. 신뢰할 만한 협력업체가 있다면 고객에게 양질의 서비스를 제공할 수 있고, 계약체결 시 고객의 결정을 돕기도 한다. 이때 공인중개사와 업체가 너무 깊게 개입되어 있으면 오히려 고객의 신뢰를 잃을 수도 있으므로 고객이 충분히 만족할 만한 업체들만 복수 추천하는 것이 좋다.

1. 법률·금융·세무 관련

- **법무사:** 소유권이전등기, 지방세(취득세 등) 납부, 근저당권 설정, 말소등기 등

- **세무사**: 국세(양도 소득세, 부가가치세, 종합부동산세 등) 관련 문의
- **변호사**: 부동산 관련 다툼에 따른 법적분쟁
- **은행 대출상담사**: 담보대출, 전세자금대출 등

2. 기타 부동산 서비스 관련

- 이삿짐센터
- 입주청소
- 인테리어
- 설비보수

김 박사 이야기 | **개공의 부가 수입**

은행: 공인중개사가 대출알선 시 은행에 대출을 연결하는 대출 전문법인을 통해 대출을 실행하는 경우도 있다. 이때 대출법인은 개공에게 0.2% 정도의 알선수수료를 지급한다. 알선수수료는 원천징수를 통해 세금을 공제하고 개공 개인명의로 지급된다. 개공은 종합소득세 신고 시 기타 소득으로 분류하여 신고하면 된다.

법무사: 공인중개사가 소유권이전등기 등을 소개하면 법무사 사무실에서 소개비를 지급하는 게 관행처럼 되어 있다. 최근에는 법무사의 이전등기도 인터넷을 통한 경쟁심화와 고객들의 셀프등기 증가로 개공의 이전등기 소개에 따른 수익도 줄어들고 있는 추세이다.

인테리어: 가성비, 품질, 인테리어 감각 등 손님 요구에 잘 대응해야 한다. A/S가 취약한 곳은 소개를 지양하자. 간혹 인테리어 견적비의 몇 %를 리베이트 해주겠다는 유혹이 있다. "인테리어 견적에서 5% 태워드릴께요" 등의 제안을 한다. 이때 깊게 관여하기보다 능력을 신뢰할 수 있는 업체만 소개하는 것이 좋다. 인테리어 하자 발생 시 소개한 공인중개사 입장이 곤란한 경우가 종종 있어 특히 유의해야 한다.

이사업체: 인테리어 쪽과 비슷한 유혹이 있다. 깊이 관여하지 말고 소개에 따른 인사는 생수나 계약서 파일 정도만 지원받는 것이 바람직하다.

법률, 세무, 회계사무소: 변호사, 세무사, 회계사는 따로 소개비를 받기보다 법률 지원이나 세무상담 등을 통해 고객 서비스를 강화하는 것이 좋다.

PART 4

초보자도 쉽게 따라하는
부동산중개 프로세스

부동산중개 과정

어렵게 공부해서 공인중개사 자격증을 땄지만 막상 업무를 시작하려니 시험 때 배운 과목만으로는 한계가 있다. 공부열람, 권리분석, 현장방문, 가격조정, 계약조건 협의, 계약서 작성, 확인설명서 작성 등 실제 업무를 하며 초보중개사는 막막함을 느낄 것이다. 그래서 부동산중개가 어떻게 이루어지는지 한눈에 볼 수 있도록 로드맵을 작성해보았다. 항목별 구체적인 내용은 다음 순서대로 설명하겠다.

부동산중개 계약 프로세스

1. 매물접수	2. 가계약 (계약금 중 일부 지급)	3. 계약서 작성 준비	4. 계약서 작성
• 매물장 작성 • 등기사항증명서 확인 • 전속중개 여부 확인 • 현장방문	• 현장방문 • 계약내용 및 특약 확인 • 문자발송 • 가계약금(계약금 중 일부) 송부	• 공부 열람 • 계약서류 미리 작성 • 계약 시 지참서류 안내 • 사무기기 및 물품 확인	• 당사자 지참서류 확인 • 신분증 진위 여부 확인 • 계약체결 • 계약금 입금 • 부동산실거래신고

8. 고객관리	7. 중개보수 청구	6. 중도금·잔금 납부	5. 확인설명서 작성
• 지속적 고객관리	• 중개보수 현금영수증 발행	• 등기사항증명서 확인 • 잔금 준비서류 안내 • 정산내역서 전달 • 서류 전달 • 소유권이전등기	• 공부와 실제 관계 대조 • 취득세 및 중개보수 설명 등

매물접수

1. 접수장 작성

매물접수 시 접수장을 작성한다. 먼저 물건의 종류, 고객의 의뢰내용과 기본정보를 확인한다. 매매/임대 여부와 희망가격, 일정, 현재 대출 상황, 의뢰인의 연락처와 특별한 요청사항이 있는지 등을 꼼꼼히 기록해 두면 고객 브리핑 시 매끄러운 진행이 가능하다. 이때 소유자가 어느 통신사를 사용하는지 확인해두면 네이버 인터넷 광고 시 '집 주인 확인'으로 인증 가능하다. 그 외 상세내용은 건축물대장 등 공부를 열람하여 추가로 기재한다. 주택의 경우 계약갱신요구권 행사, 주택임대사업자 여부 등도 함께 확인해야 한다.

2. 등기사항증명서 등 공부

물건 접수 시 등기사항증명서를 발급하여 소유자 확인 및 권리상의 문제가 없는지, 대출 및 세금 체납 여부 등을 확인해야 한다. 대출이나 세금 체납이 있는 물건이라면 어느 시점에 어떻게 상환할 예정인지에 대한 내용도 확인해두면 좋다. 또 건축물대장, 토지이용계획확인서 등도 열람하여 꼼꼼하게 현황을 확인해야 한다.*

3. 전속중개 여부 확인

전속중개는 중개대상물을 단독으로 거래할 수 있다는 장점이 있으므로 전속중개로 계약하는 것이 좋다. 전속중개 시 법정서식의 전속중개계약서 작성, 계약서 3년 보존, 부동산거래정보망에 중개대상물에 대한 정보공개, 2주에 1회 이상 업무처리상황 문서통지 등의 의무가 있다.

4. 현장방문

물건지 현장을 방문하여 주변 인프라, 불법건축 여부, 그 외 하자, 토

---

* 바로바로(www.barobaro.info) 서비스를 이용하면 열람한 공부 데이터 저장이 가능하고 열람에 소요되는 시간을 절약해준다.

지의 경우 도로폭, 도로에서의 진입 여부, 경사도, 고압선·분묘 유무 등의 현 상태를 직접 확인해야 한다.

김 박사 이야기 | **물건과 고객 접수**

물건과 고객 접수는 본격적인 부동산중개업무의 시작이다. 그만큼 중요하다. 보통은 접수과정에서 고객은 공인중개사의 업무능력을 가늠하고 신뢰의 상당 부분을 마음으로 결정한다. 그래서 대면, 전화 접수 시 고객의 말에 집중해야 한다. 적절한 공감 리액션도 필수다.

필자가 아는 여성 공인중개사님은 고객의 말을 참으로 잘 경청한다. 이 분에게 말하고 있다 보면 마음이 편해지고 신뢰감이 간다고 한다. 자연스럽게 동네 고민 상담사가 되니 부동산중개 일은 절로 잘될 수밖에 없다. 다만, 개인적 상담내용은 절대 입 밖으로 나가면 안 된다는 것은 철칙이다. 공인중개사의 입은 천금보다 무거워야만 고객의 신뢰를 쌓게 된다.

접수 시 꼼꼼한 기록도 중요하다. 고객의 요구를 정확하게 파악하고 적절한 매칭을 만들어내는 능력은 쉬운 게 아니다. 본인의 지능과 기억력만을 믿지 말고, 고객의 세세한 부분까지 잘 메모해두자.

부동산 전속중개계약

부동산 전속중개계약이란?

중개대상물을 의뢰함에 있어 특정한 공인중개사를 정해 그 중개업자에 한하여 중개대상물을 중개하도록 하는 계약

부동산 전속중개의 특징

1. 전속중개계약을 체결하면 중개의뢰인은 불필요한 시간을 절약할 수 있고, 개공은 전속 지위를 통해 신뢰를 통한 계약 완성에 집중할 수 있다.

2. 개공은 업무처리상황을 중개의뢰인에게 주기적으로 보고해야 한다.

3. 전속중개계약서를 통해서 개공과 중개의뢰인 간 권리, 의무관계가 명확하여 분쟁을 예방할 수 있다.

4. 신뢰를 바탕으로 중개대상물을 광범위하게 광고하기 때문에 거래 성사가 빠르다.

5. 개공은 거래 계약을 직접 체결하지 않아도 중개보수 일부를 받을 수 있기 때문에 적극적으로 중개활동을 한다.

부동산 전속중개의 체결방법과 중개의뢰인과 중개업자의 의무

1. 중개의뢰인은 특정 중개업자와 표준양식의 전속중개계약서 2부를 작성하여 서명 및 날인하고 각 1부씩 보유한다.

2. 전속중개계약서의 유효기간은 원칙적으로 3개월로 하지만, 중개의뢰인과 개공 간의 협의하에 그 기간을 다르게 정할 수 있다.

3. 전속중개를 맡은 개공은 전속중개계약 체결 후 7일 이내에 부동산 거래정보망 또는 일간신문에 중개대상물에 관한 정보를 공개하고 중개의뢰인에게 지체 없이 그 내용을 문서로 통지해야 한다.

4. 개공은 중개의뢰인에게 계약 체결 후 2주일에 1회 이상 중개업무 처리 상황을 문서로 통지한다.

5. 개공은 전속중개계약서를 3년간 보존할 의무가 있다.

6. 전속중개계약 유효기간 내에 중개의뢰인 스스로 발견한 상대방과 거래를 한 경우에도 중개보수의 50%에 해당하는 중개보수 범위 안에서 전속한 개공의 중개행위에 따른 소요된 비용을 지불한다.

가계약
(계약금 중 일부 지급)

1. 현장방문

매수(임차) 의뢰인과 함께 물건지를 방문하여 주변 인프라, 불법건축, 그 외 하자 등이 없는지 현 상태를 직접 확인해야 한다. 간혹 현 임차인이 물건을 보여주지 않는 등 협조하지 않는 경우도 있으므로 이때는 중개사가 융통성 있게 잘 조율해야 한다. 중개사고를 예방하기 위하여 마지막 임장은 반드시 개업공인중개사가 진행하도록 한다.

2. 계약내용 및 특약 확인

공인중개사 자격취득 시에는 가계약에 대한 내용을 강조하지 않지만, 실제 현장에서는 매우 중요한 업무 중 하나이다. 사실 가계약은 민법에 없는 용어인데 오랫동안 관행적으로 중개현장에서 사용되고 있다. 정확한 표현은 가계약보다 '계약금 중 일부 지급'으로 표현하는 것이 적합해 보인다. 다시 말해 가계약이 아니라 계약이다. 다만, 여기서는 이해를 돕기 위해 가계약이란 표현을 그대로 사용해 설명한다. 공인중개사는 가격조정, 계약금·중도금·잔금일자 및 금액, 이사날짜, 구체적인 특약사항(실내금연, 반려동물 금지, 옵션항목 등) 등 양 당사자가 요구하는 조건들을 잘 정리하여 가계약 시 빠짐없이 내용을 전달해야 한다.

3. 문자발송

가계약 시 공인중개사는 문자로 내용을 전달하는데 이때 문자는 계약서에 준하도록 작성해야 한다. 필자는 한방부동산거래정보망에서 가계약서 작성 후 이미지파일로 저장하여 양당사자에게 문자를 보내고 있으며, 문자로 직접 내용 작성 시에는 다음 양식을 참고하기 바란다.

가계약 문자발송 양식

안녕하세요. ○○부동산입니다.
아래와 같이 계약내용 확인하겠습니다.

〈계약사항〉
- 소재지: 서울시 강남구 역삼동 ○○아파트 ○동 ○호
- 구분: 임대차
- 금액
– 보증금: 1억 원
– 차임: 100만 원
- 계약기간: 2023.02.15~2025.02.15.
- 계약금: 1,000만 원
– 계약금 중 일부 100만 원(2022.12.21)
– 계약금 중 남은 900만 원(2022.12.28, 계약서작성일)
- 잔금: 9,000만 원(2023.02.15)
- 특약
– 임차인 반려동물 금지
– 임대인 전입신고 동의
– 계약만기 시 원상회복
– 기타사항은 계약서 작성 시 협의
– 계약서 날인 전 위약금은 계약금 중 일부조(100만 원)로 함(위약금 약정)

- 임대인: 위 사항에 동의하시면 임대인 명의의 계좌번호, 신분증을 송부 바랍니다.
- 임차인: 임대인 명의의 계좌번호로 계약금 중 일부 100만 원을 입금 바랍니다.
(○○은행, 123-456-7890, 홍길동)
입금과 동시에 계약이 성립됩니다.

– ○○부동산 –

4. 가계약금(계약금 중 일부) 송부

매수인(임차인)이 매도인(임대인) 명의 계좌로 가계약금을 송부하면 계약이 성립된다. 앞에서도 언급한 바 이때 '가계약금'이라는 단어는 쓰지 않는 것이 좋다. 계약을 깨려는 사람은 청약금이라며 가계약(찜)이라고 우기는 경우가 있으므로, '계약금 중 일부'라는 용어로 사용해야 한다. 예를 들어, 매매 1억 원 중 계약금 1,000만 원(계약금 중 일부조 금 100만 원), 잔금 9,000만 원으로 계약을 하려고 할 때, 특약에 '계약금 중 일부 100만 원은 ○○년 ○월 ○일에 지급하고, 계약금 중 남은 900만 원은 계약서 작성일 ○○년 ○월 ○일에 지급하기로 한다'라고 기재해야 하는 것이 좋다. 이후 별다른 약정이 없는 상황에서 매수인이 계약을 해약하려면 매수인은 900만 원을 매도인에게 추가 지급해야 하고, 매도인이 계약을 해약하려면 매도인은 매수인에게 본인이 수령한 100만 원과 해약금조 1,000만 원을 계약금 배액상환해야 한다. 수령한 계약금 중 일부 100만 원과 해약금 1,000만 원을 더해 총 1,100만 원을 지급해야 해약이 가능하다(위약금 약정이 없는 경우).

김 박사 이야기 | **가계약 해제 시 공인중개사 수수료 지급의무**

부동산 거래 시 물건과 금액만 특정이 되면 공인중개사가 각 매도인과 매수인에게 계약성립에 관한 문자 등을 보낸다. 그리고 매수인이 공인중개사가 보낸 계좌로 계약금 일부(가계약금)만을 송금한 후, 추후 매매계약서를 작성하기로 하는 경우가 대부분이다. 이와 같이 계약서를 작성하지 않은 채 계약금 중 일부(가계약금)만 지급된 경우 공인중개사의 고의나 과실로 인하여 계약이 해제되거나 취소되는 경우에는 공인중개사가 매도인이나 매수인에게 중개보수를 청구할 수 없는 것이 원칙이다. 하지만 공인중개사의 고의나 과실이 없음에도 매도인과 매수인의 단순 변심으로 인하여 계약이 취소되는 경우 그 중개보수 지급의무가 있는지는 문제가 될 수 있다.

이에 대하여 대법원은 공인중개사는 중개의뢰인에게 성실하고, 정확하게 중개대상물에 대한 사항을 설명해야 하고, 중개가 완성되어 거래계약서를 작성할 때에 중개대상물 확인설명서와 공제증서를 교부해야 한다고 말하고 있다. 다시 말해 계약서, 확인설명서 작성 날인하고 공제증서를 교부해야 중개의뢰인으로부터 소정의 보수를 받게 된다고 판시한다. 그렇지만 공인중개사가 계약의 성립에 결정적인 역할을 했음에도 중개행위가 공인중개사의 책임없는 사유로 중단되어 최종적인 계약서 작성 등에 관여하지 못했다는 등의 특별한 사정이 있는 경우에는, 신의성실 원칙 등에 기하여 개업공인중개사는 중개의뢰인에 대해 이미 이루어진 중개행위의 정도에 상응하는 중개보수를 청구할 권리가 있다고 판시했다.

결국 위와 같은 대법원 판례를 종합하면 다음과 같다.

① 공인중개사는 계약서를 작성하고, 중개대상물 확인·설명서와 공제증서를 교부하여 중개가 완성된 후에서야 중개의뢰인에게 중개보수를 청구할 수 있는 것이 원칙이나,

② 가계약 체결 후 중개의뢰인들의 단순 변심으로 인해 계약이 해제 및 취소되는 등 특별한 사정이 있는 경우에는 개업공인중개사는 중개의뢰인에 대해 이미 이루어진 중개행위 정도에 상응하는 중개보수를 청구할 권리가 있다고 할 수 있다.

이에 대해 이미 이루어진 중개행위 정도에 상응하는 중개보수가 얼마인지, 이를 어떠한 식으로 계산하는지에 대하여는 아직까지는 대법원 판례가 판시한 바는 없고 국토교통부 역시 이에 대해서 명확한 입장을 밝히지 않고 있어 결국 공인중개사와 중개의뢰인 사이에서 원만한 합의가 이루어지지 않을 경우 개별적인 민사소송에서 각 재판부의 개별적인 판단에 따를 수밖에 없다.

계약서 작성 준비

계약 전에 중요한 서류들을 빠짐없이 준비하고 집중해야 문제없이 계약을 진행할 수 있다. 계약은 가급적 일정을 미루지 않는 것이 좋다. 계약을 미루다 보면 매수자나 임차인의 입장에서는 물건의 장점보다는 단점이 보이게 되고 주변사람들은 신중하라고 조언한다. 반대로 매도자나 임대인은 내가 급하게 결정해 손해가 발생한 것은 아닌지 고민이 시작된다. 이러한 서로의 입장 차이가 계약 성사를 방해할 수 있다. 그렇다고 고객에게 당장 계약하지 않으면 다른 사람에게 물건을 뺏길 수 있다는 위기감을 조성하는 것도 반감을 불러일으킬 수 있으므로 지양해야 한다.

또한 중개사고를 예방하기 위한 권리분석은 필수이다. 이때 열람한 공부는 계약서, 확인설명서와 함께 거래당사자에게 교부하면 된다.

○ **권리분석을 위한 공부 열람**

	공부	내용
1	토지이용계획확인서	공법상의 이용제한 및 거래규제 (용도지역, 용도구역, 도시군계획시설, 개발사업, 토지거래계약허가구역 등)
2	등기사항전부증명서	부동산 표시, 등기명의인, 권리관계 등
3	건축물대장	건물의 현황(면적, 건폐율, 용적률 등), 도시군계획 사항, 설비, 건축주체, 건축허가 등
4	토지(임야)대장	토지(임야)의 소재지, 소유자, 지목, 면적 등
5	지적(임야)도	토지의 위치, 지목, 경계, 방향, 접변도로, 하천 등 주요 지형지물과의 거리 등
6	부동산종합증명서	18종의 서류 통합 확인 (상기 공부를 통합해 발급 가능)

I. 공부 열람

(1) 토지이용계획확인서

토지이음(www.eum.go.kr)에서 확인 가능하고, 확인설명서에 작성해야 할 공법 항목들을 찾아볼 수 있다.

(2) 등기사항전부증명서

부동산의 권리관계를 알려주는 것으로 표제부, 갑구, 을구로 구성되어 있다. 대법원 인터넷등기소(www.iros.go.kr)에서 확인 가능하며, 집합건물(아파트, 연립, 다세대)의 경우 하나만 열람하면 되고 그 외(단독, 다가구, 상가주택 등) 물건은 건물과 토지를 각각 열람해야 한다. 열람비용은 700원, 발급비용은 1,000원이며 일반적인 부동산 계약 시에는 열람용으로 충분하지만 이는 법적 효력이 없으므로, 대출이나 보증보험 등 관공서 제출

시에는 발급용으로 출력해야 한다. 참고로 2018년 7월 6일부터 가로에서 세로 양식으로 변경되었다.

(3) 건축물대장

건물의 현황을 상세하게 기록해놓은 문서로서 건축물의 소재지와 구조, 면적, 용도, 소유자, 위반사항 등이 기재되어 있으며, 정부24(www.gov.kr)에서 확인 가능하다.

참고로 중개를 하다 보면 종종 건물도면이 필요할 때가 있다. 건축물대장 현황도면은 아무나 발급할 수 없고, 소유자(직계존비속 및 배우자 포함), 임차인(임차계약서 첨부), 소유자의 동의가 있는 경우(위임장 첨부)에 발급받을 수 있다. 인터넷상에서는 소유자만 열람만 가능하며, 그 외는 관공서(시군구청 또는 행정복지센터)에 직접 방문해야 한다. 위임장에는 반드시 소유자 날인이 필요하며 서명은 인정되지 않는다.

(4) 토지(임야)대장

토지의 현황을 상세하게 기록해놓은 문서로서 토지의 소재지, 지번, 지목, 면적, 소유자 등이 기재되어 있으며, 정부24(www.gov.kr)에서 확인 가능하다.

(5) 지적(임야)도

정부24(www.gov.kr)에서 확인 가능하고, 소재, 지번, 지목, 경계, 도면의 색인도, 제명, 도곽선 및 도곽선 수치 등을 찾아볼 수 있다.

(6) 부동산종합증명서

2014년 1월 18일부터 토지대장, 건축물대장, 토지이용계획확인서, 지적도, 등기사항전부증명서 등 18종의 서류들을 통합한 것으로, 일사편리 (kras.go.kr)에서 확인 가능하다. 일사편리에서는 총 18종 모든 정보가 포함된 종합형이 1,500원, 필요한 정보만 선택해 발급할 수 있는 선택형이 1,000원이다.

2. 계약서류 미리 작성

계약일에 각종 서류 작성 시 급한 마음에 실수할 수도 있으니, 계약서 및 확인설명서는 미리 작성해두는 것이 좋다. 공인중개사가 미리 기본적인 내용(거래당사자 인적사항, 매매금액, 계약금, 잔금, 보증금, 잔금일, 입주일, 양도물품, 권리금, 특약사항 등) 기입 후, 계약일에 양 당사자가 검토하고 수정하면 된다. 공제증서, 개인정보수집 및 이용동의서도 미리 출력해두자. 단, 계약서 작성 당일에 계약일을 수정하는 것을 잊지 말자. 계약일 오기 시 복잡한 과정을 거치게 될 수도 있다.

3. 계약 시 지참서류 안내

원활한 계약진행을 위해 양 당사자에게 계약서 작성일에 지참해야 할 서류를 미리 전화나 문자로 안내해야 한다.

4. 사무기기 및 물품 확인

평소에 사무기기 및 물품을 미리 확인해 계약 시 곤란을 겪는 일이 없도록 해야 한다. 계약서 작성 프로그램, 컴퓨터, 프린터, 펜, 인주, 인장 등 문제가 없는지 체크하고, 인터넷 문제로 계약서작성 프로그램이 오류가 생길 것을 대비해 수기계약서, 확인설명서도 미리 준비해두면 좋다.

김 박사 이야기 | **당사자 간 분쟁과 부동산중개사의 역할**

계약서 특약 부분에 마치 짠 것처럼 첫 줄은 "현 시설상태의 계약임", 마지막 줄은 "기타사항은 주택임대차보호법 및 민법에 준함"으로 기재하는 경우가 많다. 틀린 것은 아니지만 간혹 거래 당사자 간 현 시설 상태를 확대 해석하여 공인중개사가 중간에 어려운 입장이 되는 경우가 있다. 또 현 시설상태는 눈에 보이는 물리적 사항 외에도 권리적 사항도 포함된다는 것을 모르는 공인중개사나 고객이 많다. 예를 들어, 어떤 시설물이 고장난 상태일 때 임대인은 '현 시설상태는 고장난 상태였다. 이건 임차인이 잘 확인했어야지!'라며 자해석하여 당초 취지를 악용하는 임대인도 있다. 따라서 "계약일 현재 대상 부동산의 권리 및 시설 상태의 계약임"으로 기재한 후 자세히 취지를 설명하고, 임대인이 현 상태 고지 및 안내를 유도한다거나, 문구 자체를 기재하지 않는 것도 고려해볼 만하다.

실무 현장에서 당사자 간 분쟁은 생각보다 잦다. 아무래도 큰돈이 오고가다 보니 서로 예민해지는 경우가 많다. 매매나 임대차 정산을 하다 보면 계약할 때 이야기되지 않은 사항으로 분쟁이 발생하기도 한다.

예를 들어, 매도인은 "내가 사용할 때는 고장 없던 인터폰이다. 매수인이 인테리어 협조를 부탁해 좋은 마음으로 협조해주었다. 그런데 인터폰 고장을 내게 책임지라고 한다?" 매수인은 "원래 고장이 있었다고 인테리어 업체가 말했다. 그러니 매도인이 수리해주든 교환해주든 해야 할 문제 아닌가?" 이

런 분쟁은 공인중개사가 해결하기 쉽지 않다. 더구나 서로 감정이 격해지다 보면 누가 먼저랄 것도 없이 '법으로 하자' 등 합리적인 협의를 넘는 상황이 발생하기도 한다.

이런 경우 공인중개사는 상황을 냉정하게 보자. 분위기를 잘 살피다 누군가가 개공에게 "공인중개사님은 어떻게 생각하느냐?" 식의 개입을 요구하게 되면 그때가 개공이 나설 시점이다. 그리고 차분하게 계량화하여 설명하라. "서로가 좋게 마무리하시길 바라는 마음으로 그동안의 경험을 토대로 말씀 드리오니 참고해주세요. 우선 인터폰을 신품으로 교환하면 가격은 40만 원입니다(계량화1). 모두 잘 아시다시피 소송으로 가면 그에 따른 비용과 시간, 스트레스 등을 따지면 상당한 비용이 발생합니다(계량화2). 따라서 다투지 마시고 제가 드리는 제안대로 따르시겠다는 두 분의 합의가 있다면 제가 제안 드리겠습니다" 라고 말하고 잠시 기다린다. 어차피 두 사람이 방법이 있는 것은 아니기 때문에 잠시 후 "동의할 테니 제안해 달라"는 의견이 나온다. 그러면 "제안드리겠습니다. 인터폰이 오래되어 수리보다는 신품으로 교환을 추천드립니다. 인터폰 가격이 40만 원이네요. 매수인께서는 새집에 인테리어도 하는데 신품이 어울리지 않을까요? 20만 원 부담해 주세요. 매도인께서는 매매가 되어도 내 집에 들어와 사시는 매수인 분이 이 집에서 모든 게 잘되셔야 마음이 좋으시죠. 입주 선물이라 생각하시고 10만 원 부담에 동의해 주시면 저도 입주 선물하는 마음으로 10만 원 부담하겠습니다(계량화3)" 라고 말한다. 상황마다 사람마다 다르겠지만 이런 식의 조정은 생각보다 효과가 크다. 또 공인중개사가 일부라도 함께 부담하면 조정자로서 위상이 서서 원만한 조정이 이루어지기 쉽다.

참고

등기사항증명서
건축물대장 예시

등기사항전부증명서(현재 유효사항)
- 집합건물 -

고유번호 ▓▓▓▓▓

[집합건물] 경기도 ▓▓▓▓▓

【 표 제 부 】	(1동의 건물의 표시)			
표시번호	접 수	소재지번,건물명칭 및 번호	건 물 내 역	등기원인 및 기타사항
3		경기도 ▓▓▓▓ ▓▓▓▓ ▓▓▓▓ [도로명주소] 경기도 ▓▓▓▓ ▓▓▓	철근콘크리트벽식조 트러스지붕 18층아파트 1층 473.32㎡ 2층 471.08㎡ 3층 471.08㎡ 4층 471.08㎡ 5층 464.92㎡ 6층 464.92㎡ 7층 464.92㎡ 8층 464.92㎡ 9층 464.92㎡ 10층 464.92㎡ 11층 464.92㎡ 12층 464.92㎡ 13층 464.92㎡ 14층 464.92㎡ 15층 464.92㎡ 16층 464.92㎡ 17층 464.92㎡ 18층 464.92㎡ 지하1층 458.20㎡	도로명주소 2014년2월7일 등기

물건 주소

부동산의 주소와 등기사항증명서의 주소가 일치하는지 확인 필수. 특히 단독주택일 때 토지, 건물 등기사항 증명서가 모두 있는지도 확인.

(대지권의 목적인 토지의 표시)				
표시번호	소 재 지 번	지 목	면 적	등기원인 및 기타사항
1 (전 1)	1. ▓▓▓▓	대	77573.8㎡	1998년3월24일
2	1. ▓▓▓▓	대	77573.8㎡	2003년11월24일 1토지 행정구역명칭변경 2003년11월24일

열람일시

열람일시는 등기사항증명서를 열람(발급)한 날짜와 시간. 이 날짜가 계약서 당일에 열람한 것인지를 확인.

페이지

등기사항증명서 하단 가운데에 '1/3'이라고 페이지 표시. 총 3페이지 중 1페이지라는 의미.

열람일시 : 2021년07월06일 11시07분22초

1/3

등기사항전부증명서(현재 유효사항)
- 집합건물 -

고유번호 ▇▇▇▇-▇▇▇▇-▇▇▇▇▇▇

[집합건물] 경기도 ▇▇▇ ▇▇▇ ▇▇▇▇ ▇▇▇ ▇▇▇▇▇ ▇▇▇▇ ▇▇ ▇▇▇▇

【 표 제 부 】	(1동의 건물의 표시)			
표시번호	접 수	소재지번,건물명칭 및 번호	건 물 내 역	등기원인 및 기타사항
3		경기도 ▇▇▇ ▇▇▇▇ ▇▇▇ ▇▇▇▇ ▇▇▇▇ ▇▇▇▇ [도로명주소] 경기도 ▇▇▇ ▇▇▇▇ ▇▇▇ ▇▇▇	철근콘크리트벽식조 트러스지붕 18층아파트 1층 473.32㎡ 2층 471.08㎡ 3층 471.08㎡ 4층 471.08㎡ 5층 464.92㎡ 6층 464.92㎡ 7층 464.92㎡ 8층 464.92㎡ 9층 464.92㎡ 10층 464.92㎡ 11층 464.92㎡ 12층 464.92㎡ 13층 464.92㎡ 14층 464.92㎡ 15층 464.92㎡ 16층 464.92㎡ 17층 464.92㎡ 18층 464.92㎡ 지하1층 458.20㎡	도로명주소 2014년2월7일 등기

(대지권의 목적인 토지의 표시)				
표시번호	소 재 지 번	지 목	면 적	등기원인 및 기타사항
1 (전1)	1. ▇▇▇▇ ▇▇▇ ▇▇▇ ▇▇▇ ▇▇▇ ▇▇▇-▇	대	77573.8㎡	1998년3월24일
2	1. ▇▇▇▇ ▇▇▇ ▇▇▇ ▇▇▇ ▇▇▇-▇	대	77573.8㎡	2003년11월24일 1토지 행정구역명칭변경 2003년11월24일

표제부
부동산의 사실적 관계(주소, 면적, 지목, 용도, 대지권의 표시 등)

건물 전체에 관한 내용(전체 면적, 전체 층수와 층별 면적, 건물 전체의 대지권 등)

열람일시 : 2021년07월06일 11시07분22초   1/3

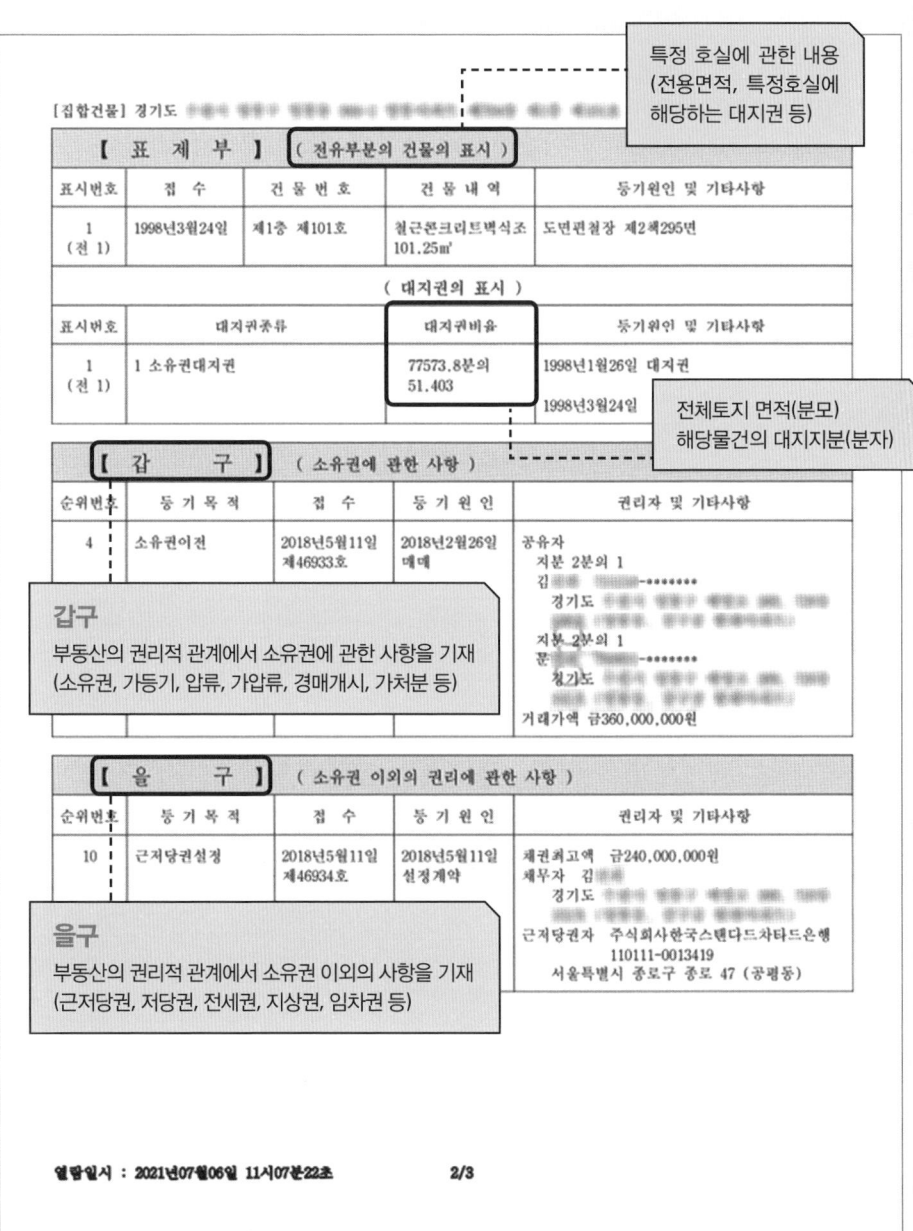

특정 호실에 관한 내용
(전용면적, 특정호실에
해당하는 대지권 등)

[집합건물] 경기도 ■■■■ ■■■ ■■■ ■■■ ■■■■■ ■■■■ ■■■ ■■■■

【 표 제 부 】 (전유부분의 건물의 표시)				
표시번호	접 수	건물 번호	건 물 내 역	등기원인 및 기타사항
1 (전 1)	1998년3월24일	제1층 제101호	철근콘크리트벽식조 101.25㎡	도면편철장 제2책295면

(대지권의 표시)			
표시번호	대지권종류	대지권비율	등기원인 및 기타사항
1 (전 1)	1 소유권대지권	77573.8분의 51.403	1998년1월26일 대지권 1998년3월24일

전체토지 면적(분모)
해당물건의 대지지분(분자)

【 갑 구 】 (소유권에 관한 사항)				
순위번호	등 기 목 적	접 수	등 기 원 인	권리자 및 기타사항
4	소유권이전	2018년5월11일 제46933호	2018년2월26일 매매	공유자 지분 2분의 1 김■■■ 700■■■-******* 경기도 ■■■■ ■■■■ ■■■ ■■■ ■■■ ■■■■ 지분 2분의 1 문■■ ■■■-******* 경기도 ■■■■ ■■■ ■■■ ■■■ ■■■ ■■■■ 거래가액 금360,000,000원

갑구
부동산의 권리적 관계에서 소유권에 관한 사항을 기재
(소유권, 가등기, 압류, 가압류, 경매개시, 가처분 등)

【 을 구 】 (소유권 이외의 권리에 관한 사항)				
순위번호	등 기 목 적	접 수	등 기 원 인	권리자 및 기타사항
10	근저당권설정	2018년5월11일 제46934호	2018년5월11일 설정계약	채권최고액 금240,000,000원 채무자 김■■■ 경기도 ■■■■ ■■■ ■■■ ■■■ ■■■ ■■■■ 근저당권자 주식회사한국스탠다드차타드은행 110111-0013419 서울특별시 종로구 종로 47 (공평동)

을구
부동산의 권리적 관계에서 소유권 이외의 사항을 기재
(근저당권, 저당권, 전세권, 지상권, 임차권 등)

열람일시 : 2021년07월06일 11시07분22초   2/3

[집합건물] 경기도 ███

【 표 제 부 】			(전유부분의 건물의 표시)	
표시번호	접 수	건 물 번 호	건 물 내 역	등기원인 및 기타사항
1 (전 1)	1998년3월24일	제1층 제101호	철근콘크리트벽식조 101.25㎡	도면편철장 제█

		(대지권의 표시)	
표시번호	대지권종류	대지권비율	등
1 (전 1)	1 소유권대지권	77573.8분의 51.403	1998년█월26일 대지권 1998년3월24일

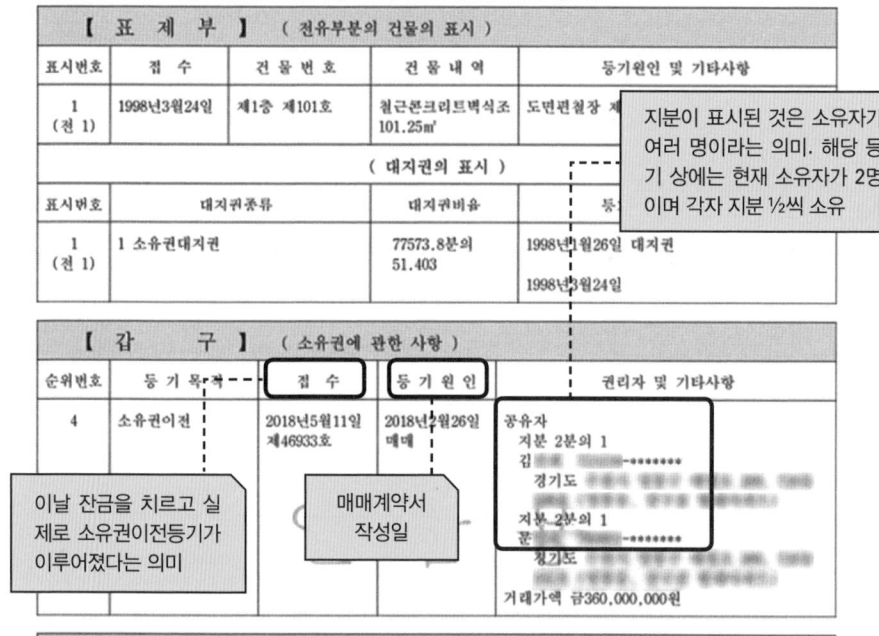

지분이 표시된 것은 소유자가 여러 명이라는 의미. 해당 등기 상에는 현재 소유자가 2명이며 각자 지분 ½씩 소유

【 갑 구 】			(소유권에 관한 사항)	
순위번호	등 기 목 적	접 수	등 기 원 인	권리자 및 기타사항
4	소유권이전	2018년5월11일 제46933호	2018년█월26일 매매	공유자 지분 2분의 1 김██ ███████-******* 경기도 ████████████████ 지분 2분의 1 문██ ███████-******* 경기도 ████████████████ 거래가액 금360,000,000원

이날 잔금을 치르고 실제로 소유권이전등기가 이루어졌다는 의미

매매계약서 작성일

【 을 구 】			(소유권 이외의 권리에 관한 사항)	
순위번호	등 기 목 적	접 수	등 기 원 인	권리자 및 기타사항
10	근저당권설정	2018년5월11일 제46934호	2018년5월11일 설정계약	채권최고액 금240,000,000원 채무자 김██ 경기도 ████████████████ 근저당권자 주식회사한국스탠다드차타드은행 110111-0013419 서울특별시 종로구 종로 47 (공평동)

설정되어 있는 근저당권의 채권최고액은 24,000만원. 근저당권자는 SC은행이며, 원금의 120%를 설정.

열람일시 : 2021년07월06일 11시07분22초   2/3

2. 건축물대장 예시

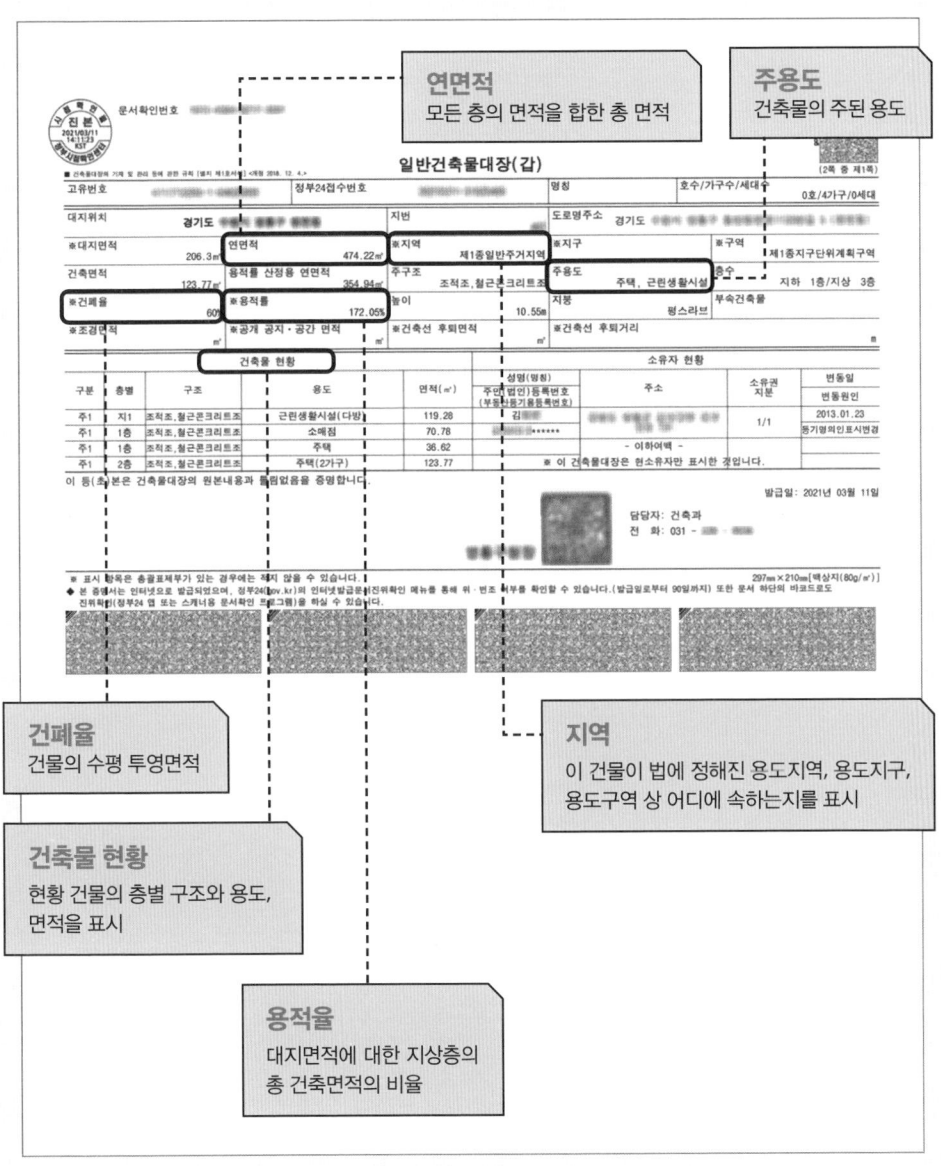

연면적
모든 층의 면적을 합한 총 면적

주용도
건축물의 주된 용도

(2쪽 중 제1쪽)

일반건축물대장(갑)

고유번호		정부24접수번호		명칭		호수/가구수/세대수	0호/4가구/0세대
대지위치	경기도		지번		도로명주소	경기도	
※대지면적 206.3㎡	**연면적** 474.22㎡	※지역 제1종일반주거지역		※지구		※구역 제1종지구단위계획구역	
건축면적 123.77㎡	용적률 산정용 연면적 354.94㎡	주구조 조적조, 철근콘크리트조		주용도 주택, 근린생활시설		층수 지하 1층/지상 3층	
※건폐율 60%	※용적률 172.05%	높이 10.55m		지붕 평스라브		부속건축물	
※조경면적 ㎡	※공개 공지·공간 면적 ㎡	※건축선 후퇴면적 ㎡		※건축선 후퇴거리			

건축물 현황

소유자 현황

구분	층별	구조	용도	면적(㎡)	성명(명칭) 주민(법인)등록번호 (부동산등기용등록번호)	주소	소유권 지분	변동일 변동원인
주1	지1	조적조,철근콘크리트조	근린생활시설(다방)	119.28	김		1/1	2013.01.23 등기명의인표시변경
주1	1층	조적조,철근콘크리트조	소매점	70.78	******			
주1	1층	조적조,철근콘크리트조	주택	36.62	- 이하여백 -			
주1	2층	조적조,철근콘크리트조	주택(2가구)	123.77	※ 이 건축물대장은 현소유자만 표시한 것입니다.			

이 등(초)본은 건축물대장의 원본내용과 틀림없음을 증명합니다.

발급일: 2021년 03월 11일

담당자: 건축과
전 화: 031 -

※ 표시 항목은 총괄표제부가 있는 경우에는 제지 않을 수 있습니다.
◆ 본 증명서는 인터넷으로 발급되었으며, 정부24(gov.kr)의 인터넷발급문서진위확인 메뉴를 통해 위·변조 여부를 확인할 수 있습니다.(발급일로부터 90일까지) 또한 문서 하단의 바코드로도
진위확인(정부24 앱 또는 스캐너용 문서확인 프로그램)을 하실 수 있습니다.

297㎜×210㎝[백상지(80g/㎡)]

건폐율
건물의 수평 투영면적

지역
이 건물이 법에 정해진 용도지역, 용도지구,
용도구역 상 어디에 속하는지를 표시

건축물 현황
현황 건물의 층별 구조와 용도,
면적을 표시

용적률
대지면적에 대한 지상층의
총 건축면적의 비율

주차장
주차대수 확인 설명

사용승인일
준공일

하수처리시설
하수처리방식과 용량

내진설계 적용 여부
확인설명서 상 내진설계여부와 내진능력 기재 근거

위반건축물 내용 표시

문서확인번호 [illegible]　　　　(2쪽 중 제2쪽)

고유번호	[illegible]	정부24접수번호	20[illegible]	명칭		호수/가구수/세대수	0호/4가구/0세대
대지위치	경기도 [illegible]	지번	[illegible]	도로명주소	경기도 [illegible]		

구분	성명 또는 명칭	면허(등록)번호	※주차장					승강기	허가일 1994.04.28
건축주	윤[illegible]	[illegible]-*******	구분	옥내	옥외	인근	면제	승용 대 / 비상용 대	착공일 1994.04.30
설계자	[illegible] 건축사 사무소							※하수처리시설	사용승인일 1994.10.27
공사감리자	[illegible] 건축사 사무소		자주식	대 ㎡	1대 11.5㎡	대 ㎡		형식 콘크리트각형	관련 주소
공사시공자 (현장관리인)	윤[illegible]	[illegible]-*******	기계식	대 ㎡	대 ㎡	대 ㎡	대	용량 70인용	지번

※제로에너지건축물 인증	※건축물 에너지효율등급 인증	※에너지성능지표(EPI) 점수	※녹색건축 인증	※지능형건축물 인증
등급	등급	점	등급	등급
에너지자립률 %	1차에너지 소요량 (또는 에너지절감률) kWh/㎡(%)	※에너지소비총량 kWh/㎡	인증점수 점	인증점수 점
유효기간: . . ~ . .	유효기간: . . ~ . .		유효기간: . . ~ . .	유효기간: . . ~ . .

도로명

내진설계 적용 여부	내진능력	특수구조 건축물	특수구조 건축물 유형
지하수위 G.L m	기초형식	설계지내력(지내력기초인 경우) t/㎡	구조설계 해석법

변동사항

변동일	변동내용 및 원인	변동일	변동내용 및 원인	그 밖의 기재사항
1994.10.27	신규작성(신축) - 이하여백 -			•허가번호:수임[illegible]호 - 이하여백 -

※ 표시 항목은 총괄표제부가 있는 경우에는 적지 않을 수 있습니다.
◆ 본 증명서는 인터넷으로 발급되었으며, 정부24(gov.kr)의 인터넷발급문서진위확인 메뉴를 통해 위·변조 여부를 확인할 수 있습니다. (발급일로부터 90일까지) 또한 문서 하단의 바코드로도 진위확인(정부24 앱 또는 스캐너용 문서확인 프로그램)을 하실 수 있습니다.

[관]리 등에 관한 규칙 [별지 제5호서식]

집합건축물대장(전유부)　위반건축물

장번호 : 1 - 1

162010100-3-[illegible]	민원24접수번호 [illegible]	명칭		호명칭	
[특]별시 [illegible]	지번 [illegible]	도로명주소 [illegible]			

전유부분			소유자현황			
※구조	용도	면적(㎡)	성명(명칭) / 주민(법인)등록번호 (부동산등기용등록번호)	주소	소유권 지분	변동일자 / 변동원인
콘크리트구조	다세대주택	38.53	[illegible]	[illegible]	1/1	[illegible]
하여백 -			[illegible]*******			소유권보존
				- 이하여백 - ※ 이 건축물대장은 현소유자만 표시한 것입니다.		

공용부분			공동주택(아파트) 가격(단위 : 원)	
구조	용도	면적(㎡)	기준일	공동주택(아파트)가격
콘크리트구조	계단실	11.71		
하여백 -				

열람용

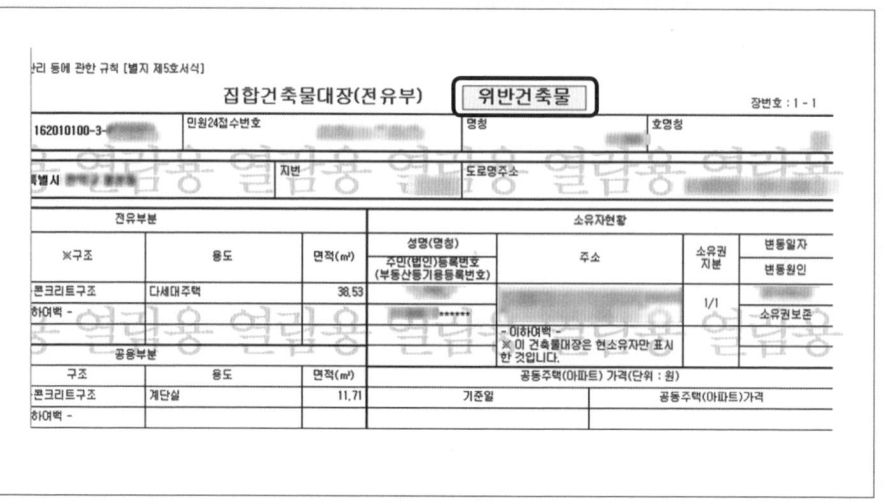

변동일	변동내용 및 원인	변동일
2009.02.25	신규작성(신축)	
2009.07.07	호에 의거 건축물 증축 및 표시정정 (증축내용: 2층 철근콘크리트구조 제2종근린생활시설 사무소 9.3㎡ 증축 ; 표시정정내용: 1층~5층 구조 철골콘크리트구조 → 철근콘크리트구조로.)	
2010.08.11	건축과-12345(2010.08.04)호에 의거 위반건축물 표시.(위반내용은 기타기재사항 참조)	
	- 이하여백 -	

변동사항				
변동일	변동내용 및 원인	변동일	변동내용 및 원인	그 밖의 기재사항
2003.7.21.	허가8550-10687(2003.07.18)호에의거 신규작성(신축)		- 이하여백 -	허가번호2002-409 조갈면적13.0㎡ 위반건축물 증2층/점포/육조/35㎡ - 이하여백 -
2012.12.5.	도시주택과-22960(2012.12.04.)호에 의거 대지(면적 직권변경(249.2㎡→250.5㎡)			

계약서 작성

1. 당사자 지참서류 확인

○ 매도인(임대인)

개인	법인
– 신분증	– 대표자 신분증
– 인감도장	– 법인인감도장
– 통장사본 or 계좌번호	– 법인등기부등본
– 등기권리증	– 사업자등록증 사본
– 임차인 있을 경우: 임대차계약서	– 법인통장 사본
– 사업자등록 시: 사업자등록증 사본	– 법인인감증명서
	– 등기권리증
	– 임차인 있을 경우: 임대차계약서

○ 매수인(임차인)

개인	법인
– 신분증 – 도장(or 손도장, 서명) – 계약금	– 대표자 신분증 – 법인인감도장 – 법인등기부등본 – 사업자등록증 사본 – 계약금

○ 대리계약 시

개인	법인
– 대리인 신분증 – 위임장 – 매도/매수인 인감증명서(최근 3개월 이내)	

– 등기권리증(등기필증)은 집이나 건물을 매매할 때 등기소에서 소유
자에게 주는 집문서를 의미하며 분실 시 재발급이 불가하다. 만약
등기권리증 분실 시에는 별도의 비용을 주고 소유권이전 등의 권리
변동에 확인서면, 공증 등을 받으면 된다.

– 대리계약 시 위임장에는 위임인과 수임인의 인적사항, 위임할 부동
산의 표시, 위임권한 및 범위, 위임일자, 위임인 날인(인감도장) 등이
기재되어야 한다. 법률적 책임은 위임자에게 있으므로 위임장은 신
중하고 정확하게 작성해야 하며, 위임뿐만 아니라 추후 위임장의
회수도 중요하다.

– 만약 위임자가 해외거주 시 현지 한국영사관에서 해외거주지관할 재외공관확인(인감증명위임장)을 통해 대리관계를 확인할 수 있다. 특히 국가별로 해외거주자의 서류가 다를 수 있으니 구체적인 내용은 법무사를 통해 확인해야 한다.

2. 신분증 진위 여부 확인

부동산 계약 시 실제 당사자인지 확인하기 위하여 신분증을 지참하는데, 간혹 신분을 위변조하여 보증금을 가로채는 사건이 발생하므로 반드시 신분증 진위 여부를 확인해야 한다.

주민등록증 진위 여부 확인

정부24(www.gov.kr) 및 전화자동응답시스템(1382번)

운전면허증 진위 여부 확인

정부24(www.gov.kr) '운전면허 정보' 카테고리 혹은 도로교통공단 안전운전 통합민원 (www.safedriving.or.kr)에서 확인

외국인 등록증 진위 여부 확인

하이코리아(www.hikorea.go.kr) '등록증·거소증 유효확인' 카테고리에서 확인

3. 계약체결

○ 계약서 필수 기재사항

〈공인중개사법 시행령 제22조(거래계약서 등)〉

- 거래당사자의 인적 사항
- 물건의 표시
- 계약일
- 거래금액·계약금액 및 그 지급일자 등 지급에 관한 사항
- 물건의 인도일시
- 권리이전의 내용
- 계약의 조건이나 기한이 있는 경우에는 그 조건 또는 기한
- 중개대상물 확인·설명서 교부일자(개공의 경우)

○ 계약서 구성

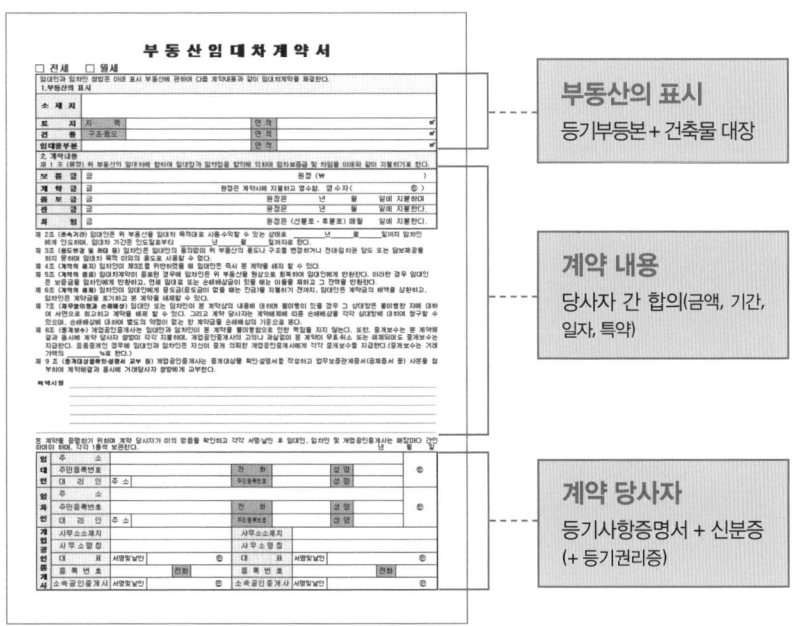

부동산의 표시
등기부등본 + 건축물 대장

계약 내용
당사자 간 합의(금액, 기간, 일자, 특약)

계약 당사자
등기사항증명서 + 신분증
(+ 등기권리증)

계약서 간인·계인

공인중개사법상 간인·계인이 의무사항은 아니지만, 확정일자를 받으려면 간인·계인이 필수이므로 계약서가 2페이지 이상일 때는(예: 표준임대차계약서) 반드시 찍어야 한다. 참고로 확인설명서는 간인하지 않아도 무방하다. 계약서가 여러 장일 경우, 간인 천공기를 사용하는 것도 좋은 방법이다.

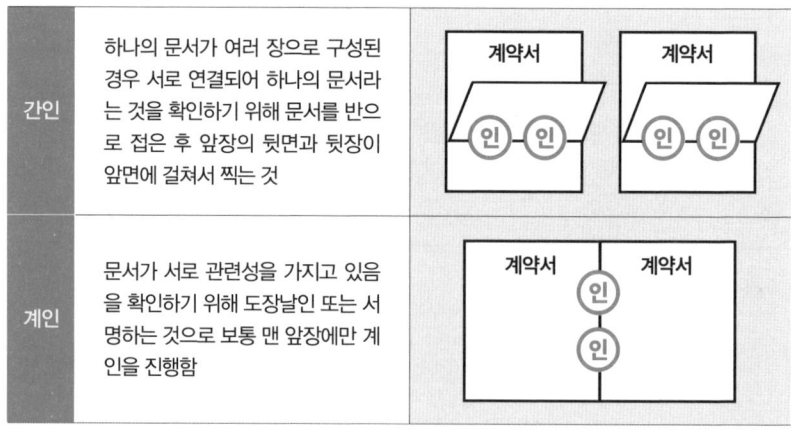

간인	하나의 문서가 여러 장으로 구성된 경우 서로 연결되어 하나의 문서라는 것을 확인하기 위해 문서를 반으로 접은 후 앞장의 뒷면과 뒷장이 앞면에 걸쳐서 찍는 것	계약서 / 계약서
계인	문서가 서로 관련성을 가지고 있음을 확인하기 위해 도장날인 또는 서명하는 것으로 보통 맨 앞장에만 계인을 진행함	계약서 / 계약서

대리계약 시 주의사항

계약은 소유자 본인 참석이 원칙이나 부득이하게 대리인이 계약진행 시, 인감증명서(본인으로 표시), 본인 위임장, 대리인 신분증이 필요하다. 이때 소유자인 본인과 직접 통화하거나 추후라도 방문을 유도하여 계약의 진정성을 확인시켜야 한다. 위임장 없이 대리인과 계약 시 문제가 생기면 공인중개사는 책임을 면할 수 없다. 이때 가장 중요한 것은 계약금은 반드시 소유자 명의의 계좌로 입금해야 한다.

계약서 작성 팁

- 최종 계약서류는 파일에 넣어 전달한다.
- 계약서 내용 중 수정이 필요한 경우 수정테이프 대신, 두 줄을 긋고 당사자가 날인한 후 정정내용을 기입해도 괜찮으나 이왕이면 새로 출력하는 것이 더 좋겠다.
- 계약 당사자가 반드시 동시에 만날 필요는 없다. 시간이 서로 맞지 않을 경우 따로 계약서 작성해도 된다. 다만, 서로 이견이 있을 만한 부분은 명확하게 전달해야 향후 오해의 소지가 없다.
- 날인 시 계약서 아래에 깔끔한 마우스패드를 깔아주면 선명하게 도장을 찍을 수 있다. 이런 디테일도 놓치지 않으면 좋겠다.
- 계약체결 후 마무리 잔금일까지 결코 방심하지 말고 전 과정을 기록하자. 필자는 계약 이후 발생한 이슈나 전달사항을 계약서 내에 포스트잇으로 일자별로 붙여둔다. 혹시 나중에 문제가 발생하더라도 세세한 부분까지 확인할 수 있어 난처한 사항이 생겼을 경우 유용하게 사용된다.
- 초보공인중개사는 큰 계약 1건보다, 중개보수는 적더라도 계약서를 많이 써보는 것을 추천한다. 초기에는 수익보다는 업무 경험을 늘리는 것이 내공을 쌓는 데 좋다.

구체적인 계약서작성 관련 사항은 본 교재 'PART5 중개대상물 확인 설명서 및 계약서 작성법' 부분에서 다루고자 한다.

4. 계약금 입금

계약금·중도금·잔금은 반드시 소유자 본인 명의의 계좌로 입금해야 하며, 입금액에 대해 영수증을 발행한다. 최종적으로 계약이 완료되면 계약서, 확인설명서, 관련 공부, 영수증, 공제증서 등을 파일에 넣어 거래당사자 각각에게 전달한다.

5. 계약 진행 시 주의사항

계약은 집중해서

의사가 수술에만 집중할 수 있도록 간호사가 어시스트하듯이, 계약 시에도 계약에만 집중할 수 있도록 관련 사무용품은 내 손이 닿는 곳에 모두 준비되어야 한다. 사무실에 소공이나 보조원이 있다면 개공이 계약에 집중할 수 있도록 옆에서 보조역할을 해주면 좋다. 계약이 진행되는 동안은 핸드폰도 잠시 무음으로 해두자.

계약은 진지하게

계약 진행 시 쓸데 없는 농담은 하지 않는 것이 좋다. 예를 들어, 양당사자가 있는 자리에서 "좋은 가격에 잘 사셨어요" 하는 순간, 매도인은 너무 낮은 가격에 판 게 아닌가하는 마음으로 비협조적인 태도를 보이는 경우가 있다. 반대로 "좋은 가격에 잘 파셨어요" 하는 순간 매수인은 비싼 가격에 잘못 구입한 것은 아닌지 심난한 마음을 갖게 된다. 이런 말은 계약을 마치고 의뢰인과 단둘이 있을 때 "이 가격에 잘 사셨어요. 후회 안 하실 거에요", "최근 거래가 절벽이라 가격을 낮게 내놓으신 분들이 많아서 이 가격에 잘 파셨어요" 등으로 당사자의 선택에 공감을 해주어야 중개보수도 좀 더 수월하게 받을 수 있다.

계약은 천천히

계약은 조급하지 않게 천천히 진행하는 것이 좋다. 계약을 서둘러 진행하면 손님들은 "이상하네? 왜 이렇게 서두르지?" 하고 불신을 갖게 되고, 중도금·잔금을 거치며 의심을 키우는 경우가 있다. 내 경험상 천천히 계약을 진행할수록 잔금일에 다른 말이 없다. 특히 초보일수록 실수할 확률이 높으니 더욱 천천히 진행하고, "제가 중개업을 시작한 지 얼마 안 되었지만 큰 자산을 다루는 만큼 더 꼼꼼히 진행하겠습니다"라고 솔직하게 말하는 것이 고객에게 더 큰 신뢰를 줄 수 있다.

계약은 조용히

계약 이후 다른 개공들에게도 계약 물건에 대하여 말을 아끼는 것이 좋다. 이들은 같은 지역 내의 협력자이지만 때론 경쟁자이기도 하다. 일이 아직 마무리되지 않은 시점에, 잔금도 받기 전에 자랑하고 싶은 마음으로 말실수하면 주변 개공들의 시기와 질투가 계약의 원만한 진행을 방해하기도 한다. 이들이 고객에게 "너무 비싸게 사신 것 같아요", "너무 급하게 파신 것 같아요" 등의 말로 방해공작을 펼치면, 거래당사자들은 계약한 개공을 원망하며 계약을 취소하거나 중개보수를 깎으려는 시도를 하기도 한다.

6. 부동산거래 전자계약시스템

'부동산거래 전자계약시스템'이란 종이 계약서와 인감 대신, PC나 스마트폰 등을 활용하여 공인인증서 온라인 서명으로 부동산 계약을 체결하는 것을 말한다. 2016년 서울 서초구에서 시범사업으로 첫 시행된 후 2017년 8월부터 전국적으로 시행되었으나, 거래정보 노출에 대한 거부감과 종이계약의 오랜 관행으로 현재까지 이용실적은 저조하다. 그러나 향후 전자계약은 프롭테크와 비대면 확산으로 점차 확대될 것으로 예상된다. 따라서 이제는 전자계약 사용에 익숙해질 필요가 있겠다.

전자계약 방법

회원가입

– 국토교통부 부동산거래 전자계약시스템(irts.molit.go.kr)

공인인증서

– 사업자용 범용인증서, 특수목적용 인증서(일반 은행용이나 증권용 인증서는 사용불가, 개업공인중개사용 인증서는 한국공인중개사협회 각 지부 방문 시 무료 발급가능)

매매계약서 작성

– 사이트 내 '전자계약 따라하기' 동영상 숙지와 매뉴얼 다운로드 가능

앱을 통한 전자서명

– 거래당사자는 본인 확인을 위한 본인명의 휴대폰, 신분증 준비

공인중개사 필수	– 부동산거래 전자계약시스템(irts.molit.go.kr) 회원가입 – 공인인증서 – 휴대폰
거래의뢰인 필수	– 신분증 – 휴대폰

전자계약의 장점

- 고객은 스마트폰에서 '로그인 → 계약내용 확인 → 본인인증 → 전자서명'으로 간단하게 계약체결 가능
- 전자계약 시 자동으로 매매는 부동산 실거래신고, 주택임대차는 확정일자·임대차신고 처리됨
- 인감도장 없이 계약 가능. 별도로 계약서를 보관할 필요 없음(웹클라우드에 보관된 문서가 원본이며, 출력된 종이문서는 사본)
- 계약서 위변조 불가. 무자격자 불법 중개행위 방지
- 향후 블록체인 기술 접목 시 안전성 증대 기대
- 시중 은행에서 담보대출 시 금리 우대 혜택(금융권의 대출실행 과정에서 발생하는 비용절약에 따른 고객 혜택)
- 등기수수료 할인, 건축물대장 및 토지대장 발급할 필요 없음

7. 부동산실거래신고

'부동산실거래신고'란 2006년 1월부터 도입되어 시행되고 있는 제도로, 부동산 매매 시 실제 거래가격에 대한 신고를 계약체결일로부터 30

일 이내에 마쳐야 한다. 매매계약뿐만 아니라 계약취소, 해제된 경우에도 반드시 30일 이내 신고해야 하며, '계약체결일'의 기준은 가계약금(계약금 중 일부)을 입금한 날짜임을 유의해야 한다. 〈부동산 거래신고 등에 관한 법률〉 개정에 따라 2021년 6월부터는 '주택임대차 계약신고제(전월세신고제)'가 도입되어, 보증금 6,000만 원 또는 차임 30만 원을 초과하는 임대차계약은 신고 의무가 있다.

부동산실거래신고 방법

신고주체

- **중개거래:** 해당 개업 공인중개사
- **직거래:** 당사자(매도인, 매수인) 공동 신고

직접 방문 시

- 부동산 소재지 관할 시군구청에 방문하여 부동산거래계약신고 및 신고필증 발급

인터넷 신고 시

- 국토교통부 부동산거래관리시스템(rtms.molit.go.kr) 접속
- 공인인증서를 통한 로그인(범용, 은행용, 증권용 모두 가능)
- 부동산거래계약신고서 작성 및 전자서명(직거래 시 거래당사자 모두 서명해야 하며, 공인중개사가 포함된 거래 시 공인중개사만 서명하면 됨)
- 부동산거래계약신고 및 신고필증 발급

주택임대차 계약신고제(전월세신고제)

시행시기

– 2021년 6월 1일 이후 체결하는 신규 계약을 포함해, 기존 계약에 대한 가격 변동이 있는 갱신 계약

신고방법

– **직접 방문**: 주택 소재지 행정복지센터(주민센터)

– **인터넷**: 국토교통부 부동산거래관리시스템(rtms.molit.go.kr)

– **앱**: 스마트하우스

신고의무

– 임대인＋임차인이 계약 체결일로부터 30일 이내에 공동 신고(계약서 제출 시 임대인 또는 임차인 중 한 명이 신고해도 공동신고로 인정되고 동시에 확정일자도 부여됨)

신고대상

– 보증금 6,000만 원 또는 차임(월세) 30만 원을 초과하는 주택임대차 보호법상 주택

신고지역

– 수도권 전역(서울, 경기, 인천), 광역시, 세종시, 제주시, 도道지역의 시市 지역

신고내용

– 당사자 인적사항, 임대목적물 정보(주택유형, 주소), 계약내용(임대료, 계약기간), 계약갱신요구권 행사 여부(계약을 갱신한 경우 해당)

위반 시 제재

– 미신고 또는 거짓신고 시 100만 원 이하의 과태료(2023년 5월 31일까지 유예)

8. 자금조달계획서

자금조달계획서는 실거래신고와 함께 계약체결일로부터 30일 이내에 제출해야 한다. 2017년 8·2 부동산대책으로 2017년 9월 26일부터는 투기과열지구 내 3억 원 이상의 주택을 취득하는 경우에 자금조달계획서를 제출해야 했다. 이후 2020년 6·17 주택시장 안정을 위한 관리방안에 따라 제출 대상이 더욱 확대되었고, 현재 비규제지역은 6억 원 이상 거래 시, 투기과열지구 및 조정대상지역의 주택은 금액에 상관없이 제출해야 하는 것으로 변경되었다. 〈부동산거래신고 등에 관한 법률〉 개정에 따라 2022년 2월 28일부터는 주택뿐만 아니라 토지취득 시에도 제출해야 한다. 자금조달계획서는 보통 공인중개사가 신고하는데, 자금조달 증빙자료 공개를 원치 않는 사람은 직접 신고도 가능하다.

(1) '주택취득 자금조달 및 입주계획서' 제출대상

– 규제지역(투기과열지구, 조정대상지역)

– 비규제지역 내 6억 원 이상

– 법인 주택 취득 시

(2) '토지취득자금 조달 및 토지이용계획서' 제출 대상 (2022.02.28부터 적용)

– (수도권·광역시·세종시) 1억 원 이상 토지거래 또는 지분 거래 전부

– (그 밖의 지역) 6억 원 이상 토지거래

– 계약 당시는 제출 대상이 아니었어도 신고대상 토지기준으로 계약 체결 1년 이내에 서로 맞닿은 토지에 대해 추가로 계약체결 시, 합

산한 거래금액이 기준금액 이상이면 제출 대상에 해당

(3) 전자서명 및 신고필증 인쇄

– **공인중개사 신청 시:** 공인중개사 전자서명 필요

– **매도인·매수인 신청 시:** 당사자 모두 전자서명 필요

(4) 자금조달계획서 증빙자료(투기과열지구)

– 규제지역의 경우 자금조달계획서를 제출해야 하지만, 이에 대한 증빙서류는 투기과열지구의 경우에만 제출하면 된다.

○ **자금조달계획서 기재 항목별 증빙자료**

항목별		내용
자기자금	금융기관 예금액	예금잔액증명서 등
	주식·채권 매각대금	주식거래내역서, 잔고증명서 등
	증여·상속	증여·상속세 신고서, 납세증명서 등
	현금 등 그 밖의 자금	소득금액증명원, 근로소득원천징수영수증 등 소득증빙 서류
	부동산 처분대금 등	부동산매매계약서, 부동산임대차계약서
차입금 등	금융기관 대출액 합계	금융거래확인서, 부채증명서, 금융기관 대출신청서 등
	임대 보증금 등	부동산임대차계약서
	회사지원금·사채 등 또는 그 밖의 차입금	금전 차용을 증빙할 수 있는 서류 등

매매 계약이 완성되고 아파트 대출을 실행하는 젊은 매수인들은 담보대출 금리에 민감하다. 특히 요즘같이 대출금액이 크고, 금리 상승기에는 더욱 절실하다. 따라서 그들에게는 전자계약을 통해 아파트 매매를 하고 대출을 신청하게 되면 매달 할인되는 금리 0.1~0.2%가 더욱 크게 느껴질 것이다. 아무래도 고금리의 시절과 맞물려 IT에 최적화된 젊은 고객들의 전자계약거래 요구는 점차 늘어날 것이 자명하다.

실제로 사무소에서 업무를 하다 보면 젊은 고객들이 얼굴만 내밀 정도로 출입문을 살짝 열고 "공인중개사님! 여기 사무소도 부동산 전자계약 가능한가요?"라며 묻는다. 마치 전자계약이 안 되면 상담해봐야 의미 없다는 듯하다. 전자계약 후에 필자도 조심스럽게 전자계약을 요구하는 이유를 젊은 부부에게 물었다. 대출을 3억 원 정도 받아야 하는데 0.1%만 해도 연간 30만 원이란다. 계약 방식을 바꾸면 본인들에게 이익이 되니 전자계약이 가능한 사무소를 찾게 되더라는 얘기였다.

세상은 우리가 모르는 사이에 빠르게 변하고 있다. 특히 요즘 젊은 부부들의 생각을 몇몇의 소수의견 정도로만 치부하기보다는 앞으로 이러한 요구가 늘어날 것에 대해 준비하는 게 좋을 것 같다. 전자계약시스템 활용 대비뿐 아니라 업계의 달라지는 변화에 대한 마음의 대비도 필요하지 않을까?

중개업의
개인정보 보호

　　중개업을 하는 공인중개사들은 고객들의 개인정보 보호 및 관리에 대한 각별한 주의가 필요하다. 공인중개사법 제26조에 의거 공인중개사가 계약서 작성을 위해 신분증을 요구하는 것은 개인정보 보호법 위반이 아니나, 공인중개사 PC에 고객의 연락처, 인적사항, 신분증 등을 보관하는 것은 문제가 되므로, 계약서 작성 시 '개인정보 수집 및 이용 동의서'를 받아야 한다. 특약사항에 '개인정보 이용 및 수집에 동의함' 이라는 문구를 기재하고 당사자의 서명을 받는 것은 효력이 없다. 반드시 개인정보 이용목적 등이 담긴 별지를 통해 받아야 한다.

1. 개인정보의 정의(개인정보 보호법 제2조)
- 특정 개인을 알아볼 수 있는 정보(성명, 주민등록번호, 영상정보, 음성 등)
- 다른 정보와 결합하여 개인을 알아볼 수 있는 정보(이름 + 전화번호, 이름 + 이메일 등)

2. 개인정보 보호 원칙(법 제3조)

- 목적에 필요한 범위에서 최소한의 개인정보만을 적법하고 정당하
  게 수집
- 목적 외 용도로 활용 금지 및 안전하게 관리

3. 개인정보의 수집·이용(법 제15조)

○ 공인중개사법 제26조(거래계약서 작성 등)

> - ① 개업공인중개사는 중개대상물에 관하여 중개가 완성된 때에는 대통령령으
>   로 정하는 바에 따라 거래계약서를 작성하여 거래당사자에게 교부하고 대통
>   령령으로 정하는 기간 동안 그 원본, 사본 또는 전자문서를 보존하여야 한다.

이 법률 항목에 의거하여 거래계약서 작성 시 별도로 개인정보 수집
및 이용 동의서를 받지 않아도 된다고 생각할 수 있으나, 안전을 위해 계
약 시 동의서를 받는 것이 좋다. 개인정보 보호법 위반 및 무단 정보유출
시, 5년 이하의 징역 또는 5,000만 원 이하의 벌금에 처한다.

4. 개인정보 처리방침의 수립 및 공개(법 제30조)

개인정보 처리방침에 대한 내용을 작성하여 중개사무소 내에 게시해
야 한다. 위반 시 1,000만 원 이하의 과태료 처분을 받을 수 있다.

○ 개인정보 처리방침의 주요 내용(개인정보보호법 제 30조)

- 개인정보의 처리 목적
- 개인정보의 처리 및 보유 기간
- 개인정보의 제3자 제공에 관한 사항
- 개인정보의 파기절차 및 파기방법
- 개인정보 처리의 위탁에 관한 사항
- 정보 주체와 법정대리인의 권리·의무 및 그 행사방법에 관한 사항
- 개인정보 보호책임자의 성명 또는 개인정보보호업무 및 관련 고충사항을 처리하는 부서의 명칭과 전화번호 등 연락처
- 인터넷 접속정보파일 등 개인정보를 자동으로 수집하는 장치의 설치·운영 및 그 거부에 관한 사항

5. 개인정보의 이전

(1) 고지내용:

개인정보처리자는 영업의 전부 또는 일부의 양도·합병 등으로 개인 정보를 다른 사람에게 이전하는 경우 다음 사항을 정보주체에 고지(법 제27조 제1항)

- 개인정보 이전사실
- 개인정보를 이전받은 자(영업양수자)의 성명, 주소, 전화번호
- 정보주체가 개인정보 이전을 원하지 않는 경우 조치할 수 있는 방 법 및 절차

(2) 고지방법:

- 서면, 전자우편, FAX, 전화, 문자발송 등
- 과실없이 정보주체에게 알릴 수 없는 경우 해당 사항을 인터넷 홈

페이지에 30일 이상 게재. 인터넷 홈페이지가 없는 경우에는 사업장 등의 보기 쉬운 장소에 게시(게시일 첫날부터 30일간 게시했다는 증거 사진을 남겨둘 것)

(3) 처벌규정: 위반 시 1,000만 원 이하의 과태료

(4) 개인정보 이전 통보(문자발송 및 게시)

〈영업양도에 따른 개인정보 이전 안내〉

○○공인중개사사무소는 ****년 **월 **일자로 영업에 관한 모든 사항을 아래와 같이 양도하게 되었습니다. 따라서 귀하의 개인정보를 아래와 같이 이전하게 되었음을 안내 드립니다.

▶ 양수인: □□공인중개사사무소, 홍길동, 서울시 강남구 역삼동 ***
▶ 연락처: 02-***-****

개인정보 이전을 원치 않으실 경우 **월 **일까지 아래의 번호로 연락주시기 바랍니다.
(02-***-****)

개인정보 수집 및 이용 동의서

<개인 정보 수집 동의>

1. 개인정보의 수집 및 이용목적
개인정보의 수집은 아래와 같은 목적을 위하여 수집 합니다. (이외의 목적으로는 사용되지 않습니다.)
- 부동산 거래를 위한 매물관리
- 부동산 거래를 위한 계약서 작성
- 지속적인 서비스 제공을 위한 고객관리

2. 수집하는 개인정보의 항목
가. 본 공인중개사무소는 고객관리, 계약서 작성 등 서비스의 제공을 위해 아래와 같은 최소한의 개인정보를 수집하고 있습니다.
 - 수집항목 : 이름, 주민등록번호, 주소, 메일, 연락처 (휴대폰번호, 집 전화번호 등)

나. 시스템 이용과정이나 사업처리과정에서 아래와 같은 정보들이 자동으로 생성되어 수집될 수 있습니다.
 - 개인정보 등록일시, 계약서 작성 등 서비스 이용 기록

3. 개인정보의 보유 및 이용기간
저장된 개인정보는 원칙적으로 개인정보의 수집 및 이용목적이 달성되면 지체 없이 파기합니다.
단, 다음의 정보에 대해서는 아래의 이유로 명시한 기간 동안 보존합니다.

● 관련법령에 의한 정보보유 사유 ●
상법, 전자금융거래법 등 관계법령의 규정에 의하여 보존할 필요가 있는 경우 관계법령에서 정한 일정한 기간 동안 개인정보를
보관합니다. 이 경우 보관하는 정보를 그 보관의 목적으로만 이용하며 보존기간은 아래와 같습니다.
부동산 거래 계약서 기록 보존 의무 : 5년 (근거 : 공인중개사법 및 공인중개사법 시행령)

4. 개인정보 제공에 동의하지 않을 경우 중개서비스가 제한될 수 있습니다.

개인정보제공자(매도인/임대인 [   ] 인   (□동의함   □동의 거부함)

개인정보제공자(매수인/임차인 [   ] 인   (□동의함   □동의 거부함)

〈개인정보 제 3 자 제공 안내〉

본 공인중개사무소는 서비스 향상을 위해서 아래와 같이 개인정보를 위탁하고 있으며, 관계 법령에 따라 위탁 계약시 개인정보가
안전하게 관리될 수 있도록 필요한 사항을 규정하고 있습니다.
개인정보 위탁처리 기관 및 위탁업무 내용은 아래와 같습니다.
- 수탁 업체 : 부동산 거래정보망 시스템 제공처 (☑ 한국공인중개사협회   □기타 :   )
- 위탁 업무 내용 : 부동산 거래정보망 시스템 개인정보 제공
- 개인정보의 보유 및 이용기간 : 회원탈퇴시 혹은 위탁계약 종료시까지

개인정보제공자(매도인/임대인 [   ] 인   (□동의함   □동의 거부함)

개인정보제공자(매수인/임차인 [   ] 인   (□동의함   □동의 거부함)

* 개인정보 수집/보관의무를 수행하지 않아 발생된 모든 책임은 해당 공인중개사사무소에 있습니다.

개인정보 수집자 : 네오공인중개사사무소   개업공인중개사 :   (인)

수집일자 : 20   년   월   일

중개대상물
확인설명서 작성

확인설명서는 매우 중요하다. 지도단속의 기본적인 근거 서류이자, 스스로를 변호할 수 있는 법정 근거 서류이기도 하다. 중개보수를 받을 수 있는 모든 중개계약은 확인설명서를 작성하고 교부해야 한다. 공인중개사의 권리이자 의무인 확인설명서 작성은 결코 간단하지 않다. 작성법을 제대로 숙지하여 반드시 신중하고 완벽하게 작성해야 한다. 확인설명서 미교부 및 부실기재 시 6월 이내의 업무정지, 중개행위에 대한 손해배상책임의 근거가 될 수 있다.

○ 공인중개사법 제25조(중개대상물의 확인·설명)

- ① 개업공인중개사는 중개를 의뢰받은 경우에는 중개가 완성되기 전에 다음 각 호의 사항을 확인하여 이를 해당 중개대상물에 관한 권리를 취득하고자 하는 중개의뢰인에게 **성실·정확하게 설명**하고, 토지대장 등본 또는 부동산종합증명서, 등기사항증명서 등 설명의 **근거자료를 제시**하여야 한다. 〈개정 2020. 6. 9.〉

○ 과태료 처분기준 〈개정 2020.2.18〉

성실·정확 설명 여부	근거자료 제시 여부	과태료
설명 (O)	제시 (X)	250만 원
설명 (X)	제시 (O)	250만 원
설명 (X)	제시 (X)	500만 원

○ 거래계약서, 확인설명서 비교

구분	거래계약서	확인설명서
서식	자유서식	법정서식
작성방법	자유롭게 천천히	근거자료를 통해
보관기간	5년	3년
주민등록번호 표기	뒷자리까지 표기(13자리)	생년월일만 표기(6자리)

> **김 박사 이야기** | **계약서와 확인설명서**
>
> **확인설명서는 법정서식인 만큼 매뉴얼대로, 원칙대로, 쓰라는 대로 쓰자!**
> 감독관청의 지도단속에서 확인설명서로 단속되는 개공이 많다. 안타까움을 더하는 이유는 단속된 개공은 "단속된 부분을 이렇게 작성해야 되는지 오늘 알았다"는 경우가 예상 외로 많다. 확인설명서 작성은 원칙대로 작성해야 한다. 확인설명서 작성 시 등기사항증명서, 건축물대장, 토지대장, 토지이용계획확인서, 지적도(임야도) 등의 공부 열람은 물론이고, 매도인(임대인)의 등기

권리증도 확인해야 한다. 요즘은 고객들이 개공의 확인설명서 의무를 역이용하기도 한다. 안타깝게도 개공의 확인설명서 실수나 약점을 이용해 중개보수 협상을 요구하는 황당한 경우도 있으니 성실 정확하게 설명하고 기재하자.

계약의 완성 vs 중개의 완성

국토부 유권해석에 의하면 개공이 중개보수를 받기 위해서는 계약서와 확인설명서를 작성 날인하고, 공제증서가 교부되어야 한다. 즉 '중개의 완성'을 말한다. '계약의 완성'과는 다르다. 다시 정리하면 계약금 중 일부(가계약금)만 주고받은 상황은 계약의 완성이며, 계약서/확인설명서의 작성, 공제증서 교부가 끝난 시점이 중개의 완성이다.

계약의 완성	중개의 완성
– 가계약금(계약금 중 일부) 지급	– 계약서 작성(날인) – 확인설명서 작성(날인) – 공제증서 교부

예를 들어, 부동산 매매 계약금은 1억 원이고, 계약금 중 일부 1,000만 원은 3월 15일에, 나머지 9,000만 원은 3월 17일에 지급 시,

- **계약서상 계약일**: 3월 15일(가계약금 지급일)
- **확인설명서상 기재일**: 3월 17일(실제 확인설명서 작성일)

위와 같이 날짜를 기재해야 하며, 부동산실거래신고 역시 가계약금(계약금 중 일부) 지급일을 기준으로 30일 이내에 신고해야 한다. 즉, 가계약금(계약금 중 일부) 지급일이 계약일이다.

중도금 및 잔금 납부

1. 중도금

○ **민법 제565조(해약금)**

- ① 매매의 당사자 일방이 계약 당시에 금전 기타 물건을 계약금, 보증금 등의 명목으로 상대방에게 교부한 때에는 당사자 간에 다른 약정이 없는 한 당사자의 일방이 이행에 착수할 때까지 교부자는 이를 포기하고 수령자는 그 배액을 상환하여 매매계약을 해제할 수 있다.

상기 법률에 의거하여 이행에 착수한 경우, 즉 중도금 지급 시에는 매매계약 이행에 대해 법률적 구속력을 갖기 때문에 일방적으로 계약을 해제할 수 없다. 간혹 부동산 가격 급등 시기에 계약금 배액배상액보다 부동산 가격 인상률이 더 높을 시 매도인 측에서 변심하여 계약해제를 요구하는 경우가 있다. 이럴 때는 중도금을 미리 납부하여 계약해제가 불가하도록 하는 것도 계약을 완성시키는 방법이 될 수 있다. 판례에 따르면 '중도금 조기 지급'의 약정이 없어도 매수인 조기 지급이 매도인의 계약 해제 사유가 될 수 없다고 판시하고 있다. 그럼에도 계약서 특약에 '중도금은 계약서상 일정보다 조기 지급할 수 있음'이라는 문구를 추가하면 훗날 발생할 수 있는 분쟁을 피해 잔금까지 더욱 문제없이 계약을 진행할 수 있게 된다. 이처럼 분쟁을 피해 갈 수 있는 방법이 있다면 적극 활용하는 것도 좋은 방법이다.

2. 잔금

잔금은 양측의 협의를 거친 후 보통 계약일로부터 1~2개월 내에 치르며, 담보대출 시 대출 가능일자에 맞추어 잔금지급일자를 정하는 경우도 있다. 잔금을 지급한다는 것은 계약이행의 종료를 의미하므로 부동산 상태 및 서류상에 문제가 없는지 최종적으로 확인한 후 잔금을 진행해야 한다.

(1) 잔금 전 사전안내

개공은 잔금 전에 당사자들에게 잔금일시, 이사일시, 준비서류, 금액 등을 안내해야 한다. 특히 매수인에게 매매대금, 등기비용, 취득세, 중개보수, 잔금방법(계좌이체, 수표, 현금 등) 등을 미리 안내해야 특별한 분란 없이 잔금이 마무리될 수 있다. 잔금을 계좌이체할 경우에는 사전에

'1일 이체한도를 확인하시라'는 안내도 필요하다. 잔금 역시 소유자 본인 명의의 계좌로 입금해야 하며, 입금액에 대한 영수증을 발행한다. 이처럼 꼼꼼한 사전안내를 통해 물 흐르듯 자연스럽게 잔금 정산이 되어야 고객들에게 신뢰받을 수 있고, 원만하게 중개보수 수령까지 이어질 수 있다.

(2) 법무사 연결

법무사는 크게 이전법무사와 설정법무사로 나뉜다. 계약 시 매수인에게 기존에 거래하는 법무사가 있는지 문의한 후, 고객요청 시 법무사를 소개해주고 잔금정산과 이전서류 확인 시 함께 참석하도록 한다.

구분	내용
이전 법무사	– 소유권 이전 등기 진행(필요서류 및 취득세 안내, 등기권리증 전달) – 고객이 개인적으로 아는 법무사에게 의뢰해도 되고, 개공 소개 법무사나 설정 법무사에게 이전등기까지 함께 요청 가능 – 이전 법무사는 이전등기 서류전달 및 날인이 완료되면 계약이 종료되기 전에 먼저 일어나는 경우가 많으나, 매도인 잔금의 수령이 확인된 시점까지는 자리를 지키는 것을 권장 – 매수인은 법무사 계좌로 취득세, 인지세, 소유권이전등기 수수료 등의 비용을 입금
설정 법무사	– 대출실행 은행의 근저당권 설정등기 및 기존에 설정된 근저당권 말소등기 진행 – 은행과 연계된 법무사로서, 보통 잔금일에 설정 법무사가 직접 매도인에게 대출금을 송부하고 근저당권을 설정

(3) 잔금은 평일에 진행할 것

잔금 관련 이체한도, 공인인증서 분실 등을 대비하여 잔금은 평일에 진행하는 것이 좋다. 은행의 정상업무일인 평일에 잔금을 진행해야 문제

발생 시 가까운 은행지점에서 해결방안을 마련할 수 있다. 소유권이전등기 관련해서도 주말 및 공휴일은 등기접수가 불가하기 때문에 피하는 것이 좋다.

(4) 잔금은 계좌로 이체

잔금지급은 계좌이체로 하는 것이 좋다. 현금은 분실위험이 있고 수표는 타행발행 시 익일에 출금되므로 문제가 생길 수도 있다. 특히 분양권의 경우 훗날 다운계약서 의심과 자금출처 조사 등의 국세청 조사를 염두에 두어 계좌이체를 해야 개공에게 생길 수 있는 피해를 예방할 수 있다.

(5) 관련자료 미리 준비

관리비 정산내역서, 장기수선충당금 내역서, 선수관리비 확인서, 인수인계 물품 등은 미리 확인하여 잔금일에 원활하게 진행될 수 있도록 한다. 보통 부동산 잔금에 따르는 여러 정산은 금액이 크고 종류도 많다. 고객의 입장에서 매끄러운 정산 및 진행은 개공의 실력이 평가되는 지점이다. 필자는 상황에 맞게 별도 정산서를 만들어 사용하고 있다.

(6) 최종 확인

매수인뿐만 아니라 공인중개사 본인을 위해서도 중도금, 잔금 전에 등기사항증명서를 다시 열람해야 한다. 인감증명서와 매도인의 인감이 일치하는지도 세심하게 확인한다. 간혹 잔금 일부만 지급하고 먼저 짐을 들이는 경우도 있는데, 반드시 잔금지급 후 매수인(임차인)이 입주하도록

해야 한다. 입주 전 유리창, 벽, 바닥, 옵션품목 등 분실 및 파손에 대한 최종점검도 거래당사자들과 함께 하는 것이 좋다.

(7) 잔금 시 준비서류

○ 매도인 준비서류

개인	법인
– 신분증	– 대표자 신분증
– 인감도장	– 법인 인감도장
– 인감증명서(매도용, 3개월 이내, 본인 발급, 매수인 인적사항 기재)	– 법인 인감증명서(매도용, 3개월 이내, 매수인 인적사항 기재)
– 주민등록초본(3개월 이내, 5년 주소이력 포함, 세대원 주민번호 공개)	– 법인등기부등본
– 사업자등록증(사본, 사업자등록 시)	– 사업자등록증 사본
	– 법인 통장 사본

공통
– 등기권리증
– 관리비 정산내역서
– 선수관리비 납입확인증
– 각종 인수인계 물품(열쇠, 리모콘 등)
– 임대차계약서 원본(임차인이 있을 경우)
– 장기수선충당금 내역서(임차인 있을 경우)

○ **매수인 준비서류**

개인	법인

– 신분증
 	
– 도장(인감도장 아니어도 가능)
 	
– 주민등록 등본: 최근 3개월 이내, 전 주소
  이력 포함, 세대원 주민번호 모두 공개
 	
– 주민등록 초본: 계약일 이후 주소변경 이
  력이 있는 경우만 추가 발급
  ※ 공동명의 시 공동명의인 각각 서류 발급
 	
– 가족관계증명서(상세용): 2020년부터 추
  가됨, 주택일 경우 발급
 	
– 매매계약서(원본)
	– 대표자 신분증
	
	– 법인인감도장
	
	– 법인등기부등본
	
	– 계정원장
	
	– 사업자등록증 사본
	
	– 매매계약서(원본)

김 박사 이야기 │ **직거래의 문제**

– 부동산은 고가이다. 따라서 권리상 문제발생 시 큰 재산상 손해를 감수해
  야 한다. 안전벨트 없이 운전하는 것과 같다.
– 직거래는 당사자 간 가격 조율이 쉽지 않다. 부동산 가격 전문가인 공인중
  개사를 통하면 거래 당사자 상황에 맞는 합리적 가격 조율로 계약체결 가능
  성이 높아진다.
– 부동산 거래에서 발생하는 문제는 계약 이후 잔금일 이전에 발생하는 경
  우가 대부분이다. 그런데 직거래는 계약 이후 발생된 문제에 대한 조정자
  가 없다.

이처럼 직거래보다 공인중개사를 통한 거래가 거래 당사자에게 더 안전하
고 효율적이기 때문에 고객에게 더 많은 이득을 가져다준다는 이해가 필
요하다.

중개보수 청구

○ **공인중개사법 시행령 제27조의2(중개보수의 지급 시기)**

- ① 법 제32조제3항에 따른 중개보수의 지급 시기는 개업공인중개사와 중개의
  뢰인간의 약정에 따르되, 약정이 없을 때에는 중개대상물의 거래대금 지급이
  완료된 날로 한다.

보통 중개보수는 잔금 시 지급하지만 별도 약정 시 계약일에 받을 수도 있다. 중개보수를 받을 때 어떤 고객은 수고비나 선물을 더 챙겨 주기도 하고, 어떤 고객은 계약서 한 장 쓰고 받는 보수가 너무 많다며 동의할 수 없는 중개보수를 제시하기도 한다. 중개업을 오랫동안 했음에도 중개보수 청구를 어려워하는 개공이 의외로 많다. 실제로 현장에서 중개

보수를 받을 때 서로의 입장 차이로 얼굴을 붉히는 경우가 종종 발생한다. 그래서 가급적 중개보수는 미리 약정할 필요가 있으며, 특히 매도인과 매수인이 함께 있는 자리에서 중개보수 협상은 피해야 한다. 어느 일방이 중개보수를 깎는 행위를 하면 다른 일방도 동참하여 개공에게 불리한 상황이 연출되기 때문이다.

어떤 고객은 받아들이기 어려운 조건의 중개보수를 일방 통보하거나 막무가내로 지급하지 않는 경우도 있다. 이럴 때는 시간과 비용이 들더라도 소송이 불가피하다. 소송에 대해 미리 걱정하기보다 그에 앞서 먼저 내용증명을 발송한다. 인터넷 우체국을 활용하면 웹상에서 편리하게 내용증명 발송도 가능하니 참고하기 바란다. 내용증명 자체만으로 어떠한 법률적 효력이 있는 것은 아니지만 상대방에게 독촉 및 심리적 압박 등의 효과가 있다.

개공 입장에서 계약성사 수고에 대해 정당한 보수를 인정받지 못하고 터무니없는 중개보수 조정요구를 받게 되면 직업적 회의감이 들기도 한다. 보통 사람들은 변호사비, 병원비 등의 저항은 크지 않다. 중요한 사건일수록 비용이 많이 들어도 큰 로펌을 찾고, 중병일수록 유명한 병원을 물어물어 찾는다. 유난히 중개보수만 깎으려고 하는 것은 받은 서비스에 비해 너무 많은 중개보수를 준다고 생각하기 때문이다. 또한 우리나라의 중개보수 지급방식은 고정요율제가 아닌 금액대별 정해진 '요율 내 협의'이므로 대부분의 고객은 중개보수 조정을 원한다. 중개보수를 제대로 받고 싶다면 공인중개사도 그만큼 고객에게 전문적인 서비스를 제공하기 위한 공부를 해야 하고 중개가치를 상승시키기 위한 질적인 노력이 필요하다.

초과 중개보수

중개서비스에 대만족한 고객이 감사의 마음으로 중개보수를 더 주겠다고 하면 우리는 초과중개 보수이므로 거절해야 하는가? 예를 들어, 법정중개보수가 100만 원인데, 고객이 고맙다고 150만 원을 주겠다고 한다면 초과 50만 원의 중개보수를 받아야 하나? 말아야 하나? 법으로는 받을 수 없게 되어 있다. 하지만 이것을 안 받는다면 바보 아닐까? 이럴 때는 이렇게 하면 된다.

– **100만 원:** 중개보수
– **50만 원:** 컨설팅 용역보수

이렇게 2개의 영수증을 발행하자. 이때 컨설팅에 대한 증거자료로 별도의 레포트를 만들어 제공해야 한다. 또한 컨설팅 용역보수 청구 시 사업자등록증 종목에 '부동산컨설팅'이 기재되어 있어야 한다. 만약 사업자등록증에 부동산컨설팅이 기재되어 있지 않다면, 개인 용역계약서 사용도 가능하다.

중개보수 잘 받는 노하우

만약 손님이 "중개보수 다음에 많이 드릴게요. 이번에는 좀 깎아주세요" 하면, "이번에 다 주시고 다음에 절반만 주세요" 하는 밀당도 필요하다.
"복비 좀 깎아주세요" 하는 고객이 있으면 "복비는 복 받으라고 주는 비용이니까 깎지 마세요, 하하" 하고 웃으면서 기분 좋게 중개보수를 받기도 한다.
또 중개보수 협의가 쉽지 않을 것 같은 날에는 평소보다 외모에 신경을 더 많이 쓰자. 가장 멋진 옷을 입고 거울 앞에서 예쁜 미소를 연습하며 자신감 있게 고객을 설득해보자.

고객관리

　공인중개사를 통한 부동산 계약은 '나'라는 공인중개사를 신뢰하고 선택해주었다는 고객의 믿음이다. 이러한 인연은 보통 한번의 계약으로 끝나는 것이 아니라 향후 지속적으로 관계가 이어질 수 있다. 따라서 계약 시 발생하는 사소한 문제라도 내 일이라는 마음으로 진심을 다해 해결하려는 노력이 필요하다.

　이번 거래에서는 임차인이었던 사람이 훗날 매수인이 될 수도 있고, 매수인이었던 사람이 어느 날 매도인(임대인)이 될 수도 있으므로 장기적 관점으로 고객을 관리해야 한다. 특히 임차인은 그 계약주기가 짧기 때문에 만기일 도래 전에 계약연장, 이사 여부 등을 확인해야 한다. 주요 VIP 고객은 종종 전화로 안부인사도 전하고, 부동산 자료(정책, 개발계획, 개정세법 등)를 문자나 카톡으로 보내주며 지속적인 소통을 유지하는 것이 좋다. 공인중개사 직업에 대한 사명감과 전문성을 가지고 고객에게 높은 가치와 양질의 중개서비스를 제공한다면 고객과 지속적으로 좋은 관계를 이어갈 수 있을 것이다.

김 박사 이야기 | 매물을 대하는 연령대별 특징

필자의 경험상 50~60대가 보유한 부동산은 매물로 잘 나오지 않는다. 또 나오더라도 시세보다 높은 가격에 나오는 경우가 많아 처리가 쉽지 않다. 부동산 매각보다는 보유 욕구가 더 높은 세대다. 목돈이 마련되는 세대이기도 하고, '그래도 부동산 투자밖에 없다'라는 확신이 있는 세대이기도 하다. 다시 말해 그 세대의 경험적 데이터로 부동산이 가장 든든한 자산이라고 생각한다. 매각하고 현금화하여 다른 것에 새로 투자한다는 게 리스크라고 생각한다. 따라서 이 세대들이 보유하고 있는 물건 중에는 특별한 상황을 제외하고는 욕심나는 좋은 매물이 잘 나오지 않는다. 보유한 매물 중 안 좋은 매물을 선택해 내놓는다. 즉, 이끌어가는 중개사의 말이 잘 먹히지 않는 경우가 대부분이다.

반면 30~40대는 사업이나 다른 일을 하기 위해 어쩔 수 없이 좋은 매물을 내놓는 경우가 많다. 이들에게는 부동산보다 다른 투자에 더 관심이 많거나 부모에게 물려받은 부동산에 대한 애착이 없기 때문이다.

또 70~80대는 '몸 아프고 보니 내가 소중하게 생각하던 자식도 다 필요 없더라. 부동산 정리한 돈으로 남은 내 인생에 선물하겠다' 또는 부모의 재산을 두고 분쟁하는 자녀들을 우려하여 '나 죽고 나서 재산 두고 싸우는 자식들을 생각하면 현금화해서 미리 나눠 주는 게 낫겠다'고 생각하며 매물로 팔려는 마음이 굳어진다. 따라서 고령의 어른들로부터 생각보다 좋은 매물이 나오는 경우를 자주 보게 된다.

중개대상물 확인설명서 및 계약서 작성법

확인설명서
작성법

1. 확인설명서 작성 가이드

개업공인중개사는 중개가 완성되기 전에 근거자료를 제시하여 확인 설명 사항을 성실하고 정확하게 설명해야 한다. 확인설명서는 법정서식으로 개업공인중개사의 책임을 증빙하는 서류가 되므로 공란 없이 정확하게 작성해야 한다. 그러나 상당수의 공인중개사들이 확인설명서에 어떤 내용을 기재해야 하는지 명확하게 모르는 경우가 많다. 한 군데만 잘못 기재해도 과태료 처분을 받기 때문에, 계약취소를 원하는 고객들이 확인설명서를 빌미로 개공에게 본인의 주장을 관철하는 도구로 이용하기도 한다. 고객이 감독관청인 시군구청에 민원을 제기하면, 공무원은 확인설명서 내용을 기준으로 판단하기 때문에 빠짐없이 정확하게 잘 기재해야 한다.

확인설명서는 4가지 종류가 있다. 실제 용도와 공부상 용도가 다른 때는 공부상 용도를 기준으로 작성하고, 건축물 중 주거용 면적이 1/2 이상인 경우는 주거용으로, 비주거용 면적이 1/2 초과인 경우는 비주거용으로 작성한다.

○ 확인설명서 종류의 예시

구분 예	종류	선택1	선택2
아파트 매매	[I] 주거용 건축물	[√] 공동주택	[√] 매매·교환
원룸 임대차	[I] 주거용 건축물	[√] 단독주택	[√] 임대
아파트 분양권 매매	[I] 주거용 건축물	[√] 공동주택	[√] 매매·교환
오피스텔 임대차	[III] 비주거용 건축물	[√] 업무용	[√] 임대
상가 매매	[III] 비주거용 건축물	[√] 상업용	[√] 매매·교환
토지 매매	[III] 토지	-	[√] 매매·교환
공장 임대차	[III] 비주거용 건축물	[√] 공업용	[√] 임대
입목·광업재단· 공장재단 매매	[IV] 입목·광업재단· 공장재단	-	[√] 매매·교환

2. 작성 일반

○ 예시

- [ ] 안에 √ 로 표시(해당사항이 없으면 '해당 없음, x, -' 등으로 표시)
- **확인설명 근거자료 등**
  - 기재된 항목 중 열람가능한 모든 서류를 제시할 것
  - '그 밖의 자료'는 '신분증' 등의 내용 기재
- **대상물건의 상태에 관한 자료요구 사항**
  - 매도(임대)의뢰인에게 요구한 자료 및 미제출 사유 기재
  - 매수인(임차인) 현장방문 횟수 및 날짜를 기재해두면, 뒤늦게 물건의 하자가
    발견되더라도 개공은 매수인(임차인)에게 인과관계 등을 주장할 수 있음

3. 개업공인중개사 기본 확인사항

○ 예시

Ⅰ. 개업공인중개사 기본 확인사항

		소재지	서울특별시 강남구 역삼동 123번지 무궁화아파트 101동 101호			
①대상물건의 표시	토지	면적(㎡)	62240.4	지목	공부상 지목	대
					실제 이용 상태	대
	건축물	전용면적(㎡)	59.99		대지지분(㎡)	62240.4 분의 28.91
		준공년도 (증개축년도)	1992년 (2002년)	용도	건축물대장상 용도	공동주택(아파트)
					실제 용도	공동주택(아파트)
		구조	철근콘크리트조		방향	남서향 (기준: 거실 앞 발코니)
		내진설계 적용여부	적용		내진능력	Ⅶ - 0.150g
		건축물대장상 위반건축물 여부	[ ]위반 [V]적법	위반내용		해당없음

			소유권에 관한 사항		소유권 외의 권리사항	
②권리관계	등기부 기재사항	토지	이매도(1960.01.01.) 서울특별시 강남구 삼성동 321	토지	근저당권 -접수 2010.10.01. -채권최고액: 금 1,000,000,000원 -근저당권자: 농협은행 외 3건 별지참조	
		건축물	상동	건축물	상동	
	민간임대 등록여부	등록	[ ] 장기일반민간임대주택 [ ] 공공지원민간임대주택			
			[ ] 그 밖의 유형( )			
			임대의무기간 해당없음	임대개시일 해당없음		
		미등록	[V] 해당사항 없음			
	계약갱신 요구권 행사 여부		[ ] 확인(확인서류 첨부) [ ] 미확인 [V] 해당 없음			
	다가구주택 확인서류 제출여부		[ ] 제출(확인서류 첨부) [ ] 미제출 [V] 해당 없음			

					건폐율 상한	용적률 상한
③토지이용 계획, 공법상 이용 제한 및 거래 규제에 관한 사항(토지)	지역·지구	용도지역	제3종일반주거지역		50 %	250 %
		용도지구	경관지구, 미관지구, 고도지구, 방재지구 등			
		용도구역	도시자연공원구역, 개발제한구역 등			
	도시·군계획 시설	소로3류(접합) 중로1류(저촉)	허가·신고 구역 여부	[V]토지거래허가구역		
			투기지역 여부	[ ]토지투기지역[ ]주택투기지역[V]투기과열지구		
	지구단위계획구역, 그 밖의 도시·군관리계획		지구단위계획구역(공동주택 지구), 도시개발사업	그 밖의 이용제한 및 거래규제사항	정비사업조합설립인가	

○ (1) 대상물건의 표시

토지	소재지	토지대장상의 지번주소 기재: – 여러 필지의 경우 필지별로 기재 – 구분소유건물은 동호수도 함께 기재
	면적	– 토지대장상의 전체 면적
	지목	– 토지대장상의 지목
건축물	전용면적	– 건축물대장상의 전용면적
	대지지분	– 등기사항증명서상 대지권비율(집합건물 등 대지지분이 있는 경우)
	준공년도 (증개축년도)	– 건축물대장의 사용승인일, 증개축년도 기재 – 사용승인일이 증축으로 기재된 경우 '변동내용 및 원인' 항목을 면밀 히 분석하여 폐쇄건축물대장 확인 기재
	용도	건축물대장상 건축물 용도: – 단독주택(다중, 다가구), 공동주택(아파트, 연립, 다세대) 등
	구조	– 건축물대장상의 구조부분 기재

건축물	방향	방향		– 8방향을 기준으로 기재(예: 남동향, 북서향 등)
		기준	주택	– 거실, 안방 등 주실(主室) 방향 (예: 남동향·거실 앞 발코니 기준)
			주택 외	– 주된 출입구 방향 (예: 북서향·출입문 기준)
	내진설계 적용 여부			– '적용' or '해당 없음'으로 표시
	내진능력			– 12등급(I ~XII)으로 구분 – 높은 숫자일수록 내진능력이 높음
	건축물대장상 위반건축물 여부			– 건축물대장에서 위반건축물 여부를 확인하여 기재 – 건축물대장상 적법이나 실제로 위반건축물이 있는 경우, 별도약정서 를 통해 관련사항 협의
	위반내용			– 상세 위반내용 기재(건축물대장상 변동사항란)

○ **(2) 권리관계**

1. 등기사항증명서 기재사항

(1) 소유권에 관한 사항(갑구)

- 소유자: 성명, 생년월일, 주소

- 소유권 제한사항: 가압류, 압류, 가처분, 가등기, 경매개시결정등기 등

- 주소가 다른 경우 주민등록초본 확인

(2) 소유권 이외의 권리에 관한 사항(을구)

- 소유권 이외의 모든 권리

- 근저당권(설정일자, 채권최고액, 채권자), 저당권, 전세권, 임차권, 지역권, 지상권 등

---

2. 민간임대등록 여부

(1) 임대인에게 주택임대사업자 여부 확인 후 기재

- 주택임대사업자일 경우 임대사업자등록증에서 상세한 내용을 확인할 수 있으며, 반드시 표준임대차계약서를 작성해야 한다. 대부분의 부동산거래정보망 시스템 내에서 표준임대차계약서로 변환이 가능하다. 따라서 사용자는 별도로 표준임대차계약서를 작성할 필요 없이 기존계약서 작성 후 변환하여 사용하면 된다.

> ※ 민간임대주택은 〈민간임대주택에 관한 특별법〉 제5조에 따른 임대사업자가 등록한 주택으로서, 임대인과 임차인간 임대차 계약(재계약 포함) 시 다음과 같은 사항이 적용된다.
> - ① 같은 법 제44조에 따라 임대의무기간 중 임대료 증액청구는 5퍼센트의 범위에서 주거비 물가지수, 인근 지역의 임대료 변동률 등을 고려하여 같은 법 시행령으로 정하는 증액비율을 초과하여 청구할 수 없으며, 임대차계약 또는 임대료 증액이 있은 후 1년 이내에는 그 임대료를 증액할 수 없다.
> - ② 같은 법 제45조에 따라 임대사업자는 임차인이 의무를 위반하거나 임대차를 계속하기 어려운 경우 등에 해당하지 않으면 임대의무기간 동안 임차인과의 계약을 해제·해지하거나 재계약을 거절할 수 없다.

(2) 등록

- 장기일반민간임대주택: 8~10년 이상

- 공공지원민간임대주택: 8년 이상

- 그 밖의 유형: 단기일 경우

- 임대의무기간

시행시기	20005.09.16 ~2013.12.04	2013.12.05 ~2015.12.28		2015.12.29 ~2018.07.16		2018.07.17 ~2020.08.17		2020.08.18 ~현재
관련법	임대주택법	임대주택법		민간 임대주택법		민간 임대주택법		민간 임대주택법
임대주택 명칭	매입	매입	준공공	단기	준공공	단기민간	장기일반민간	장기일반민간
의무 임대기간	5년 이상	5년 이상	10년 이상	4년 이상	8년 이상	4년 이상	8년 이상	10년 이상

- 임대개시일: 임대인이 임대개시일 기억하더라도 반드시 문서로 확인해야 함. 임대사업자등록증에 임대개시일이 공란일 경우, 시군구청 임대사업자 민원창구에서 재발급받거나 렌트홈(www.renthome.go.kr)에서 확인 가능

(3) 미등록

- '해당사항 없음'에 √

---

3. 계약갱신요구권 행사 여부

- **(1) 확인(확인서류 첨부)**: 대상물건이 〈주택임대차보호법〉의 적용을 받는 주택으로서, 매도인(임대인)으로부터 '계약갱신요구권 행사 여부 확인서'를 받은 경우
- **(2) 미확인**: 서류를 받지 못한 경우
- **(3) 해당 없음**: 임차인이 없는 경우이거나 주거용 부동산 매매가 아닌 경우

---

4. 다가구주택 확인서류 제출 여부

- **(1) 확인(확인서류 첨부)**: 대상물건이 다가구주택인 경우로, 매도인(임대인) 또는 개업공인중개사가 주민센터 등에서 발급받은 다가구주택 확정일자 부여현황(임대차기간, 보증금 및 차임)이 적힌 서류제출 시

- **(2) 미확인**: 서류를 제출하지 않은 경우
- **(3) 해당 없음**: 다가구주택이 아닌 경우(개정 2021. 12.31. 주거용 확인설명서 p.4 작성방법 6.②.나. "다가구주택 확인서류 제출 여부"는 대상물건이 다가구주택인 경우로서 매도인(임대인) 또는 개업공인중개사가 주민센터 등에서 발급받은 다가구주택 확정일자 부여현황(임대차기간, 보증금 및 차임)이 적힌 서류를 제출하면 "제출"에 V로 표시하고, 제출하지 않은 경우에는 "미제출"에 V로 표시하며, 다가구주택이 아닌 경우에는 "해당 없음"에 V로 표시하고 그 사실을 중개의뢰인에게 설명해야 한다)

○ **(3) 토지이용계획, 공법상 이용제한 및 거래규제에 관한 사항(토지)**
- 매매계약 시 기재(임대차는 생략 가능)

1. 지역지구: 용도지역 · 지구 · 구역
- 토지이용계획확인서에서 확인

2. 건폐율 · 용적률
- 건축물대장이 아닌 시군조례에서 확인
- 토지이용계획확인서상 지구단위계획구역에 대한 표시가 있으면 시군조례에서 확인하지 않고 해당 지구단위계획구역 지침을 찾아 기재. 자료는 보통 시군 홈페이지 게시판에 업로드되어 있음

3. 도시 · 군계획시설
- 토지이용계획확인서에서 확인 (예: 대로1류 저촉, 중로1류 접합 등)

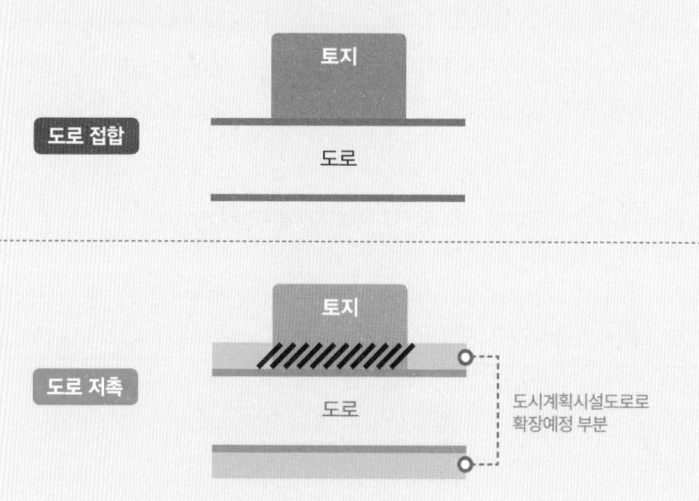

※ 도로 접합, 도로 저촉이란?
- **접합**: 토지이용계획확인서상 해당 토지가 실제 도로선(흑색 표시)을 침범하지 아니
  하고 도로와 경계를 이루고 있는 상태
- **저촉**: 토지이용계획확인서상 도시계획도로선(적색 표시)이 대상토지를 침범한 상태

도로 접합

토지

도로

도로 저촉

토지

도로

도시계획시설도로로
확장예정 부분

4. 허가·신고구역 여부·투기지역 여부
- 해당 물건의 지역별 규제사항 기재

5. 지구단위계획구역, 그 밖의 도시·군관리계획
- 시군구청을 방문하여 열람하거나 홈페이지에서 확인

6. 그 밖의 이용제한 및 거래규제사항
- 토지거래허가제, 농지취득자격증명제, 외국인 등의 부동산 취득신고 등 기재

○ 예시

④ 입지조건	도로와의 관계		(6 m × m)도로에 접함 [V] 포장 [ ] 비포장 접근성 [V] 용이함 [ ] 불편함				
	대중교통	버스	(무궁화아파트) 정류장, 소요시간: ([V] 도보 [ ] 차량) 약 5 분				
		지하철	(역삼) 역, 소요시간: ([V] 도보 [ ] 차량) 약 10 분				
	주차장		[ ] 없음 [ ] 전용주차시설 [V] 공동주차시설 [ ] 그 밖의 주차시설 ( )				
	교육시설	초등학교	(무궁화초등) 학교, 소요시간: ([V] 도보 [ ] 차량) 약 5 분				
		중학교	(진달래중) 학교, 소요시간: ([V] 도보 [ ] 차량) 약 10 분				
		고등학교	(개나리고등) 학교, 소요시간: ([V] 도보 [ ] 차량) 약 20 분				
	판매 및 의료시설	백화점 및 할인매장	(신사제백화점), 소요시간: ([ ] 도보 [V] 차량) 약 20 분				
		종합의료시설	(강남세브란스병원), 소요시간: ([ ] 도보 [V] 차량) 약 30 분				

⑤ 관리에 관한사항	경비실	[V] 있음 [ ] 없음 관리주체 [V] 위탁관리 [ ] 자체관리 [ ] 그 밖의 유형

⑥ 비선호시설(1km이내)	[ ] 없음 [V] 있음 (종류 및 위치: 장례식장, 반경 1km 이내)

⑦ 거래예정금액 등	거래예정금액	1,000,000,000원		
	개별공시지가(m²당)	7,472,000원(2022.01.01)	건물(주택) 공시가격	600,000,000원(2022.01.01)

⑧ 취득 시 부담할 조세의 종류 및 세율	취득세	3 %	농어촌특별세	0 %	지방교육세	0.3 %
	※ 재산세와 종합부동산세는 6월 1일 기준 대상물건 소유자가 납세의무를 부담					

○ (4) 입지조건

1. 도로와의 관계
- 접한 도로가 1개인 경우 괄호 안에 1개만 적으면 되고, 2개인 경우 2개 모두 기재
- 포장·비포장, 접근성은 확인 후 기재

2. 대중교통
- 가까운 버스정류장·지하철역 및 소요시간 기재

3. 주차장
- 주차장 종류 기재

4. 교육시설

- 통학거리가 가깝거나 실제 배정되는 학교명(시군구 교육청 확인) 및 소요시간

5. 판매 및 의료시설

- 가까운 백화점 및 할인매장, 종합의료시설 명칭 및 소요시간 기재

○ **(5) 관리에 관한 사항**

1. 경비실·관리주체

- 경비실 유무 및 관리주체 표기

○ **(6) 비선호시설(1km 이내)**

- 중개대상물의 반경 1km 이내의 비선호시설 여부, 종류, 위치 등을 구체적으로 기재
- 사회통념상 혐오 또는 기피하는 시설(예: 화장장, 납골당, 공동묘지, 쓰레기처리장, 쓰레기소각장, 분뇨처리장, 오폐수처리장, 격리병원, 사창가 등)
- 비선호시설로 보기는 어려우나 고압선로, 가스저장소 등 위험시설도 설명해 주는 것이 바람직함

○ **(7) 거래예정금액 등**

1. 거래예정금액

- 거래예정금액 기재

2. 개별공시지가(㎡당)·건물(주택)공시가격

- 토지대장, 건축물대장 또는 국토교통부 부동산공시가격알리미(www. realtyprice.or.kr)에서 확인

- 금액과 기준일을 병기 (예: 680,000원(2023. 01. 01))

- 임대차는 생략 가능

○ **(8) 취득 시 부담할 조세의 종류 및 세율**

1. 취득세·농어촌특별세·지방교육세

- 계약당시 금액별 조세기준 확인

- 상가주택: 주택·주택외 취득세율을 함께 기재

- 주택 + 부수토지 일괄매매: 주택·토지 취득세율을 함께 기재

- 임대차는 생략 가능

4. 개업공인중개사 세부 확인사항

○ 예시

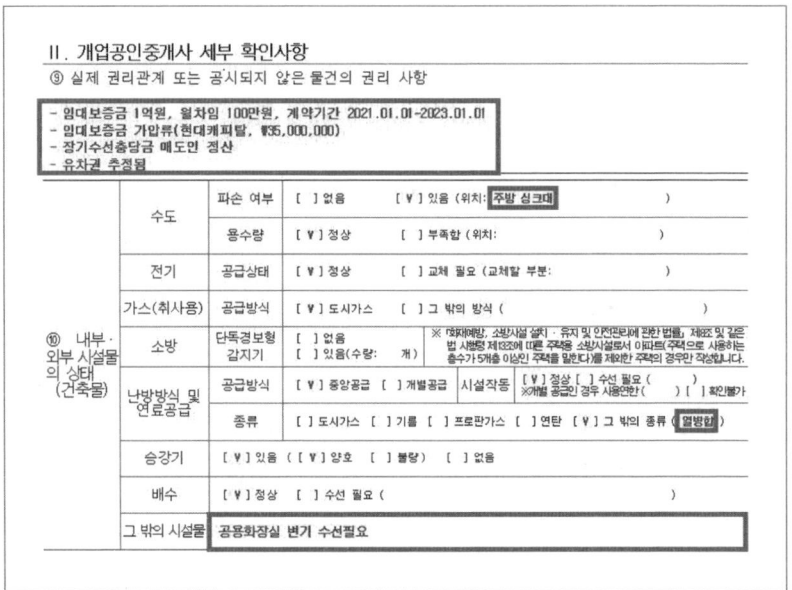

○ **(9) 실제 권리관계 또는 공시되지 않은 물건의 권리 사항**

- 매도(임대)의뢰인이 고지한 사항을 기재(예: 법정지상권, 유치권, 임대차, 토지
  에 부착된 조각물 및 정원수, 계약 전 소유권 변동 여부, 도로의 점용허가 여부 및 권
  리·의무 승계 대상 여부 등)
- 임대차 정보(임대보증금, 월차임, 계약기간), 장기수선충당금 처리, 근저당 채권
  최고액, 경공매 등 특이사항 기재

○ **(10) 내부·외부 시설물의 상태(건축물)**

1. 수도
- 파손 여부: 파손 시 위치 표기
- 용수량: 용수량 부족 시 위치 표기

2. 전기
- 공급상태: 교체필요 시 교체부분 표기

3. 가스(취사용)
- 도시가스, 그 밖의 방식(LPG가스, 전기인덕션, 연탄 등) 확인

4. 소방
- 아파트를 제외한 주택의 경우 작성하며, 단독경보형 감지기 여부 및 수량 기재

5. 난방방식 및 연료공급
- 공급방식: 중앙공급 or 개별공급 체크(참고로 보일러가 세대 내에 있으면 개별공급, 없으면 중앙공급, 예: 도시가스보일러=개별공급, 지역난방=중앙공급)
- 시설작동: 정상작동 여부 및 수선필요 시 내용 기재. 보일러 등 개별공급 시 사용연한 기재(사용연한 없으면 제조년월일 기재)
- 종류: 연료공급 종류 체크. 그 밖의 종류(열병합, 전기, 태양광 등)

6. 승강기
- 승강기 여부 및 상태양호 여부 체크

7. 배수

- 배수시설 정상 여부 및 수선필요 여부 체크

8. 그 밖의 시설물

- 수선 필요사항 등 기재 (예: 창문, 방문, 변기, 세면대 등)

○ 예시

					(4쪽 중 제3쪽)
⑪ 벽면·바닥면 및 도배 상태	벽면	균열	[ ] 없음	[V] 있음 (위치: 안방 외벽)	
		누수	[ ] 없음	[V] 있음 (위치: 발코니 위쪽)	
	바닥면	[ ] 깨끗함	[ ] 보통임	[V] 수리 필요 (위치: 안방 및 거실)	
	도배	[ ] 깨끗함	[ ] 보통임	[V] 도배 필요	
⑫ 환경 조건	일조량	[ ] 풍부함	[ ] 보통임	[V] 불충분 (이유: 건너편 새아파트)	
	소음	[ ] 아주 작음 [V] 보통임 [ ] 심한 편임		진동	[ ] 아주 작음 [V] 보통임 [ ] 심한 편임	

○ (11) 벽면·바닥면 및 도배 상태

1. 벽면

- 균열·누수 여부 확인 및 위치 기재

2. 바닥면

- 바닥면 상태 및 수리필요 여부 기재

3. 도배

- 도배 상태 및 도배필요 여부 기재

○ **(12) 환경조건**

1. 일조량

- 일조량 정도 및 불충분 시 이유 기재

---

2. 소음·진동

- 소음·진동 정도 기재

- 도로, 공장, 철로변 위치 시 주의

5. 중개보수 등에 관한 사항

○ **예시**

Ⅲ. 중개보수 등에 관한 사항

⑬ 중개보수 및 실비의 금액과 산출내역	중개보수	5,000,000원	<산출내역>
	실비	0 원	중개보수 10억원*0.5%
	계	5,500,000원 (VAT포함)	실 비 0원
	지급시기	잔금 시 지급	※ 중개보수는 시·도 조례로 정한 요율한도에서 중개의뢰인과 개업공인중개사가 서로 협의하여 결정하며 부가가치세는 별도로 부과될 수 있습니다.

「공인중개사법」 제25조제3항 및 제30조제5항에 따라 거래당사자는 개업공인중개사로부터 위 중개대상물에 관한 확인·설명 및 손해배상책임의 보장에 관한 설명을 듣고, 같은 법 시행령 제21조제3항에 따른 본 확인·설명서와 같은 법 시행령 제24조제2항에 따른 손해배상책임 보장 증명서류(사본 또는 전자문서)를 수령합니다.

○ **(13) 중개보수 및 실비의 금액과 산출내역**

1. 중개보수·실비·계

- 중개보수: 거래예정금액을 기준으로 계산
- 실비: 대중교통비, 공부열람, 숙식비 등 영수증 첨부하여 중개의뢰인 일방에 게만 청구하지만 실무에서 실효성은 없음
- 계: 일반과세자의 경우 고객의 혼동을 막기 위해 VAT 포함금액으로 기재하는 것을 추천(간이과세자는 별도의 VAT 없음)

2. 지급시기

- 일반적으로 잔금 시 지급하나 계약 시 지급도 가능
- 계약 시 50%, 잔금 시 50% 등도 가능

3. 산출내역

- 매매: 거래예정금액×중개보수요율
- 임대차: {임대보증금+(월차임×100)}×중개보수요율. 단, 거래예정금액이 5,000만 원 미만일 경우에는 {임대보증금+(월차임×70)}×중개보수요율로 산정

> 〈예1〉 주택 임대차, 임대보증금 2,500만 원, 월세 20만 원의 경우
> ▶ 2,500만 원+(20만 원×100)=4,500만 원
> ▶ 거래예정금액이 5,000만 원 미만으로 다시 적용
>   2,500만 원+(20만 원×70)=3,900만 원
> ▶ 중개보수=거래예정금액 3,900만 원×중개보수요율 1,000분의 5=195,000원
>
> 〈예2〉 주택 매매, 1억 9,000만 원
> ▶ 중개보수=1억 9,000만 원*중개보수요율 1,000분의 5=950,000원

6. 거래당사자 및 개업공인중개사 서명·날인

○ 예시

				2022 년 12 월 01 일	
매도인 (임대인)	주소	서울특별시 강남구 언주로 10길 12, 101동 101호(역삼동,무궁화아파트)	성명	이매도 (서명 또는 날인)	
	생년월일	1960.01.01	전화번호	010-2345-6789	
매수인 (임차인)	주소	경기도 수원시 영통구 중부대로 123	성명	박매수 (서명 또는 날인)	
	생년월일	1970.06.01	전화번호	010-9876-5432	
개업 공인중개사	등록번호	제41117-2022-00123호	성명 (대표자)	김공인 (서명 및 날인)	
	사무소 명칭	장미공인중개사사무소	소속 공인중개사	최소속 (서명 및 날인)	
	사무소 소재지	서울특별시 강남구 삼성로 321(삼성동)	전화번호	02-123-4567	
개업 공인중개사	등록번호		성명 (대표자)	(서명 및 날인)	
	사무소 명칭		소속 공인중개사	(서명 및 날인)	
	사무소 소재지		전화번호		

1. 교부일자 기재
- 중개대상물 확인·설명에 따른 분쟁 및 손해배상책임 등을 방지하기 위하여 교부일자 기재

---

2. 매도인(임대인)·매수인(임차인)
- **주소**: 도로명주소 기재
- **성명**: 서명 또는 날인이지만 방어중개 차원에서 자필서명 및 날인하는 것을 권장하며, 본인 참석 시 필히 자필서명으로 받을 것을 권장
- **생년월일**: 주민등록번호 앞자리만 기재(계약서는 주민번호 뒷자리까지 전부 기재)
- **전화번호**: 명의인의 전화번호 기재. 전화번호를 기재하면 당사자 간 직접 통화 시 오해와 다툼이 발생할 수 있으니 전달사항은 공인중개사를 통해 연락하고 가급적 당사자 간 통화 자제 안내를 권장

3. 개업공인중개사

- 등록번호, 사무소명칭, 사무소소재지 등을 적고 자필서명 후 등록된 인장 날인
- 소속공인중개사가 계약 시에도 자필로 서명하고 등록된 인장 날인
- 공동중개 시 양측 개업공인중개사(소속공인중개사 포함) 모두 서명 및 날인하여야 하며, 보통 위 칸은 매도인(임대인) 측 공인중개사, 아래 칸은 매수인(임차인) 측 공인중개사 정보 기재
- 공동중개로 공인중개사가 2인을 초과하는 경우 별지로 작성·간인하여 첨부

○ 중개대상물 확인설명서[I] (주거용 건축물) 양식

■ 공인중개사법 시행규칙 [별지 제20호서식] 〈개정 2021. 12. 31.〉

중개대상물 확인·설명서[I] (주거용 건축물)
([ ]단독주택 [ ]공동주택 [ ]매매·교환 [ ]임대   )

확인·설명 자료	확인·설명 근거자료 등	[ ]등기권리증[ ]등기사항증명서[ ]토지대장[ ]건축물대장 [ ]지적도 [ ]임야도 [ ]토지이용계획확인서 [ ]그 밖의 자료( )
	대상물건의 상태에 관한 자료요구 사항	

유의사항	
개업공인중개사의 확인·설명 의무	개업공인중개사는 중개대상물에 관한 권리를 취득하려는 중개의뢰인에게 성실·정확하게 설명하고, 토지대장 등본, 등기사항증명서 등 설명의 근거자료를 제시해야 합니다.
실제 거래가격 신고	「부동산 거래신고 등에 관한 법률」 제3조 및 같은 법 시행령 별표 1 제1호마목에 따른 실제 거래가격은 매수인이 매수한 부동산을 양도하는 경우 「소득세법」 제97조제1항 및 제7항과 같은 법 시행령 제163조제11항제2호에 따라 취득 당시의 실제 거래가액으로 보아 양도차익이 계산될 수 있음을 유의하시기 바랍니다.

I. 개업공인중개사 기본 확인사항

①대상물건의 표시	토지	소재지				
		면적(㎡)		지목	공부상 지목	
					실제 이용 상태	
	건축물	전용면적(㎡)			대지지분(㎡)	
		준공년도 (증개축년도)		용도	건축물대장상 용도	
					실제 용도	
		구조		방향		(기준:)
		내진설계 적용여부		내진능력		
		건축물대장상 위반건축물 여부	[ ]위반[ ]적법	위반내용		

② 권리관계	등기부 기재사항		소유권에 관한 사항		소유권 외의 권리사항	
			토지		토지	
			건축물		건축물	
	민간 임대 등록 여부	등록	[ ] 장기일반민간임대주택 [ ] 공공지원민간임대주택 [ ] 그 밖의 유형( )			
			임대의무기간		임대개시일	
		미등록	[ ] 해당사항 없음			
	계약갱신 요구권 행사 여부		[ ] 확인(확인서류 첨부) [ ] 미확인 [ ] 해당 없음			
	다가구주택 확인서류 제출여부		[ ] 제출(확인서류 첨부) [ ] 미제출 [ ] 해당 없음			

③ 토지이용 계획, 공법상 이용 제한 및 거래 규제에 관한 사항(토지)	지역·지구	용도지역			건폐율 상한	용적률 상한
		용도지구			%	%
		용도구역				
	도시·군계획 시설		허가·신고 구역 여부	[ ]토지거래허가구역		
			투기지역 여부	[ ]토지투기지역[ ]주택투기지역[ ]투기과열지구		
	지구단위계획구역, 그 밖의 도시·군관리계획			그 밖의 이용제한 및 거래규제사항		

210㎜×297㎜[백상지(80g/㎡) 또는 중질지(80g/㎡)]

	도로와의 관계	(㎜ × ㎜)도로에 접함 [ ] 포장 [ ] 비포장			접근성	[ ] 용이함 [ ] 불편함		
④ 입지조건	대중교통	버스	( ) 정류장, 소요시간: ([ ] 도보 [ ] 차량) 약 분					
		지하철	( ) 역, 소요시간: ([ ] 도보 [ ] 차량) 약 분					
	주차장	[ ] 없음 [ ] 전용주차시설 [ ] 공동주차시설 [ ] 그 밖의 주차시설 ( )						
	교육시설	초등학교	( ) 학교, 소요시간: ([ ] 도보 [ ] 차량) 약 분					
		중학교	( ) 학교, 소요시간: ([ ] 도보 [ ] 차량) 약 분					
		고등학교	( ) 학교, 소요시간: ([ ] 도보 [ ] 차량) 약 분					
	판매 및 의료시설	백화점 및 할인매장	( ), 소요시간: ([ ] 도보 [ ] 차량) 약 분					
		종합의료시설	( ), 소요시간: ([ ] 도보 [ ] 차량) 약 분					

⑤ 관리에 관한사항	경비실	[ ] 있음 [ ] 없음	관리주체	[ ] 위탁관리 [ ] 자체관리 [ ] 그 밖의 유형
⑥ 비선호시설(1㎞이내)		[ ] 없음 [ ] 있음 (종류 및 위치:)		

⑦ 거래예정금액 등	거래예정 금액	
	개별공시지가 (㎡당)	건물(주택) 공시가격

⑧ 취득 시 부담할 조세의 종류 및 세율	취득세	%	농어촌특별세	%	지방교육세	%
※ 재산세와 종합부동산세는 6월 1일 기준 대상물건 소유자가 납세의무를 부담						

Ⅱ. 개업공인중개사 세부 확인사항

⑨ 실제 권리관계 또는 공시되지 않은 물건의 권리 사항

⑩ 내부·외부 시설물의 상태 (건축물)	수도	파손 여부	[ ] 없음 [ ] 있음 (위치:)	
		용수량	[ ] 정상 [ ] 부족함 (위치:)	
	전기	공급상태	[ ] 정상 [ ] 교체 필요 (교체할 부분:)	
	가스(취사용)	공급방식	[ ] 도시가스 [ ] 그 밖의 방식 ( )	
	소방	단독경보형 감지기	[ ] 없음 [ ] 있음(수량: 개)	※ 「화재예방, 소방시설 설치·유지 및 안전관리에 관한 법률」 제8조 및 같은 법 시행령 제13조에 따른 주택용 소방시설로서 아파트(주택으로 사용하는 층수가 5개층 이상인 주택을 말한다)를 제외한 주택의 경우만 작성합니다.
	난방방식 및 연료공급	공급방식	[ ] 중앙공급 [ ] 개별공급 시설작동 [ ] 정상 [ ] 수선 필요 ( ) ※개별 공급인 경우 사용연한 ( ) [ ] 확인불가	
		종류	[ ] 도시가스 [ ] 기름 [ ] 프로판가스 [ ] 연탄 [ ] 그 밖의 종류 ( )	
	승강기		[ ] 있음 ([ ] 양호 [ ] 불량) [ ] 없음	
	배수		[ ] 정상 [ ] 수선 필요 ( )	
	그 밖의 시설물			

⑪ 벽면·바닥면 및 도배 상태	벽면	균열	[ ] 없음　[ ] 있음 (위치:　　　　　　　　　　　)
		누수	[ ] 없음　[ ] 있음 (위치:　　　　　　　　　　　)
	바닥면		[ ] 깨끗함　[ ] 보통임　[ ] 수리 필요 (위치:　　　　　)
	도배		[ ] 깨끗함　[ ] 보통임　[ ] 도배 필요

⑫ 환경 조건	일조량		[ ] 풍부함　[ ] 보통임　[ ] 불충분 (이유:　　　　　)
	소음	[ ] 아주 작음 [ ] 보통임 [ ] 심한 편임	진동　[ ] 아주 작음 [ ] 보통임 [ ] 심한 편임

III. 중개보수 등에 관한 사항

⑬ 중개보수 및 실비의 금액과 산출내역	중개보수		<산출내역> 중개보수:
	실비		실　비:
	계		※ 중개보수는 시·도 조례로 정한 요율한도에서 중개의뢰인과 개업공인중개사가 서로 협의하여 결정하며 부가가치세는 별도로 부과될 수 있습니다.
	지급시기		

「공인중개사법」 제25조제3항 및 제30조제5항에 따라 거래당사자는 개업공인중개사로부터 위 중개대상물에 관한 확인·설명 및 손해배상책임의 보장에 관한 설명을 듣고, 같은 법 시행령 제21조제3항에 따른 본 확인·설명서와 같은 법 시행령 제24조제2항에 따른 손해배상책임 보장 증명서류(사본 또는 전자문서)를 수령합니다.

년　　월　　일

매도인 (임대인)	주소		성명	(서명 또는 날인)
	생년월일		전화번호	
매수인 (임차인)	주소		성명	(서명 또는 날인)
	생년월일		전화번호	
개업 공인중개사	등록번호		성명 (대표자)	(서명 및 날인)
	사무소 명칭		소속 공인중개사	(서명 및 날인)
	사무소 소재지		전화번호	
개업 공인중개사	등록번호		성명 (대표자)	(서명 및 날인)
	사무소 명칭		소속 공인중개사	(서명 및 날인)
	사무소 소재지		전화번호	

작성방법(주거용 건축물)

＜작성일반＞

1. "[ ]"있는 항목은 해당하는 "[ ]"안에 √로 표시합니다.

2. 세부항목 작성 시 해당 내용을 작성란에 모두 작성할 수 없는 경우에는 별지로 작성하여 첨부하고, 해당란에는 "별지 참고"라고 적습니다.

＜세부항목＞

1. 「확인·설명자료」 항목의 "확인·설명 근거자료 등"에는 개업공인중개사가 확인·설명 과정에서 제시한 자료를 적으며, "대상물건의 상태에 관한 자료요구 사항"에는 매도(임대)의뢰인에게 요구한 사항 및 그 관련 자료의 제출 여부와 ⑤ 실제 권리관계 또는 공시되지 않은 물건의 권리사항부터 ⑧ 환경조건까지의 항목을 확인하기 위한 자료의 요구 및 그 불응 여부를 적습니다.

2. ① 대상물건의 표시부터 ⑧ 취득 시 부담할 조세의 종류 및 세율까지는 개업공인중개사가 확인한 사항을 적어야 합니다.

3. ① 대상물건의 표시는 토지대장 및 건축물대장 등을 확인하여 적고, 건축물의 방향은 주택의 경우 거실이나 안방 등 주실(主室)의 방향을, 그 밖의 건축물은 주된 출입구의 방향을 기준으로 남향, 북향 등 방향을 적고 방향의 기준이 불분명한 경우 기준(예 : 남동향·거실 앞 발코니 기준)를 표시하여 적습니다.

4. ② 권리관계의 "등기부 기재사항"은 등기사항증명서를 확인하여 적습니다.

5. ② 권리관계의 "민간임대 등록여부"는 대상물건이 「민간임대주택에 관한 특별법」에 따라 등록된 민간임대주택인지 여부를 같은 법 제60조에 따른 임대주택정보체계에 접속하여 확인하거나 임대인에게 확인하여 "[ ]"안에 √로 표시하고, 민간임대주택인 경우 「민간임대주택에 관한 특별법」에 따른 권리·의무사항을 임차인에게 설명해야 합니다.

> ＊ 민간임대주택은 「민간임대주택에 관한 특별법」 제5조에 따른 임대사업자가 등록한 주택으로서, 임대인과 임차인 간 임대차 계약(재계약 포함)시 다음과 같은 사항이 적용됩니다.
> ① 같은 법 제44조에 따라 임대의무기간 중 임대료 증액청구는 5퍼센트의 범위에서 주거비 물가지수, 인근 지역의 임대료 변동률 등을 고려하여 같은 법 시행령으로 정하는 증액비율을 초과하여 청구할 수 없으며, 임대차계약 또는 임대료 증액이 있은 후 1년 이내에는 그 임대료를 증액할 수 없습니다.
> ② 같은 법 제45조에 따라 임대사업자는 임차인이 의무를 위반하거나 임대차를 계속하기 어려운 경우 등에 해당하지 않으면 임대의무기간 동안 임차인과의 계약을 해제·해지하거나 재계약을 거절할 수 없습니다.

6. ② 권리관계의 "계약갱신요구권 행사여부" 및 "다가구주택 확인서류 제출여부"는 다음 각 목의 구분에 따라 적습니다.
   가. "계약갱신요구권 행사여부"는 대상물건이 「주택임대차보호법」의 적용을 받는 주택으로서 임차인이 있는 경우 매도인(임대인)으로부터 계약갱신요구권 행사 여부에 관한 사항을 확인할 수 있는 서류를 받으면 "확인"에 √로 표시하여 해당 서류를 첨부하고, 서류를 받지 못한 경우 "미확인"에 √로 표시하며, 임차인이 없는 경우에는 "해당 없음"에 √로 표시합니다. 이 경우 개업공인중개사는 「주택임대차보호법」에 따른 임대인과 임차인의 권리·의무사항을 매수인에게 설명해야 합니다.
   나. "다가구주택 확인서류 제출여부"는 대상물건이 다가구주택인 경우로서 매도인(임대인) 또는 개업공인중개사가 주민센터 등에서 발급받은 다가구주택 확정일자 부여현황(임대차기간, 보증금 및 차임)이 적힌 서류를 제출하면 "제출"에 √로 표시하고, 제출하지 않은 경우에는 "미제출"에 √로 표시하며, 다가구주택이 아닌 경우에는 "해당 없음"에 √로 표시하고 그 사실을 중개의뢰인에게 설명해야 합니다.

7. ⑦ 토지이용계획, 공법상 이용제한 및 거래규제에 관한 사항(토지)의 "건폐율 상한 및 용적률 상한"은 시·군의 조례에 따라 적고, "도시·군계획시설", "지구단위계획구역, 그 밖의 도시·군관리계획"은 개업공인중개사가 확인하여 적으며, "그 밖의 이용제한 및 거래규제사항"은 토지이용계획확인서의 내용을 확인하고, 공부에서 확인할 수 없는 사항은 부동산종합공부시스템 등에서 확인하여 적습니다(임대차의 경우에는 생략할 수 있습니다).

8. ⑧ 비선호시설(1㎞이내)의 "종류 및 위치"는 대상물건으로부터 1㎞ 이내에 사회통념상 기피 시설인 화장장·납골당·공동묘지·쓰레기처리장·쓰레기소각장·분뇨처리장·하수종말처리장 등의 시설이 있는 경우, 그 시설의 종류 및 위치를 적습니다.

9. ⑨ 거래예정금액 등의 "거래예정금액"은 중개가 완성되기 전 거래예정금액을, "개별공시지가(㎡당)" 및 "건물(주택)공시가격"은 중개가 완성되기 전 공시된 공시지가 또는 공시가격을 적습니다[임대차의 경우에는 "개별공시지가(㎡당)" 및 "건물(주택)공시가격"을 생략할 수 있습니다].

10. ⑩ 취득 시 부담할 조세의 종류 및 세율은 중개가 완성되기 전 「지방세법」의 내용을 확인하여 적습니다(임대차의 경우에는 제외합니다).

11. ⑤ 실제 권리관계 또는 공시되지 않은 물건의 권리 사항은 매도(임대)의뢰인이 고지한 사항(법정지상권, 유치권, 「주택임대차보호법」에 따른 임대차, 토지에 부착된 조각물 및 정원수, 계약 전 소유권 변동 여부, 도로의 점용허가 여부 및 권리·의무 승계 대상 여부 등)을 적습니다. 「건축법 시행령」 별표 1 제2호에 따른 공동주택(기숙사는 제외합니다) 중 분양을 목적으로 건축되었으나 분양되지 않아 보존등기만 마쳐진 상태인 공동주택에 대해 임대차계약을 알선하는 경우에는 이를 임차인에게 설명해야 합니다.
    ※ 임대차계약의 경우 임대보증금, 월 단위의 차임액, 계약기간, 장기수선충당금의 처리 등을 확인하고, 근저당 등이 설정된 경우 채권최고액을 확인하여 적습니다. 그 밖에 경매 및 공매 등의 특이사항이 있는 경우에 적습니다.

12. ⑩ 내부·외부 시설물의 상태(건축물), ⑪ 벽면·바닥면 및 도배 상태와 ⑫ 환경조건은 중개대상물에 대해 개업공인중개사가 매도(임대)의뢰인에게 자료를 요구하여 확인한 사항을 적고, ⑩ 내부·외부 시설물의 상태(건축물)의 "그 밖의 시설물"은 가정자동화 시설(Home Automation 등 IT 관련 시설)의 설치 여부를 적습니다.

13. ⑬ 중개보수 및 실비는 개업공인중개사와 중개의뢰인이 협의하여 결정한 금액을 적되 "중개보수"는 거래예정금액을 기준으로 계산하고, "산출내역(중개보수)"은 "거래예정금액(임대차의 경우에는 임대보증금 + 월 단위의 차임액 × 100) × 중개보수 요율"과 같이 적습니다. 다만, 임대차로서 거래예정금액이 5천만원 미만인 경우에는 "임대보증금 + 월 단위의 차임액 × 70"을 거래예정금액으로 합니다.

14. 공동중개 시 참여한 개업공인중개사(소속공인중개사를 포함합니다)는 모두 서명·날인해야 하며, 2명을 넘는 경우에는 별지로 작성하여 첨부합니다.

○ 중개대상물 확인설명서[II] (비주거용 건축물) 양식

중개대상물 확인 · 설명서[II] (비주거용 건축물)
([ ]업무용 [ ]상업용 [ ]공업용 []매매·교환 [ ]임대 [ ]그 밖의 경우)

확인 · 설명 자료	확인 · 설명 근거자료 등	[ ]등기권리증 [ ]등기사항증명서 [ ]토지대장 [ ]건축물대장 [ ]지적도 [ ]임야도 [ ]토지이용계획확인서 [ ]그 밖의 자료( )
	대상물건의 상태에 관한 자료요구 사항	

유의사항		
개업공인중개사의 확인·설명 의무	개업공인중개사는 중개대상물에 관한 권리를 취득하려는 중개의뢰인에게 성실·정확하게 설명하고, 토지대장 등본, 등기사항증명서 등 설명의 근거자료를 제시해야 합니다.	
실제 거래가격 신고	「부동산 거래신고 등에 관한 법률」 제3조 및 같은 법 시행령 별표 1 제1호마목에 따른 실제 거래가격은 매수인이 매수한 부동산을 양도하는 경우 「소득세법」 제97조제1항 및 제7항과 같은 법 시행령 제163조제11항제2호에 따라 취득 당시의 실제 거래가격으로 보아 양도차익이 계산될 수 있음을 유의하시기 바랍니다.	

I. 개업공인중개사 기본 확인사항

① 대상물건의 표시	토지	소재지			
		면적(㎡)	지목	공부상 지목	
				실제이용 상태	
	건축물	전용면적(㎡)		대지지분(㎡)	
		준공년도 (증개축년도)	용도	건축물대장상 용도	
				실제 용도	
		구조		방향	(기준:)
		내진설계 적용여부		내진능력	
		건축물대장상 위반건축물 여부	[ ]위반 [ ]적법	위반내용	

② 권리관계	등기부 기재사항	소유권에 관한 사항		소유권 외의 권리사항	
		토지		토지	
		건축물		건축물	
	민간 임대 등록 여부	등록	[ ] 장기일반민간임대주택 [ ] 공공지원민간임대주택 [ ] 그 밖의 유형( )		
			임대의무기간	임대개시일	
		미등록	[ ] 해당사항 없음		
	계약갱신 요구권 행사여부	[ ] 확인(확인서류 첨부) [ ] 미확인 [ ] 해당 없음			

③ 토지이용계획, 공법상 이용제한 및 거래규제에 관한 사항(토지)	지역·지구	용도지역		건폐율 상한	용적률 상한
		용도지구		%	%
		용도구역			
	도시·군계획시설	허가·신고 구역 여부	[ ]토지거래허가구역		
		투기지역 여부	[ ]토지투기지역 [ ]주택투기지역 [ ]투기과열지구		
	지구단위계획구역, 그 밖의 도시·군관리계획		그 밖의 이용제한 및 거래규제사항		

210mm×297mm[백상지(80g/㎡) 또는 중질지(80g/㎡)]

④ 입지조건	도로와의 관계	(㎡ × ㎡)도로에 접함 [ ] 포장 [ ] 비포장		접근성	[ ] 용이함 [ ] 불편함	
	대중교통	버스	( )정류장, 소요시간: ([ ] 도보 [ ] 차량) 약 분			
		지하철	( )역, 소요시간: ([ ] 도보 [ ] 차량) 약 분			
	주차장	[ ] 없음 [ ] 전용주차시설 [ ] 공동주차시설 [ ] 그 밖의 주차시설 ( )				
⑤ 관리에 관한사항	경비실	[ ] 있음 [ ] 없음		관리주체	[ ] 위탁관리 [ ] 자체관리 [ ] 그 밖의 유형	

⑥ 거래예정금액 등	거래예정금액			
	개별공시지가(㎡당)		건물(주택)공시가격	

⑦ 취득 시 부담할 조세의 종류 및 세율	취득세	%	농어촌특별세	%	지방교육세	%
	※ 재산세와 종합부동산세는 6월 1일 기준 대상물건 소유자가 납세의무를 부담					

Ⅱ. 개업공인중개사 세부 확인사항

⑧ 실제 권리관계 또는 공시되지 않은 물건의 권리 사항

⑨ 내부·외부 시설물의 상태 (건축물)	수도	파손 여부	[ ] 없음 [ ] 있음(위치:)	
		용수량	[ ] 정상 [ ] 부족함(위치:)	
	전기	공급상태	[ ] 정상 [ ] 교체 필요(교체할 부분:)	
	가스(취사용)	공급방식	[ ] 도시가스 [ ] 그 밖의 방식( )	
	소방	소화전	[ ] 없음 [ ] 있음(위치:)	
		비상벨	[ ] 없음 [ ] 있음(위치:)	
	난방방식 및 연료공급	공급방식	[ ] 중앙공급 [ ] 개별공급	시설작동 [ ] 정상 [ ] 수선 필요 ( ) ※개별공급인 경우 사용연한 ( ) [ ] 확인불가
		종류	[ ] 도시가스 [ ] 기름 [ ] 프로판가스 [ ] 연탄 [ ] 그 밖의 종류( )	
	승강기	[ ] 있음 ([ ] 양호 [ ] 불량) [ ] 없음		
	배수	[ ] 정상 [ ] 수선 필요( )		
	그 밖의 시설물			
⑩ 벽면 및 바닥면	벽면	균열	[ ] 없음 [ ] 있음(위치:)	
		누수	[ ] 없음 [ ] 있음(위치:)	
	바닥면	[ ] 깨끗함 [ ] 보통임 [ ] 수리 필요(위치:)		

III. 중개보수 등에 관한 사항

⑪중개보수 및 실비의금 액과 산출내 역	중개보수		<산출내역>
	실비		중개보수:
	계		실 비:
	지급시기		

「공인중개사법」 제25조제3항 및 제30조제5항에 따라 거래당사자는 개업공인중개사로부터 위 중개대상물에 관한 확인·설명 및 손해배상책임의 보장에 관한 설명을 듣고, 같은 법 시행령 제21조제3항에 따른 본 확인·설명서와 같은 법 시행령 제24조제2항에 따른 손해배상책임 보장 증명서류(사본 또는 전자문서)를 수령합니다.

년   월   일

매도인 (임대인)	주소		성명	(서명 또는 날인)
	생년월일		전화번호	
매수인 (임차인)	주소		성명	(서명 또는 날인)
	생년월일		전화번호	
개업 공인중개사	등록번호		성명 (대표자)	(서명 및 날인)
	사무소 명칭		소속 공인중개사	(서명 및 날인)
	사무소 소재지		전화번호	
개업 공인중개사	등록번호		성명 (대표자)	(서명 및 날인)
	사무소 명칭		소속 공인중개사	(서명 및 날인)
	사무소 소재지		전화번호	

작성방법(비주거용 건축물)

<작성일반>

1. "[ ]"있는 항목은 해당하는 "[ ]" 안에 √로 표시합니다.
2. 세부항목 작성 시 해당 내용을 작성란에 모두 작성할 수 없는 경우에는 별지로 작성하여 첨부하고, 해당란에는 "별지 참고"라고 적습니다.

<세부항목>

1. "확인·설명자료" 항목의 "확인·설명 근거자료 등"에는 개업공인중개사가 확인·설명 과정에서 제시한 자료를 적으며, "대상물건의 상태에 관한 자료요구 사항"에는 매도(임대)의뢰인에게 요구한 사항 및 그 관련 자료의 제출 여부와 ⑥ 실제 권리관계 또는 공시되지 않은 물건의 권리 사항부터 ⑩ 벽면까지의 항목을 확인하기 위한 자료의 요구 및 그 불응 여부를 적습니다.

2. ① 대상물건의 표시부터 ⑦ 취득 시 부담할 조세의 종류 및 세율까지는 개업공인중개사가 확인한 사항을 적어야 합니다.

3. ① 대상물건의 표시는 토지대장 및 건축물대장 등을 확인하여 적습니다.

4. ② 권리관계의 "등기부 기재사항"은 등기사항증명서를 확인하여 적습니다.

5. ② 권리관계의 "민간임대 등록여부"는 대상물건이 「민간임대주택에 관한 특별법」에 따라 등록된 민간임대주택인지 여부를 같은 법 제60조에 따른 임대주택정보체계에 접속하여 확인하거나 임대인에게 확인하여 "[ ]" 안에 √로 표시하고, 민간임대주택인 경우 「민간임대주택에 관한 특별법」에 따른 권리·의무사항을 임차인에게 설명해야 합니다.

> ※ 민간임대주택은 「민간임대주택에 관한 특별법」 제5조에 따른 임대사업자가 등록한 주택으로서, 임대인과 임차인간 임대차 계약(재계약 포함)시 다음과 같은 사항이 적용됩니다.
> ① 같은 법 제44조에 따라 임대의무기간 중 임대료 증액청구는 5퍼센트의 범위에서 주거비 물가지수, 인근 지역의 임대료 변동률 등을 고려하여 같은 법 시행령으로 정하는 증액비율을 초과하여 청구할 수 없으며, 임대차계약 또는 임대료 증액이 있은 후 1년 이내에는 그 임대료를 증액할 수 없습니다.
> ② 같은 법 제45조에 따라 임대사업자는 임차인이 의무를 위반하거나 임대차를 계속하기 어려운 경우 등에 해당하지 않으면 임대의무기간 동안 임차인과의 계약을 해제·해지하거나 재계약을 거절할 수 없습니다.

6. ② 권리관계의 "계약갱신요구권 행사여부"는 대상물건이 「주택임대차보호법」 및 「상가건물 임대차보호법」의 적용을 받는 임차인이 있는 경우 매도인(임대인)으로부터 계약갱신요구권 행사 여부에 관한 사항을 확인할 수 있는 서류를 받은 경우 "확인"에 √로 표시하여 해당 서류를 첨부하고, 서류를 받지 못한 경우 "미확인"에 √로 표시합니다. 이 경우 「주택임대차보호법」 및 「상가건물 임대차보호법」에 따른 임대인과 임차인의 권리·의무사항을 매수인에게 설명해야 합니다.

7. ③ 토지이용계획, 공법상 이용제한 및 거래규제에 관한 사항(토지)의 "건폐율 상한 및 용적률 상한"은 시·군의 조례에 따라 적고, "도시·군계획시설", "지구단위계획구역, 그 밖의 도시·군관리계획"은 개업공인중개사가 확인하여 적으며, "그 밖의 이용제한 및 거래규제사항"은 토지이용계획확인서의 내용을 확인하고, 공부에서 확인할 수 없는 사항은 부동산종합공부시스템 등에서 확인하여 적습니다(임대차의 경우에는 생략할 수 있습니다).

8. ⑥ 거래예정금액 등의 "거래예정금액"은 중개가 완성되기 전 거래예정금액을, "개별공시지가(㎡당)" 및 "건물(주택)공시가격"은 중개가 완성되기 전 공시된 공시지가 또는 공시가격을 적습니다[임대차의 경우에는 "개별공시지가(㎡당)" 및 "건물(주택)공시가격"을 생략할 수 있습니다].

9. ⑦ 취득 시 부담할 조세의 종류 및 세율은 중개가 완성되기 전 「지방세법」의 내용을 확인하여 적습니다(임대차의 경우에는 제외합니다).

10. ⑧ 실제 권리관계 또는 공시되지 않은 물건의 권리 사항은 매도(임대)의뢰인이 고지한 사항(법정지상권, 유치권, 「상가건물 임대차보호법」에 따른 임대차, 토지에 부착된 조각물 및 정원수, 계약 전 소유권 변동여부, 도로의 점용허가 여부 및 권리·의무 승계 대상여부 등)을 적습니다. 「건축법 시행령」 별표 1 제2호에 따른 공동주택(기숙사는 제외합니다) 중 분양을 목적으로 건축되었으나 분양되지 않아 보존등기만 마쳐진 상태인 공동주택에 대해 임대차계약을 알선하는 경우에는 이를 임차인에게 설명해야 합니다.
    ※ 임대차계약의 경우 임대보증금, 월 단위의 차임액, 계약기간, 장기수선충당금의 처리 등을 확인하고, 근저당 등이 설정된 경우 채권최고액을 확인하여 적습니다. 그 밖에 경매 및 공매 등의 특이사항이 있는 경우 이를 확인하여 적습니다.

11. ⑨ 내부·외부 시설물의 상태(건축물) 및 ⑩ 벽면 및 바닥면은 중개대상물에 대하여 개업공인중개사가 매도(임대)의뢰인에게 자료를 요구하여 확인한 사항을 적고, ⑨ 내부·외부 시설물의 상태(건축물)의 "그 밖의 시설물"에는 건축물이 상업용인 경우에는 오수정화시설용량, 공업용인 경우에는 전기용량, 오수정화시설용량 및 용수시설의 내용에 대하여 개업공인중개사가 매도(임대)의뢰인에게 자료를 요구하여 확인한 사항을 적습니다.

12. ⑪ 중개보수 및 실비의 금액과 산출내역은 개업공인중개사와 중개의뢰인이 협의하여 결정한 금액을 적되 "중개보수"는 거래예정금액을 기준으로 계산하고, "산출내역(중개보수)"은 "거래예정금액(임대차의 경우에는 임대보증금 + 월 단위의 차임액 × 100) × 중개보수요율"과 같이 적습니다. 다만, 임대차로서 거래예정금액이 5천만원 미만인 경우에는 "임대보증금 + 월 단위의 차임액 × 70"을 거래예정금액으로 합니다.

13. 공동중개 시 참여한 개업공인중개사(소속공인중개사를 포함합니다)는 모두 서명·날인해야 하며, 2명을 넘는 경우에는 별지로 작성하여 첨부합니다.

○ 중개대상물 확인설명서[III] (토지) 양식

■ 공인중개사법 시행규칙 [별지 제20호의3서식] 〈개정 2020. 10. 27.〉

(3쪽 중 제1쪽)

중개대상물 확인·설명서[III] (토지)
([ ] 매매·교환   [ ] 임대)

확인·설명 자료	확인·설명 근거자료 등	[ ] 등기권리증 [ ] 등기사항증명서 [ ] 토지대장 [ ] 건축물대장 [ ] 지적도 [ ] 임야도 [ ] 토지이용계획확인서 [ ] 그 밖의 자료( )
	대상물건의 상태에 관한 자료요구 사항	

유의사항	
개업공인중개사의 확인·설명 의무	개업공인중개사는 중개대상물에 관한 권리를 취득하려는 중개의뢰인에게 성실·정확하게 설명하고, 토지대장등본, 등기사항증명서 등 설명의 근거자료를 제시해야 합니다.
실제 거래가격 신고	「부동산 거래신고 등에 관한 법률」 제3조 및 같은 법 시행령 별표 1 제1호마목에 따른 실제 거래가격은 매수인이 매수한 부동산을 양도하는 경우 「소득세법」 제97조제1항 및 제7항과 같은 법 시행령 제163조제11항제2호에 따라 취득 당시의 실제 거래가액으로 보아 양도차익이 계산될 수 있음을 유의하시기 바랍니다.

I. 개업공인중개사 기본 확인사항

① 대상물건의 표시	토지	소재지			
		면적(m²)		지목	공부상 지목
					실제이용 상태

② 권리관계	등기부 기재사항	소유권에 관한 사항	소유권 외의 권리사항
		토지	토지

③ 토지이용 계획, 공법상 이용 제한 및 거래규제 에 관한 사항 (토지)	지역·지구	용도지역		건폐율 상한	용적률 상한
		용도지구		%	%
		용도구역			
	도시·군계획 시설		허가·신고 구역 여부	[ ] 토지거래허가구역	
			투기지역 여부	[ ] 토지투기지역 [ ] 주택투기지역 [ ] 투기과열지구	
	지구단위계획구역, 그 밖의 도시·군관리계획		그 밖의 이용제한 및 거래규제사항		

④ 입지조건	도로와의 관계	(m × m)도로에 접함 [ ] 포장 [ ] 비포장	접근성	[ ] 용이함 [ ] 불편함
	대중교통	버스	( ) 정류장, 소요시간: ([ ] 도보, [ ] 차량) 약 분	
		지하철	( ) 역, 소요시간: ([ ] 도보, [ ] 차량) 약 분	

⑤ 비 선호시설(1km이내)	[ ] 없음 [ ] 있음(종류 및 위치:)

⑥ 거래예정금액 등	거래예정금액	
	개별공시지가(m²당)	건물(주택)공시가 격

⑦ 취득 시 부담할 조세의 종류 및 세율	취득세	%	농어촌특별세	%	지방교육세	%
※ 재산세는 6월 1일 기준 대상물건 소유자가 납세의무를 부담						

210mm×297mm[백상지(80g/m²) 또는 중질지(80g/m²)]

Ⅱ. 개업공인중개사 세부 확인사항

⑧ 실제 권리관계 또는 공시되지 않은 물건의 권리 사항	

Ⅲ. 중개보수 등에 관한 사항

⑨ 중개보수 및 실비의 금액과 산 출내역	중개보수		<산출내역> 중개보수:
	실비		실 비:
	계		
	지급시기		※ 중개보수는 거래금액의 1천분의 9 이내에서 중개의뢰인 과 개업공인중개사가 서로 협의하여 결정하며, 부 가가치세는 별도로 부과될 수 있습니다.

「공인중개사법」 제25조제3항 및 제30조제5항에 따라 거래당사자는 개업공인중개사로부터 위 중개대
상물에 관한 확인·설명 및 손해배상책임의 보장에 관한 설명을 듣고, 같은 법 시행령 제21조제3항에
따른 본 확인·설명서와 같은 법 시행령 제24조제2항에 따른 손해배상책임 보장 증명서류(사본 또는
전자문서)를 수령합니다.

년   월   일

매도인 (임대인)	주소		성명	(서명 또는 날인)
	생년월일		전화번호	
매수인 (임차인)	주소		성명	(서명 또는 날인)
	생년월일		전화번호	
개업 공인중개사	등록번호		성명 (대표자)	(서명 및 날인)
	사무소 명칭		소속 공인중개사	(서명 및 날인)
	사무소 소재지		전화번호	
개업 공인중개사	등록번호		성명 (대표자)	(서명 및 날인)
	사무소 명칭		소속 공인중개사	(서명 및 날인)
	사무소 소재지		전화번호	

작성방법(토지)

〈작성일반〉

1. " [ ] "있는 항목은 해당하는 " [ ] "안에 √로 표시합니다.

2. 세부항목 작성 시 해당 내용을 작성란에 모두 작성할 수 없는 경우에는 별지로 작성하여 첨부하고, 해당란에는 "별지 참고"라고 적습니다.

〈세부항목〉

1. 「확인·설명 자료」 항목의 "확인·설명 근거자료 등"에는 개업공인중개사가 확인·설명 과정에서 제시한 자료를 적으며, "대상물건의 상태에 관한 자료요구 사항"에는 매도(임대)의뢰인에게 요구한 사항 및 그 관련 자료의 제출 여부와 ⑧ 실제 권리관계 또는 공시되지 않은 물건의 권리 사항의 항목을 확인하기 위한 자료요구 및 그 불응 여부를 적습니다.

2. ① 대상물건의 표시부터 ⑦ 취득 시 부담할 조세의 종류 및 세율까지는 개업공인중개사가 확인한 사항을 적어야 합니다.

3. ① 대상물건의 표시는 토지대장 등을 확인하여 적습니다.

4. ② 권리관계의 "등기부 기재사항"은 등기사항증명서를 확인하여 적습니다.

5. ③ 토지이용계획, 공법상 이용제한 및 거래규제에 관한 사항(토지)의 "건폐율 상한" 및 "용적률 상한"은 시·군의 조례에 따라 적고, "도시·군계획시설", "지구단위계획구역", 그 밖의 도시·군관리계획"은 개업공인중개사가 확인하여 적으며, 그 밖의 사항은 토지이용계획확인서의 내용을 확인하고, 공부에서 확인할 수 없는 사항은 부동산종합공부시스템 등에서 확인하여 적습니다(임대차의 경우에는 생략할 수 있습니다).

6. ⑤ 거래예정금액 등의 "거래예정금액"은 중개가 완성되기 전 거래예정금액을, "개별공시지가"는 중개가 완성되기 전 공시가격을 적습니다(임대차의 경우에는 "개별공시지가"를 생략할 수 있습니다).

7. ⑦ 취득 시 부담할 조세의 종류 및 세율은 중개가 완성되기 전 「지방세법」의 내용을 확인하여 적습니다(임대차의 경우에는 제외합니다).

8. ⑥ 실제 권리관계 또는 공시되지 않은 물건의 권리 사항은 매도(임대)의뢰인이 고지한 사항(임대차, 지상에 점유권 행사여부, 구축물, 적치물, 진입로, 경작물, 계약 전 소유권 변동여부 등)을 적습니다.
   ※ 임대차계약이 있는 경우 임대보증금, 월 단위의 차임액, 계약기간 등을 확인하고, 근저당 등이 설정된 경우 채권최고액을 확인하여 적습니다. 그 밖에 경매 및 공매 등의 특이사항이 있는 경우 이를 확인하여 적습니다.

9. ⑨ 중개보수 및 실비의 금액과 산출내역의 "중개보수"는 거래예정금액을 기준으로 계산하고, "산출내역(중개보수)"은 "거래예정금액(임대차의 경우에는 임대보증금 + 월 단위의 차임액 × 100) × 중개보수 요율"과 같이 적습니다. 다만, 임대차로서 거래예정금액이 5천만원 미만인 경우에는 "임대보증금 + 월 단위의 차임액 × 70"을 거래예정금액으로 합니다.

10. 공동중개 시 참여한 개업공인중개사(소속공인중개사를 포함합니다)는 모두 서명·날인해야 하며, 2명을 넘는 경우에는 별지로 작성하여 첨부합니다.

○ 중개대상물 확인설명서[Ⅳ] (입목·광업재단·공장재단) 양식

■ 공인중개사법 시행규칙 [별지 제20호의4서식] <개정 2020. 10. 27.>

(3쪽 중 제1쪽)

중개대상물 확인·설명서[Ⅳ](입목·광업재단·공장재단)
([ ] 매매·교환   [ ] 임대)

확인·설명 자료	확인·설명 근거자료 등	[ ] 등기권리증 [ ] 등기사항증명서 [ ] 토지대장 [ ] 건축물대장 [ ] 지적도 [ ] 임야도 [ ] 토지이용계획확인서 [ ] 그 밖의 자료( )
	대상물건의 상태에 관한 자료요구 사항	

유의사항	
개업공인중개사의 확인·설명 의무	개업공인중개사는 중개대상물에 관한 권리를 취득하려는 중개의뢰인에게 성실·정확하게 설명하고, 토지대장등본, 등기사항증명서 등 설명의 근거자료를 제시해야 합니다.
실제 거래가격 신고	「부동산 거래신고 등에 관한 법률」 제3조 및 같은 법 시행령 별표 1 제1호마목에 따른 실제 거래가격은 매수인이 매수한 부동산을 양도하는 경우 「소득세법」 제97조제1항 및 제7항과 같은 법 시행령 제163조제11항제2호에 따라 취득 당시의 실제 거래가액으로 보아 양도차익이 계산될 수 있음을 유의하시기 바랍니다.

Ⅰ. 개업공인중개사 기본 확인사항

① 대상물건의 표시	토지	대상물 종별	[ ] 입목 [ ] 광업재단 [ ] 공장재단		
		소재지 (등기·등록지)			

② 권리관계	등기부 기재사항	소유권에 관한 사항	성명	
			주소	
		소유권 외의 권리사항		

③ 재단목록 또는 입목의 생육상태	

④ 그 밖의 참고사항	

⑤ 거래예정금액 등	거래 예정 금액			
	개별공시지가 (㎡당)		건물(주택)공시가격	

210mm×297mm[백상지(80g/㎡) 또는 중질지(80g/㎡)]]

⑥ 취득 시 부담할 조세의 종류 및 세율	취득세		%	농어촌특별세		%	지방교육세		%
	※ 재산세는 6월 1일 기준 대상물건 소유자가 납세의무를 부담								

Ⅱ. 개업공인중개사 세부 확인사항

⑦ 실제 권리관계 또는 공시되지 않은 물건의 권리 사항	

Ⅲ. 중개보수 등에 관한 사항

⑧ 중개보수 및 실비 의 금액과 산출내역	중개보수		<산출내역> 중개보수: 실　비:
	실비		
	계		※ 중개보수는 거래금액의 1천분의 9 이내에서 중개의뢰인 과 개업공인중개사가 서로 협의하여 결정하며 부 가가치세는 별도로 부과될 수 있습니다.
	지급시기		

「공인중개사법」 제25조제3항 및 제30조제5항에 따라 거래당사자는 개업공인중개사로부터 위 중개대
상물에 관한 확인·설명 및 손해배상책임의 보장에 관한 설명을 듣고, 같은 법 시행령 제21조제3항에
따른 본 확인·설명서와 같은 법 시행령 제24조제2항에 따른 손해배상책임 보장 증명서류(사본 또는
전자문서)를 수령합니다.

년　　　월　　　일

매도인 (임대인)	주소		성명		(서명 또는 날인)
	생년월일		전화번호		
매수인 (임차인)	수소		성명		(서명 또는 날인)
	생년월일		전화번호		
개업 공인중개사	등록번호		성명 (대표자)		(서명 및 날인)
	사무소 명칭		소속공인중개사		(서명 및 날인)
	사무소 소재지		전화번호		
개업 공인중개사	등록번호		성명 (대표자)		(서명 및 날인)
	사무소 명칭		소속공인중개사		(서명 및 날인)
	사무소 소재지		전화번호		

작성방법(입목 · 광업재단 · 공장재단)

<작성일반>

1. " [ ] "있는 항목은 해당하는 " [ ] "안에 √ 로 표시합니다.

2. 세부항목 작성 시 해당 내용을 작성란에 모두 작성할 수 없는 경우에는 별지로 작성하여 첨부하고, 해당란에는 "별지 참고"라고 적습니다.

<세부항목>

1. 「확인 · 설명 자료」 항목의 "확인 · 설명 근거자료 등"에는 개업공인중개사가 확인 · 설명 과정에서 제시한 자료를 적으며, "대상물건의 상태에 관한 자료요구 사항"에는 매도(임대)의뢰인에게 요구한 사항 및 그 관련 자료의 제출 여부와 ⑦ 실제 권리관계 또는 공시되지 않은 물건의 권리 사항의 항목을 확인하기 위한 자료요구 및 그 불응 여부를 적습니다.

2. ① 대상물건의 표시부터 ⑥ 취득 시 부담할 조세의 종류 및 세율까지는 개업공인중개사가 확인한 사항을 적어야 합니다.

3. ① 대상물건의 표시는 대상물건별 등기사항증명서 등을 확인하여 적습니다.

4. ② 권리관계의 "등기부 기재사항"은 등기사항증명서를 확인하여 적습니다.

5. ③ 재단목록 또는 입목의 생육상태는 공장재단의 경우에는 공장재단 목록과 공장재단 등기사항증명서를, 광업재단의 경우에는 광업재단 목록과 광업재단 등기사항증명서를, 입목의 경우에는 입목등록원부와 입목 등기사항증명서를 확인하여 적습니다.

6. ④ 거래예정금액 등의 "거래예정금액"은 중개가 완성되기 전의 거래예정금액을 적으며, "개별공시지가" 및 "건물(주택)공시가격"은 해당하는 경우에 중개가 완성되기 전 공시된 공시지가 또는 공시가격을 적습니다[임대차계약의 경우에는 "개별공시지가" 및 "건물(주택)공시가격"을 생략할 수 있습니다].

7. ⑤ 취득 시 부담할 조세의 종류 및 세율은 중개가 완성되기 전 「지방세법」의 내용을 확인하여 적습니다(임대차의 경우에는 제외합니다).

8. ⑦ 실제 권리관계 또는 공시되지 않은 물건의 권리 사항은 매도(임대)의뢰인이 고지한 사항(임대차, 법정지상권, 법정저당권, 유치권, 계약 전 소유권 변동여부 등)을 적습니다.
    ※ 임대차계약이 있는 경우 임대보증금, 월 단위의 차임액, 계약기간 등을 확인하고, 근저당 등이 설정된 경우 채권최고액을 확인하여 적습니다. 그 밖에 경매 및 공매 등의 특이사항이 있는 경우 이를 확인하여 적습니다.

9. ⑧ 중개보수 및 실비의 금액과 산출내역의 "중개보수"는 거래예정금액을 기준으로 계산하고, "산출내역(중개보수)"은 "거래예정금액(임대차의 경우에는 임대보증금 + 월 단위의 차임액 × 100) × 중개보수 요율"과 같이 적습니다. 다만, 임대차로서 거래예정금액이 5천만원 미만인 경우에는 "임대보증금 + 월 단위의 차임액 × 70"을 거래예정금액으로 합니다.

10. 공동중개 시 참여한 개업공인중개사(소속공인중개사를 포함합니다)는 모두 서명 · 날인해야 하며, 2명을 넘는 경우에는 별지로 작성하여 첨부합니다.

김 박사 이야기 | **중개대상물 확인설명서 작성 시 근거자료**

중개대상물 확인설명서 작성 시 근거자료는 다음과 같다.

구분	사법부 관할	행정부 관할			
공적장부	①등기사항 증명서	②건축물 대장	③토지 (임야)대장	④지적도 (임야도)	⑤토지이용 계획확인서
매도(임대)인 협조자료	⑥등기 권리증	⑦신분증			
비고	권리 확인	부동산정보 확인 (면적, 용도 등)			

확인설명서상 공적장부(공부)는 총 5종류로 구분할 수 있다. 권리를 나타내주는 등기사항증명서와 관련 부동산의 면적과 용도, 준공 등을 기재한 각종 대장이 있다. 추가로 매도(임대)인이 확인시켜줘야 할 근거자료는 등기권리증, 신분증이 있다.

만약 등기사항증명서와 대장상의 권리관계가 상이하면, 권리는 등기우선이니 등기사항증명서를 기준으로 작성하면 된다. 반면 면적, 용도 등이 상이하면 대장을 준용해 확인설명서에 기재하면 된다.

매매 계약서
작성법

부동산 계약은 크게 매매와 임대차로 구분할 수 있다. 아무래도 매매 계약이 많을수록 높은 중개보수를 받을 수 있을 것이다. 매매의 경우 매수자의 입장에서 상대방이 왜 매도하는지를 궁금해하는 경우도 있다. 그래서 개공은 매도인의 매도사유도 알아 둘 필요가 있다.

매매의 경우 매수자를 조금 더 신경 쓰면 좋다. 매도자는 매도 이후 인연이 지속되기 쉽지 않지만, 매수자는 자연스럽게 개공과 인연이 지속되어 훗날 다시 매도 의뢰가 들어오기도 한다.

매매 시에는 등기사항증명서를 발급받아 소유자와 계약자가 동일인인지 확인하고 소유권 및 근저당 외의 사항을 잘 확인해야 한다. 또한 해당 물건에 임차인이 거주하는 경우 임대차계약 승계 및 계약갱신요구권 행사 여부를 확인해야 한다. 현재의 임차인이 계약갱신요구권을 행사했다면 매수인 본인이 입주를 원할 경우 문제가 될 수 있기 때문이다. 목적물이 규제지역(투기과열지구, 조정지역)인지도 잘 확인해야 한다. 이에 따라 취득세, 대출규모, 자금조달계획서 제출 여부 등이 달라질 수 있다.

○ 부동산 매매계약서 작성 예시

부 동 산 매 매 계 약 서

매도인과 매수인 쌍방은 아래 표시 부동산에 관하여 다음 계약 내용과 같이 매매계약을 체결한다.

1. 부동산의 표시

소 재 지	서울특별시 강남구 역삼동 123번지 무궁화아파트 101동 101호				
토 지	지 목	대	대지권	소유권	면 적	62240.4 ㎡
건 물	구조용도	철근콘크리트/공동주택(아파트)	면 적			59.99 ㎡

2. 계약내용

제 1 조 (목적) 위 부동산의 매매에 대하여 매도인과 매수인은 합의에 의하여 매매대금을 아래와 같이 지불하기로 한다.

매매대금	금십억----------------------원정 ₩1,000,000,000	
계 약 금	금일억-----------------원정	원정은 계약시에 지불하고 영수함. 영수자 이매도 (인)
융 자 금	금 원정(은행)을 승계키로 한다.	임대보증금 총 원정 을 승계키로 한다.
중 도 금	금 원정은 년 월 일에 지불하며	
	금사억-----------------원정은 2023 년 01 월 03 일에 지불한다.	
잔 금	금오억-----------------원정은 2023 년 02 월 03 일에 지불한다.	

제 2 조 (소유권 이전 등) 매도인은 매매대금의 잔금 수령과 동시에 매수인에게 소유권이전등기에 필요한 모든 서류를 교부하고 등기 절차에 협력하며, 위 부동산의 인도일은 2023 년 02 월 03 일로 한다.

제 3 조 (제한물권 등의 소멸) 매도인은 위의 부동산에 설정된 저당권, 지상권, 임차권 등 소유권의 행사를 제한하는 사유가 있거나, 제세공과 기타 부담금의 미납금 등이 있을 때에는 잔금 수수일까지 그 권리의 하자 및 부담 등을 제거하여 완전한 소유권을 매수인에게 이전한다. 다만, 승계하기로 합의하는 권리 및 금액은 그러하지 아니하다.

제 4 조 (지방세 등) 위 부동산에 관하여 발생한 수익의 귀속과 제세공과금 등의 부담은 위 부동산의 인도일을 기준으로 하되, 지방세의 납부의무 및 납부책임은 지방세법의 규정에 의한다.

제 5 조 (계약의 해제) 매수인이 매도인에게 중도금(중도금이 없을때에는 잔금)을 지불하기 전까지 매도인은 계약금의 배액을 상환하고, 매수인은 계약금을 포기하고 본 계약을 해제할 수 있다.

제 6 조 (채무불이행과 손해배상) 매도인 또는 매수인이 본 계약상의 내용에 대하여 불이행이 있을 경우 그 상대방은 불이행한자에 대하여 서면으로 최고하고 계약을 해제할 수 있다. 그리고 계약당사자는 계약해제에 따른 손해배상을 각각 상대방에게 청구할 수 있으며, 손해배상에 대하여 별도의 약정이 없는 한 계약금을 손해배상의 기준으로 본다.

제 7 조 (중개보수) 개업공인중개사는 매도인 또는 매수인의 본 계약 불이행에 대하여 책임을 지지 않는다. 또한, 중개보수는 본 계약체결과 동시에 계약 당사자 쌍방이 각각 지불하며, 개업공인중개사의 고의나 과실없이 본 계약이 무효취소 또는 해제되어도 중개보수는 지급한다. 공동 중개인 경우에 매도인과 매수인은 자신이 중개 의뢰한 개업공인중개사에게 각각 중개보수를 지급한다.(중개보수는 거래가액의 0.5 %로 한다.)

제 8 조 (중개보수 외) 매도인 또는 매수인이 본 계약 이외의 업무를 의뢰한 경우 이에 관한 보수는 중개보수와는 별도로 지급하며 그 금액은 합의에 의한다.

제 9 조 (중개대상물확인설명서 교부 등) 개업공인중개사는 중개대상물 확인·설명서를 작성하고 업무보증관계증서(공제증서 등) 사본을 첨부하여 계약체결과 동시에 거래당사자 쌍방에게 교부한다.(교부일자 : 2022년 12월 01일)

특약사항

본 계약을 증명하기 위하여 계약 당사자가 이의 없음을 확인하고 각각 서명날인 후 매도인, 매수인 및 개업공인중개사는 매장마다 간인하여야 하며, 각각 1통씩 보관한다.

2022 년 12 월 01 일

매 도 인	주 소	서울특별시 강남구 연주로 10길 12, 101동 101호(역삼동,무궁화아파트)				
	주민등록번호	600101-1234567	전 화	010-2345-6789	성 명	이매도 (인)
	대 리 인	주 소		주민등록번호		성 명
매 수 인	주 소	경기도 수원시 영통구 중부대로 123				
	주민등록번호	700601-2345678	전 화	010-9876-5432	성 명	박매수 (인)
	대 리 인	주 소		주민등록번호		성 명
개 업 공 인 중 개 사	사무소소재지	서울특별시 강남구 삼성로 321(삼성동)	사무소소재지			
	사무소명칭	장미공인중개사사무소	사무소명칭			
	대 표	서명및날인 김공인 (인)	대 표	서명및날인		(인)
	등 록 번 호	41117-2022-00123	전화 02-123-4567	등 록 번 호		전화
	소속공인중개사	서명및날인 최소속 (인)	소속공인중개사	서명및날인		(인)

1. 부동산의 표시

이 부분은 등기사항증명서, 토지대장, 건축물대장 등을 확인한 후 기재
한다.

소재지		토지대장상 지번주소 or 도로명주소
토지	지목	토지대장상 지목(대, 전, 답, 공장용지 등)
	대지권	등기사항증명서 확인 기재
	면적	토지대장상의 면적
건물	구조	건축물대장상 구조(철근콘크리트조, 철골조 등)
	용도	건축물대장상 용도(아파트, 도시형생활주택, 근린생활시설, 공장 등)
	면적	전용면적을 기재하나, 전용면적이 구분되지 않는 상가의 경우 공용면적이 포함된 전체면적을 기재하고 '공용면적 포함'이라고 명시

2. 계약내용

1. 제1조: 매매대금·계약금·융자금·중도금·잔금 등
- 금액은 한글로 적고, 수정할 수 없도록 선 긋기 (예: 금 오천만--------원정)
- 오류 없도록 정확한 금액과 날짜 기재
- 계약금·잔금 등은 반드시 소유자 명의 통장으로 이체하고, 영수증 발급

2. 제2조~제9조
- 고객에게 일일이 다 읽어주며 설명하기보다, 해당 내용을 여러 번 정독 후 자
연스럽게 핵심내용만 쉽고 정확하게 설명

3. 특약사항

- 계약 시 서로 약속한 것을 특약사항에 기재하는 것은 분쟁을 막는 최고의 방책이다. 거래당사자의 요구와 성향을 정확히 파악하여 문제의 소지가 있는 부분에 대해 구체적으로 적는 게 좋다. 협의가 어려운 부분은 공인중개사가 미리 차선안을 준비하여 제안하는 것도 좋은 방법이다.

〈특약사항 작성 예시〉

- 계약일 현재 대상 부동산의 권리 및 시설 상태의 계약이다.
- 등기사항증명서, 토지이용확인서, 토지대장, 건축물대장 등 각종 공부 및 매수인 현장확인 후에 체결하는 매매계약이다.
- 본 계약은 매도인의 배우자(박영희)가 대리하여 계약하기로 한다(위임장 첨부).
- 계약금 중 일부 1,000만 원은 2023년 02월 15일에 입금하고, 나머지 9,000만 원은 계약서 작성일에 지급하기로 한다.
- 매도인은 계약일 현재 설정되어 있는 근저당을 잔금일에 상환하고, 말소등기비용을 납부하기로 한다. 필요 시 매수인과 함께 은행에 동행하여 상환할 수 있다.
- 중도금 및 잔금은 계약서상 일정보다 조기 지급할 수 있다.
- 매도인은 이사 후 매수인의 인테리어에 협조하고, 인테리어일부터 관리비는 매수인이 부담한다.
- 파손된 거실 유리창은 매도인이 잔금일 전까지 수리하도록 한다.
- 이매도와 박영희의 매수지분은 각각 60:40이다.
- 본 계약은 토지거래허가구역에서의 매매계약이므로, 토지거래허가를 득하지 못할 경우 본 계약은 원인무효로 하고 기지급된 계약금은 즉시 반환하기로 한다.
- 계약금 및 잔금은 다음의 계좌로 이체한다(신한, 123-456-78900, 이매도).
- 붙박이장, 샹들리에는 매매가격에 포함된다.
- 기타사항은 민법 및 관례에 준한다.

3. 거래당사자 및 개업공인중개사 서명·날인

공인중개사는 서명·날인 전에 최종적으로 계약내용을 확인하고, 오타나 오류가 없는지 계약서를 다시 한 번 체크한다. 또한 거래당사자의 신분증을 확인하고 등기부상의 소유자와 일치하는지 확인한다.

1. 교부일자 기재
- 분쟁 및 손해배상책임 등을 방지하기 위하여 교부일자 기재

2. 매도인·매수인 인적사항
- **주소:** 도로명주소 기재
- **주민등록번호:** 13자리 전부 기재
- **전화번호:** 명의인의 전화번호 기재. 전화번호를 기재하면 당사자 간 직접 통화 시 오해와 다툼이 발생할 수 있으니 전달사항은 중개사를 통해 연락하고 가급적 당사자 간 통화자제 안내를 권장
- **성명:** 서명 또는 날인이지만, 방어중개 차원에서 자필서명 및 날인하는 것을 권장
- **대리인:** 대리인 계약 시 대리인의 주소·주민등록번호·성명을 기재하고, 위임장, 인감증명서(본인발급), 대리인 신분증을 확인. 또한 소유자 본인과 직접 통화한 후, 계약금은 소유자 명의의 계좌로 입금

3. 개업공인중개사
- 사무소명칭·사무소소재지·등록번호·전화번호 등을 적고, 자필서명 후 등록된 인장 날인
- 소속공인중개사가 계약에 함께 참여 시에도 자필로 서명하고 등록된 인장 날인

- 공동중개 시 양측 개업공인중개사(소속공인중개사 포함) 모두 서명 및 날인하여야 하며, 보통 좌측은 매도인(임대인) 측 중개사, 우측은 매수인(임차인) 측 중개사 정보 기재
- 중개사가 2인을 초과하는 경우에는 별지로 작성·간인하여 첨부

김 박사 이야기 │ 차선과 차차선을 준비하라

사전에 계약을 약속하고 부동산 사무소로 나와 계약 진행 중 이견이 생겼다고 "오늘은 이만하고 다음에 다시 이야기합시다"라며 상황이 일단락되면 안 된다. 이럴 경우 다시 계약성사될 가능성은 확률적으로 10~20%도 안 된다고 보면 된다.

일단 발걸음했다는 것은 계약의 기대와 확신을 가지고 왔다는 것으로 해석될 수 있다. 그런데 그 자리에서 합의점을 찾지 못하고 일정을 미루면 차후 계약이 성사되기를 기대하기 어렵다. 공인중개사는 계약을 준비함에 있어 항상 차선뿐 아니라 차차선도 준비하고 마음속으로 여러 상황에 대한 시뮬레이션을 만들어볼 필요가 있다. 계약 잘하는 공인중개사의 기본 자질이다.

예를 들어, 매도자 A씨가 매매가 7억 5,000만 원에 내놓은 아파트에 매수자 B씨가 관심이 있다. B씨는 공인중개사에게 매매 7억 3,000만 원이면 계약을 하고 싶다며 조정을 원한다. 공인중개사는 A씨에게 조정을 부탁했고, A씨는 7억 4,000만 원까지는 조정의사가 있다고 확인했다. 이때 공인중개사는 매도인 A씨의 매각 이유와 매수인 B씨의 매수 이유를 정확하게 파악하고 있어야 주어진 조건에서 협의를 이끌어낼 수 있다.

매도인은 A씨는 일시적 2주택자이다. 4개월 정도 남은 기간 내 집을 팔아야 양도소득세 비과세 혜택을 받는다. 매수인 B씨는 내년에 초등학교 취학 아동이 있고, 초품아 학군과 직장과의 거리를 감안해 A씨의 집을 취득하려고 한다.

이때 공인중개사는 매도인 A씨에게는 남은 기간에 따른 리스크를 매가와 비교해 추가 가격조정에 대한 설득논리를 펴고, 매수인 B씨에게는 소중한 아이를 위해 만족스럽지 않은 가격이라도 아이가 안전하게 학교 다닐 수 있는 것을 가장 우선순위로 생각하자고 제안해볼 수 있다. 이처럼 양 당사자의 아파트 매매 사유를 정확하게 알고 상황에 맞는 차선안과 차차선안을 준비하는 것이 계약 성사에 필요한 공인중개사 능력이다.

임대차 계약서
작성법

　초보공인중개사의 첫 계약은 공동중개에 따른 임대차계약이 될 확률이 높다. 주택 임대차는 계약기간 종료시점에 맞추어 이사하는 경우가 많으므로 이때 중요한 것은 입주가능일이다. 따라서 임대인과 임차인 모두에게 관심을 갖고 기존 고객의 전월세기한을 체크해두면 계약성사의 기회를 만들어볼 수 있다. 전세는 기한도래 3~6개월 전, 월세는 2~3개월 전에 미리 임대인과 임차인에게 연락해 재계약 의사나 이사계획이 있는지 확인한다. 양 당사자의 계획에 따라 계약을 갱신할 수도 있고, 다른 세입자를 구해 새로 임대차를 구성할 수도 있다. 임대차계약서 작성 시 옵션 같은 세부적인 부분에 대해서는 별도의 체크리스트를 만들어 별지 특약으로 작성하면 좋다. 상가, 공장 중개 시에는 종류별 부담금을 누가 납부할 것인지에 대한 부분도 미리 협의하는 것이 바람직하다.

원인자 부담금	임대인이 부담해야 할 비용(예: 수도, 하수종말처리)
수익자 부담금	임차인이 부담해야 할 비용(예: 전기승압, 도시가스 설치)
사용자 부담금	실제 사용자가 사용량만큼 부담해야 할 비용(예: 전기, 수도)

○ **부동산 임대차계약서 작성 예시**

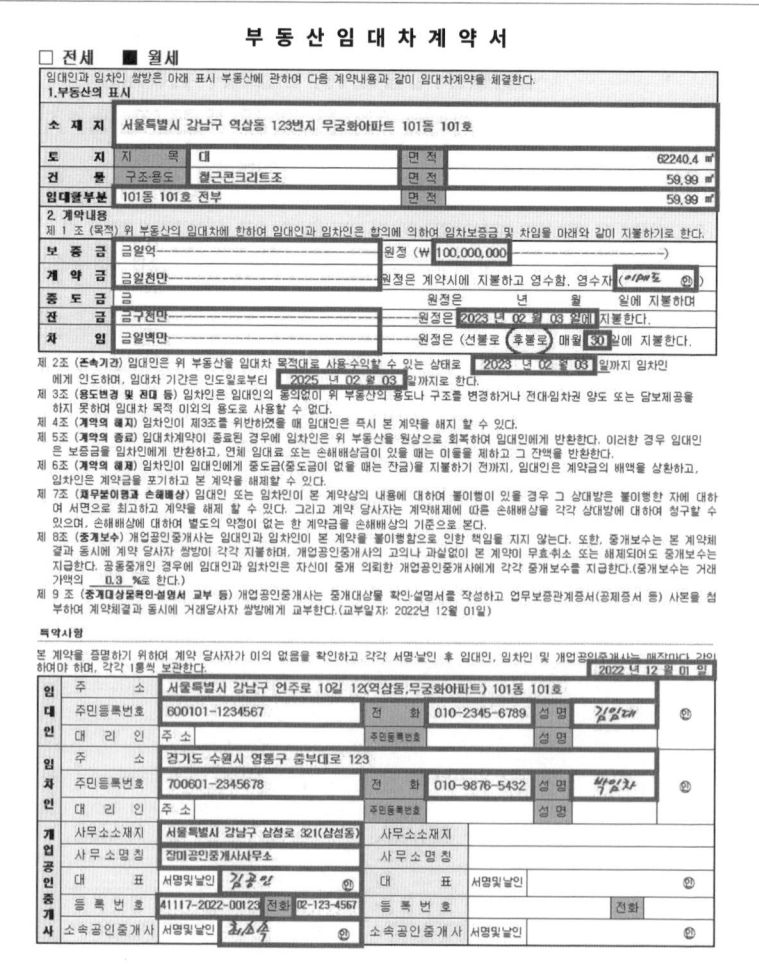

I. 부동산의 표시

소재지		토지대장상 지번주소 or 도로명주소
토지	지목	토지대장상 지목(대, 전, 답, 공장용지 등)
	면적	토지대장상의 면적
건물	구조	건축물대장상 구조(철근콘크리트조, 철골조 등)
	용도	건축물대장상 용도(아파트, 도시형생활주택, 근린생활시설 등)
	면적	전용면적 기재
임대 할 부분	-	실제 임대부분을 정확히 기재(예: 101호, 1층 전부, 현재 미용실 자리)
	면적	실제 임대 전용면적

2. 계약내용

1. 제1조: 보증금·계약금·중도금·잔금 등
- 금액은 한글로 적고, 수정할 수 없도록 선 긋기 (예: 금 오천만--------원정)
- 오류 없도록 정확한 금액과 날짜 기재
- 계약금·잔금 등은 반드시 소유자 명의 통장으로 이체하고, 영수증 발급
- 차임 금액과 지급일자 기재

2. 제2조~제9조
- 고객에게 일일이 다 읽어주며 설명하기보다, 해당 내용을 여러 번 정독 후 자연스럽게 핵심내용만 쉽고 정확하게 설명
- 존속기간은 민법 제157조에 근거하여 초일불산입을 추천하나, 월세가 고액인 경우는 1일의 차임도 예민할 수 있으니 당사자 간 원만하게 협의하여 기재

3. 특약사항

〈특약사항 작성 예시〉

- 계약일 현재 대상 부동산의 권리 및 시설 상태의 임대차계약이며, 임차인 현장확인 및 등기사항증명서, 토지대장, 건축물대장 등을 확인하고 계약을 체결한다.
- 본 계약은 임대인의 배우자(박영희)가 대리하여 계약하기로 한다(위임장 첨부).
- 임대인은 옵션(에어컨, 냉장고, 세탁기, 인덕션, 붙박이장 등)을 제공하며, 임차인의 사용부주의로 인한 옵션 및 기타시설 파손 시 임차인이 책임(원상복구 혹은 전액배상)을 진다. 단, 자연노후는 제외한다.
- 임대인은 임차인의 전세자금대출 및 전세보증금반환보증가입을 위한 절차에 동의하고 협조하며, 대출상환 및 부대비용은 임차인이 부담한다.
- 임대인은 임차인 입주일 전까지 거실, 안방, 작은방 2개의 도배 및 장판, 인터폰을 교체해주기로 한다.
- 반려동물 양육을 금지하며 이를 위반할 경우 최고 후 계약해지할 수 있다.
- 임대차 기간 만료 후 퇴실 시, 임차인은 청소비 5만 원을 지급하기로 한다.
- 임대인은 임차인이 주택을 인도받을 때까지 저당권 등의 권리설정을 하지 않는다.
- 임대인은 별도의 사전 협의가 없는 경우, 임대계약 만료 시 새 임대차 여부와 관계없이 임대차보증금을 즉시 임차인에게 반환한다.
- 벽걸이TV, 에어컨 설치 등 필요한 콘크리트 타공 시 임대인의 동의를 얻는다.
- 본 상가에 입점하는 업종은 OOO이며, 업종변경은 사전에 임대인과 합의하기로 한다.
- 임차인의 영업 인·허가절차에 임대인은 적극적으로 협조하기로 한다. 임대인의 협조나 임차인의 노력에도 불구하고 관할관청으로부터 영업허가·신고가 불가할 경우에는 계약해제하기로 하며, 임대인은 받은 대금 전액을 즉시 반환한다.
- 월세의 부가가치세는 별도로 한다.
- 계약금, 보증금, 월세는 다음의 계좌로 이체한다(신한, 123-456-78900, 김철수).
- 기타사항은 민법 및 민사특별법(주택임대차보호법 또는 상가건물임대차보호법)에 준한다.

3. 거래당사자 및 개업공인중개사 서명·날인

1. 교부일자 기재
- 분쟁 및 손해배상책임 등을 방지하기 위하여 교부일자 기재

2. 임대인·임차인
- **주소:** 도로명주소 기재
- **주민등록번호:** 13자리 전체 기재
- **전화번호:** 명의인의 전화번호 기재. 전화번호를 기재하면 당사자 간 직접 통화 시 오해와 다툼이 발생할 수 있으니 전달사항은 중개사를 통해 연락하고 가급적 당사자 간 통화자제 안내를 권장
- **성명:** 서명 또는 날인이지만, 방어중개 차원에서 자필서명 및 날인하는 것을 권장
- **대리인:** 대리인 계약 시 대리인의 주소·주민등록번호·성명을 기재하고, 인감 증명서(본인으로 표시)·본인 위임장·대리인 신분증을 확인. 또한 소유자 본인 과 직접 통화한 후, 계약금은 반드시 소유자 명의의 계좌로 입금

3. 개업공인중개사
- 사무소소재지·사무소명칭·등록번호·전화번호 등을 적고, 자필서명 후 등록 된 인장 날인
- 소속공인중개사가 함께 계약 참여 시에도 자필로 서명하고 등록된 인장 날인
- 공동중개 시 양측 개업공인중개사(소속공인중개사 포함) 모두 서명 및 날인하 여야 하며, 보통 좌측은 매도인(임대인) 측 공인중개사, 우측은 매수인(임차인) 측 공인중개사 정보 기재
- 공인중개사가 2인을 초과하는 경우에는 별지로 작성·간인하여 첨부

4. 표준임대차계약서

주택임대사업자는 반드시 표준임대차계약서를 작성해야 하며, 〈민간임대주택에 관한 특별법〉에 따라 임대차 금액에 상관없이 계약(갱신)을 체결한 날로부터 3개월 이내에 주택 소재지 시군구청 혹은 렌트홈(www.renthome.go.kr)을 통해 신고해야 한다. 기한 내 미신고 시 1,000만 원 이하의 과태료가 있으니 주의하기 바란다. 표준임대차계약서는 총 6장으로 구성되어 있으며 양식은 다음과 같다.

○ 표준임대차계약서 양식

■ 민간임대주택에 관한 특별법 시행규칙 [별지 제24호서식] <개정 2022. 1. 14.>

표 준 임 대 차 계 약 서

임대사업자와 임차인은 아래와 같이 임대차계약을 체결하고 이를 증명하기 위해 계약서 2통을 작성하여 임대사업자와 임차인이 각각 서명 또는 날인한 후 각각 1통씩 보관한다.

※ 개업공인중개사가 임대차계약서를 작성하는 경우에는 계약서 3통을 작성하여 임대사업자, 임차인, 개업공인중개사가 각각 서명 또는 날인한 후 각각 1통씩 보관한다.

계약일: 년   월   일

1. 계약 당사자

임대사업자	성명(법인명)		(서명 또는 인)	
	주소 (代表 사무소 소재지)			
	주민등록번호 (사업자등록번호)		전화번호	
	임대사업자 등록번호			
임차인	성명(법인명)		(서명 또는 인)	
	주소			
	주민등록번호		전화번호	

2. 공인중개사(개업공인중개사가 계약서를 작성하는 경우 해당)

개업공인중개사	사무소 명칭			
	대표자 성명		(서명 및 인)	
	사무소 소재지			
	등록번호		전화번호	

◆ 해당 주택은 「민간임대주택에 관한 특별법」에 따라 임대사업자가 시장·군수·구청장에게 등록한 민간임대주택으로서 다음과 같은 사항이 적용됩니다.

○ 임대의무기간 중 민간임대주택 양도 제한(「민간임대주택에 관한 특별법」 제43조)
- 임대사업자는 「민간임대주택에 관한 특별법 시행령」 제34조제1항에 따른 시점부터 「민간임대주택에 관한 특별법」 제2조제4호 또는 제5호에 따른 기간 동안 해당 민간임대주택을 계속 임대해야 하며, 그 기간 동안에는 양도가 제한됩니다.

○ 임대료 증액 제한(「민간임대주택에 관한 특별법」 제44조)
- 임대사업자는 해당 민간임대주택에 대한 임대료의 증액을 청구하는 경우 임대료의 5퍼센트의 범위에서 주거비 물가지수, 인근 지역의 임대료 변동률, 임대주택 세대수 등을 고려하여 「민간임대주택에 관한 특별법 시행령」 제34조의2에 따른 증액비율을 초과하여 청구할 수 없습니다. 또한, 임대차계약 또는 임대료 증액이 있은 후 1년 이내에는 그 임대료를 증액할 수 없습니다.

○ 임대차계약의 해제·해지 등 제한(「민간임대주택에 관한 특별법」 제45조)
- 임대사업자는 임차인이 의무를 위반하거나 임대차를 계속하기 어려운 경우 등의 사유가 발생한 때를 제외하고는 임대사업자로 등록되어 있는 기간 동안 임대차계약을 해제 또는 해지하거나 재계약을 거절할 수 없습니다.
- 임차인은 시장·군수·구청장이 임대주택에 거주하기 곤란한 정도의 중대한 하자가 있다고 인정하는 경우 등에 해당하면 임대의무기간 동안에도 임대차계약을 해제·해지할 수 있습니다.

210mm×297mm[백상지 80g/m²]

PART 5 중개대상물 확인설명서 및 계약서 작성법 | 237

3. 민간임대주택의 표시

주택 소재지					
주택 유형	아파트[ ]　연립주택[ ]　다세대주택[ ]　다가구주택[ ]　그 밖의 주택[ ]				
민간임대주택 면적 (㎡)	주거전용면적	공용면적			합계
		주거공용면적	그 밖의 공용면적 (지하주차장 면적을 포함한다)		
민간임대주택의 종류	공공지원[ ]　(□10년, □8년) 장기일반[ ]　(□10년, □8년) 그 밖의 유형 [　　　　　　]		건설[ ] 매입[ ]	임대의무 기간 개시일	년　　월　　일
100세대 이상 민간임 대주택단지 해당 여부	예 [ ]　　　　　　　　아니오 [ ] * 임대료 증액 시 「민간임대주택에 관한 특별법 시행령」 제34조의2제1호에 따른 기준 적용				
민간임대주택에 딸린 부대시설· 복리시설의 종류					
선순위 담보권 등 권리관계 설정 여부	없음[ ]	있음[ ] 　-선순위 담보권 등 권리관계의 종류: 　-설정금액: 　-설정일자:			
국세·지방세 체납사실	없음[ ]	있음[ ]			
임대보증금 보증 가입 여부	가입 [ ]　일부가입 [ ] - 보증대상 금액:	미가입[ ] - 사유 : □ 가입대상 금액이 0원 이하 　　　　□ 가입 면제 대상(　　　　　　　) 　　　　□ 가입 거절 　　　　□ 그 밖의 사유(　　　　　　　)			

* 주택 면적 산정방법은 「주택법 시행규칙」 제2조, 「주택공급에 관한 규칙」 제21조제5항에 따른다.
* 민간임대주택의 종류 중 그 밖의 유형에는 단기민간임대주택(3·4·5년), 준공공임대주택(8·10년), 기업형임대
  주택 중 하나를 적는다.
* 선순위 담보권 등 권리관계는 제한물권, 압류·가압류·가처분 등에 관한 사항을 말한다.
* 임대보증금 보증가입대상 금액은 「민간임대주택에 관한 특별법」 제49조에 따른다.
* 보증가입대상의 미가입 사유에는 선순위 담보권 설정금액과 임대보증금을 합한 금액이 주택가격의 100분의 60보다
  적은 경우(「민간임대주택에 관한 특별법」 제49조제3항), 가입 면제 대상(「민간임대주택에 관한 특별법」 제49조
  제7항) 및 가입 거절 등의 사유를 적는다.

4. 계약조건

제1조(임대보증금, 월임대료 및 임대차 계약기간) ① 임대사업자는 위 주택의 임대보증금, 월임대료(이하 "
임대료"라 한다) 및 임대차 계약기간을 아래와 같이 정하여 임차인에게 임대한다.

구분	임대보증금		월임대료	
금액	금　　　　원정(₩　　　　)		금　　　　원정(₩　　　　)	
임대차 계약기간	년　　월　　일	~	년　　월　　일	

② 임차인은 제1항의 임대보증금에 대하여 아래와 같이 임대사업자에게 지급하기로 한다.

계약금	금　　　원정(₩　　　)은 계약 시에 지급				
중도금	금　　　원정(₩　　　)은	년	월	일에 지급	
잔 금	금　　　원정(₩　　　)은	년	월	일에 지급	
계좌번호		은행		예금주	

③ 임차인은 제1항과 제2항에 따른 임대보증금을 이자 없이 임대사업자에게 예치한다.
④ 임차인은 제2항의 지급기한까지 임대보증금을 내지 않는 경우에는 연체이율(연　　％)을 적용하여 계산
한 연체료를 더하여 내야 한다. 이 경우 연체이율은 한국은행에서 발표하는 예금은행 주택담보대출의 가중
평균금리에 「은행법」에 따른 은행으로서 가계자금 대출시장의 점유율이 최상위인 금융기관의 연체가산율을 합
산한 이율을 고려하여 결정한다.

210㎜×297㎜[백상지 80g/㎡]

⑤ 임차인은 당월 분의 월임대료를 매달 말일까지 내야하며, 이를 내지 않을 경우에는 연체된 금액에 제4항에 따른 연체요율을 적용하여 계산한 연체료를 더하여 내야 한다.

제2조(민간임대주택의 입주일) 위 주택의 입주일은　년　월　일부터 년　월　일까지로 한다.

제3조(월임대료의 계산) ① 임대기간이 월의 첫날부터 시작되지 않거나 월의 말일에 끝나지 않는 경우에는 그 임대기간이 시작되거나 끝나는 월의 임대료는 일할로 산정한다.

② 입주 월의 월임대료는 입주일(제2조에 따른 입주일을 정한 경우 입주일)부터 계산한다. 다만, 입주지정기간이 지나 입주하는 경우에는 입주지정기간이 끝난 날부터 계산한다.

제4조(관리비와 사용료) ① 임차인이 임대주택에 대한 관리비와 사용료를 임대사업자 또는 임대사업자가 지정한 관리주체에게 납부해야 하는 경우에는 특약으로 정하는 기한까지 내야하며, 이를 내지 않을 경우에는 임대사업자는 임차인으로 하여금 연체된 금액에 대해 제1조제4항에 따른 연체요율을 적용하여 계산한 연체료를 더하여 내게 할 수 있다.

② 임대사업자는 관리비와 사용료를 징수할 때에는 관리비와 사용료의 부과 명세서를 첨부하여 임차인에게 이를 낼 것을 통지해야 한다.

제5조(임대 조건 등의 변경) 임대사업자와 임차인은 다음 각 호의 어느 하나에 해당할 경우에는 임대보증금, 임대료, 관리비, 사용료 등 모든 납부금액을 조정할 수 있다. 다만, **임대료의 조정은 「민간임대주택에 관한 특별법」 및 「주택임대차보호법」을 위반해서는 안 되고, 「민간임대주택에 관한 특별법」 제44조에 따라 임대료 증액청구는 임대료의 5퍼센트의 범위에서 주거비 물가지수, 인근 지역의 임대료 변동률, 임대주택 세대수 등을 고려하여 같은 법 시행령 제34조의2에 따라 정하는 증액비율을 초과하여 청구할 수 없으며, 임대차계약 또는 임대료 증액이 있은 후 1년 이내에는 그 임대료를 증액하지 못한다.**

1. 물가, 그 밖의 경제적 여건의 변동이 있을 때
2. 임대사업자가 임대하는 주택 상호간 또는 인근 유사지역의 민간임대주택 간에 임대조건의 균형상 조정할 필요가 있을 때
3. 민간임대주택과 부대시설 및 부지의 가격에 현저한 변동이 있을 때

> **100세대 이상 민간임대주택단지는** 임대료 증액 시 직전 임대료의 5퍼센트의 범위에서 다음의 기준을 적용받음(「민간임대주택에 관한 특별법 시행령」 제34조의2제1호)
> 1. 「통계법」에 따라 통계청장이 고시하는 지출목적별 소비자물가지수 항목 중 해당 임대주택이 소재한 특별시, 광역시, 특별자치시, 도 또는 특별자치도의 주택임차료, 주거시설 유지·보수 및 기타 주거관련 서비스 지수를 가중 평균한 값의 변동률. 다만, 임대료의 5퍼센트 범위에서 시·군·자치구의 조례로 해당 시·군·자치구에서 적용하는 비율을 정하고 있는 경우에는 그에 따름.
> 2. 구체적인 산정방법은 **임대등록시스템**(렌트홈, www.renthome.go.kr) "100세대 이상 민간임대주택단지 임대료 증액기준" 참조

제6조(임차인의 금지행위) 임차인은 다음 각 호의 어느 하나에 해당하는 행위를 해서는 안 된다.
1. 임대사업자의 동의 없이 **무단으로 임차권을 양도하거나 민간임대주택을 타인에게 전대하는 행위**
2. 민간임대주택 및 그 부대시설을 개축·증축 또는 변경하거나 본래의 용도가 아닌 용도로 사용하는 행위
3. 민간임대주택 및 그 부대시설을 파손 또는 멸실하는 행위
4. 민간임대주택 및 그 부대시설의 유지·관리를 위하여 **임대사업자와 임차인이 합의한 사항을 위반**하는 행위

제7조(임차인의 의무) 임차인은 위 주택을 선량한 관리자로서 유지·관리해야 한다.

제8조(민간임대주택 관리의 범위) 위 주택의 공용부분과 그 부대시설 및 복리시설은 임대사업자 또는 임대사업자가 지정한 주택관리업자가 관리하고, **주택과 그 내부시설은 임차인이 관리한다.**

제9조(민간임대주택의 수선·유지 및 보수의 한계) ① 위 주택의 보수와 수선은 임대사업자의 부담으로 하되, 위 주택의 전용부분과 그 내부시설을 임차인이 파손하거나 멸실한 부분 또는 소모성 자재(「공동주택관리법 시행규칙」 별표 1의 장기수선계획의 수립기준상 수선주기가 6년 이내인 자재를 말한다)의 보수주기에서의 보수 또는 수선은 임차인의 부담으로 한다.

② 제1항에 따른 소모성 자재와 소모성 자재 외의 소모성 자재의 종류와 그 종류별 보수주기는 특약으로 따로 정할 수 있다. 다만, 벽지·장판·전등기구 및 콘센트의 보수주기는 다음 각 호에 따른다.

1. **벽지 및 장판:** 10년(변색·훼손·오염 등이 심한 경우에는 6년으로 하며, 적치물의 제거에 임차인이 협조한 경우만 해당한다)
2. **전등기구 및 콘센트:** 10년. 다만, 훼손 등을 이유로 안전상의 위험이 우려되는 경우에는 조기 교체해야 한다.

210mm×297mm[백상지 80g/m²]

제10조(임대차계약의 해제 및 해지) ① 임차인이 다음 각 호의 어느 하나에 해당하는 행위를 한 경우를 제외하고는 **임대사업자는 이 계약을 해제 또는 해지하거나 임대차계약의 갱신을 거절할 수 없다.**

1. 거짓이나 그 밖의 부정한 방법으로 민간임대주택을 임대받은 경우

2. 임대사업자의 귀책사유 없이 「민간임대주택에 관한 특별법 시행령」 제34조제1항 각 호의 시점으로부터 3개월 이내에 입주하지 않은 경우.

3. 월임대료를 3개월 이상 연속하여 연체한 경우

4. 민간임대주택 및 그 부대시설을 임대사업자의 동의를 받지 않고 개축·증축 또는 변경하거나 본래의 용도가 아닌 용도로 사용한 경우

5. 민간임대주택 및 그 부대시설을 고의로 파손 또는 멸실한 경우

6. 공공지원민간임대주택의 임차인이 다음 각 목의 어느 하나에 해당하게 된 경우

   가. 임차인의 자산 또는 소득이 「민간임대주택에 관한 특별법 시행규칙」 제14조의3 및 제14조의7에 따른 요건을 초과하는 경우

   나. 임대차계약 기간 중 주택을 소유하게 된 경우. 다만, 다음의 어느 하나에 해당하는 경우는 제외한다.

     1) 상속·판결 또는 혼인 등 그 밖의 부득이한 사유로 주택을 소유하게 된 경우로서 임대차계약이 해제·해지되거나 재계약이 거절될 수 있다는 내용을 통보받은 날부터 6개월 이내에 해당 주택을 처분하는 경우

     2) 혼인 등의 사유로 주택을 소유하게 된 세대구성원이 소유권을 취득한 날부터 14일 이내에 전출신고를 하여 세대가 분리된 경우

     3) 공공지원민간임대주택의 입주자를 선정하고 남은 공공지원민간임대주택에 대하여 선착순의 방법으로 입주자로 선정된 경우

7. 「민간임대주택에 관한 특별법」 제42조의2에 따라 임차인이 공공지원민간임대주택 또는 공공임대주택에 중복하여 입주한 것으로 확인된 경우

8. 그 밖에 이 표준임대차계약서상의 의무를 위반한 경우

② 임차인은 다음 각 호의 어느 하나에 해당하는 경우에 이 계약을 해제 또는 해지할 수 있다.

1. 특별자치도지사·특별자치시장·시장·군수·구청장이 민간임대주택에 거주하기 곤란할 정도의 중대한 하자가 있다고 인정하는 경우

2. 임대사업자가 임차인의 의사에 반하여 민간임대주택의 부대시설·복리시설을 파손시킨 경우

3. 임대사업자의 귀책사유로 입주지정기간이 끝난 날부터 3개월 이내에 입주할 수 없는 경우

4. 임대사업자가 이 표준임대차계약서상의 의무를 위반한 경우

제11조(임대보증금의 반환) ① 임차인이 임대사업자에게 예치한 **임대보증금은 이 계약이 끝나거나 해제 또는 해지되어 임차인이 임대사업자에게 주택을 명도(明渡)함과 동시에 반환한다.**

② 제1항에 따라 반환할 경우 임대사업자는 주택 및 내부 일체에 대한 점검을 실시한 후 임차인이 임대사업자에게 내야 할 임대료, 관리비 등 모든 납부금액과 제9조제1항에 따른 임차인의 수선유지 불이행에 따른 보수비 및 특약으로 정한 위약금, 불법거주에 따른 배상금, 손해금 등 임차인의 채무를 임대보증금에서 우선 공제하고 그 잔액을 반환한다.

③ 임차인은 위 주택을 임대사업자에게 명도할 때까지 사용한 전기·수도·가스 등의 사용료(납부시효가 끝나지 않은 것을 말한다) 지급 영수증을 임대사업자에게 제시 또는 예치해야 한다.

제12조(임대보증금 보증) ① 임대사업자가 「민간임대주택에 관한 특별법」 제49조에 따라 **임대보증금 보증에 가입을 한 경우, 같은 법 시행령 제40조에 따라 보증수수료의 75퍼센트는 임대사업자가 부담하고, 25퍼센트는 임차인이 부담한다. 부담 금액의 징수 방법·절차·기한에 관한 사항은 특약으로 정할 수 있다.**

210㎜×297㎜[백상지 80g/㎡]

제13조(민간임대주택의 양도) ① 임대사업자가 임대의무기간 경과 후 위 주택을 **임차인에게 양도할 경우** 위 주택의 양도 등에 관한 사항은 **특약으로 정한 바**에 따른다.

② 임대사업자가 「민간임대주택에 관한 특별법」 제43조제2항에 따라 위 주택을 다른 임대사업자에게 양도하는 경우에는 양수도계약서에서 양도받는 자는 양도하는 자의 임대사업자로서의 지위를 포괄적으로 승계한다는 뜻을 분명하게 밝혀야 한다.

제14조(임대사업자의 설명의무) ① **임대사업자**는 「민간임대주택에 관한 특별법」 제48조에 따라 **임대차 계약을 체결하거나 월임대료를 임대보증금으로 전환하는 등 계약내용을 변경하는 경우**에는 다음 각 호의 사항을 **임차인이 이해할 수 있도록 설명**하고, 등기사항증명서 등 **설명의 근거자료를 제시**해야 한다.

1. 임대보증금 보증가입에 관한 사항(「민간임대주택에 관한 특별법」 제49조에 따른 임대보증금 보증가입 의무대상 주택에 한정한다)
   가. 해당 민간임대주택의 임대보증금 보증대상액 및 보증기간에 관한 사항
   나. 임대보증금 보증 가입에 드는 보증수수료(이하 "보증수수료"라 한다) 산정방법 및 금액, 임대보증금 과 임차인의 보증수수료 분담비율, 임차인이 부담해야 할 보증수수료의 납부방법에 관한 사항
   다. 보증기간 중 임대차계약이 해지·해제되거나 임대보증금의 증감이 있는 경우에 보증수수료의 환급 또는 추가 납부에 관한 사항
   라. 임대차 계약기간 중 보증기간이 만료되는 경우에 재가입에 관한 사항
   마. 보증약관의 내용 중 국토교통부장관이 정하여 고시하는 중요사항에 관한 내용(보증이행 조건 등)
2. 민간임대주택의 선순위 담보권 등 권리관계에 관한 사항
   가. 민간임대주택에 설정된 제한물권, 압류·가압류·가처분 등에 관한 사항
   나. 임대사업자의 국세·지방세 체납에 관한 사항
3. 임대의무기간 중 남아 있는 기간
4. 「민간임대주택에 관한 특별법」 제44조제2항에 따른 임대료 증액 제한에 관한 사항
5. 「민간임대주택에 관한 특별법」 제45조에 따른 임대차계약의 해제·해지 등에 관한 사항
6. 단독주택, 다중주택 및 다가구주택에 해당하는 민간임대주택에 둘 이상의 임대차계약이 존재하는 경우 「주택임대차보호법」 제3조의6제2항에 따라 작성된 확정일자부에 기재된 주택의 차임 및 보증금 등의 정보

② 임차인은 임대사업자로부터 제1항의 사항에 대한 설명을 듣고 이해했음을 아래와 같이 확인한다.

> 본인은 임대보증금 보증가입, 민간임대주택의 권리관계 등에 관한 주요 내용에 대한 설명을 듣고 이해했음.
>
> 임차인 성명: (서명 또는 날인)

제15조(소송) 이 계약에 관한 소송의 관할 법원은 임대사업자와 임차인이 합의하여 결정하는 관할법원으로 하며, 임대사업자와 임차인 간에 합의가 이루어지지 않은 경우에는 위 주택 소재지를 관할하는 법원으로 한다.

제16조(중개대상물의 확인·설명) 개업공인중개사가 임대차계약서를 작성하는 경우에는 중개대상물확인·설명서를 작성하고, 업무보증 관계증서(공제증서 등) 사본을 첨부하여 임대차계약을 체결할 때 임대사업자와 임차인에게 교부한다.

제17조(특약) 임대사업자와 임차인은 제1조부터 제15조까지에서 규정한 사항 외에 필요한 사항에 대해서는 따로 **특약으로 정할 수 있다. 다만, 특약의 내용은** 「약관의 규제에 관한 법률」**을 위반해서는 안 된다.**

> ◆ 주택월세 소득공제 안내
> 근로소득이 있는 거주자(일용근로자는 제외한다)는 「소득세법」 및 「조세특례제한법」에 따라 주택월세에 대한 소득공제를 받을 수 있으며, 자세한 사항은 국세청 콜센터(국번 없이 126)로 문의하시기 바랍니다.

210mm×297mm[백상지 80g/㎡]

5. 개인정보의 제3자 제공 동의서

임대사업자는 「개인정보 보호법」 제17조에 따라 등록임대주택에 관한 정보제공에 필요한 개인정보를 아래와 같이 임차인의 동의를 받아 제공합니다. 이 경우 개인정보를 제공받은 자가 해당 개인정보를 이용하여 임차인에게 연락할 수 있음을 알려드립니다.

- 제공받는 자: 국토교통부장관, 시장·군수·구청장
- 제공 목적: **등록임대주택에 관한 정보제공을 위한 우편물 발송, 문자 발송 등 지원 관련**
- 개인정보 항목: 성명, 주소, 전화번호
- 보유 및 이용 기간: **임대차계약 종료일까지**

> 본인의 개인정보를 제3자 제공에 동의합니다.
>
> 임차인 성명: (서명 또는 날인)
>
> ※ 임차인은 개인정보 제공에 대한 동의를 거부할 수 있으며, 이 경우 임차인 권리, 등록임대주택에 관한 정보제공이 제한됩니다.

210mm×297mm[백상지 80g/㎡]

○ 예시

- 시가 10억 원 아파트
- 2억 원의 선순위 근저당권
- 4억 원에 전세계약(2021.01.01~2023.01.01, 확정일자 받음)
- 최초 계약 당시 없던 후순위 근저당권 1억 원 발생

전세 계약갱신 및 전세금 인상 요구 시?

등기사항증명서를 발급받아 소유권변동, 압류, 가압류, 추가 근저당 등이 없는지 확인한 후 이상이 없을 시 전세금 인상분 5,000만 원에 대해 계약서를 쓰고 확정일자를 새로 받으면 되는데, 문제는 4억 5,000만 원 갱신계약서를 작성해 확정일자를 새로 받으면 최초 계약 이후 설정된 1억 원 근저당권보다 후순위가 되어 해당 주택이 경매로 넘어가는 경우 순위보전에 문제가 생길 수도 있다.

이때 계약서 특약에 "본 계약은 계약기간 종료로 인하여(2021.01.01~2023.01.01, 보증금 4억 원) 보증금 5,000만 원을 증액하여 전체 보증금 4억 5,000만 원으로 2023.01.02.~2025.01.02까지 재계약한다"라고 기재하면 추가된 보증금 5,000만 원에 대해서만 확정일자를 받는 효과가 있다. 또 기존 최초 임대차계약서도 파기하지 말고 함께 보관하면 자연스럽게 인과관계를 입증할 수 있다. 첫 번째 작성한 전세금 4억 원에 대한 계약서(A), 계약갱신 시 증액한 5,000만 원에 대한 계약서(B)를 모두 잘 보관해 임차인이 안전한 권리확보를 할 수 있도록 업무처리하자.

만약 전세금 인상 없이 동결하는 경우 기존 계약의 확정일자가 그대로 유지되므로 자동연장이 되면 계약서를 다시 쓸 필요가 없다. 기존의 계약서에서 변경된 사항(기간 등)만 기재한 후 서명, 날인하면 된다. 다만, 임대인은 임차인의 계약갱신요구권 갱신계약 사용 여부를 정확하게 확인할 수 있도록 안내하자.

연장계약 대서는 자칫 행정사법 문제가 될 수 있다. 따라서 연장계약도 중개 형식을 갖춰 작성하자. 계약서, 확인설명서에 중개사무소 기재 작성은 기본이고 공제증서까지 발급해 부동산 중개 형식의 절차대로 작성 교부하자.

PART 6

물건별 특징 및
계약서 작성법

아파트

    주로 아파트를 중개하는 중개사무소는 대부분 지역 친목회로 구성되어 있으므로 친목회 가입을 추천한다. 비회원으로 개업 시 지역 부동산과 공동중개가 어렵고 따돌림을 당할 수 있다. 이러한 지역 담합(카르텔)은 불법이지만 오랫동안 시장에 관행처럼 남아 있다.

    참고로 아파트는 남자 공인중개사보다 여자 공인중개사에게 유리하다. 예를 들어, 여성 의뢰인이 집에 혼자 있는 경우 남자 공인중개사가 현장방문 시 불편함을 느낄 수 있다. 그리고 집집마다 상황은 다르겠지만 주거지를 결정하는 주도권이 주로 여자 고객에게 있다 보니 영업상 여자 공인중개사가 다소 유리하다.

    아파트는 타입별 구조가 동일하므로 매물 비교가 쉽고 권리관계도 단순한 편이므로 다른 부동산 매물보다 초보공인중개사가 영업하기 쉽다.

I. 아파트 특징

(1) 중소형

거래가 많다. 예를 들어, 신혼부부가 아기를 낳고 공간이 부족하면 큰 평수로 이사하는 수요가 자연 증가하는데, 이때 첫 거래를 잘 성사시킨 친절한 공인중개사를 찾게 되고 자연스럽게 새로운 거래를 또 발생시킨다. 반면 중개보수는 중대형 아파트에 비해 상대적으로 적다. 중소형 아파트의 주고객은 젊은 층이 많다. 이들은 사무소 방문 전에 인터넷이나 스마트폰 앱을 통해 충분히 정보를 검색하고 찾아오는 손품 고객이다. 사회 초년생이다 보니 질문도 많고 경계심도 많다. 젊은층은 경험이 부족하다 보니 많은 물건을 보여주기를 원하는 편이다. 공인중개사는 중소형 아파트 계약 성사를 위해 중대형 아파트보다 훨씬 많은 발품을 팔아야 한다.

(2) 중대형

중대형을 찾는 고객들은 과거 이런저런 부동산계약을 진행해 본 경험자가 많다. 따라서 부동산 시장에 대한 이해도가 높아 중소형에 비해 개공의 업무가 쉽게 진행된다. 반면 충성도는 낮은 편이다. 한번 관계를 맺은 중개사를 찾기보다 좋은 물건을 가지고 있는 중개사를 찾는다. 공인중개사에 뒤지지 않는 높은 내공을 가진 고객들도 많으며 종부세, 양도세 등 세금 관련 다양한 질문도 많이 하기 때문에 이에 대한 준비가 필요하다.

(3) 신축

신축아파트는 분양 초기부터 자리를 잡는 것이 좋다. 입주 시에는 물량이 많으나 입주 후 6개월이 지나면 대체로 거래가 뚝 끊기고 권리금을 받고 나가는 소위 '입주장사' 개공도 생긴다. 그러나 끈기 있게 2~4년 이상 버티면 슬슬 거래가 다시 시작된다. 양도세 비과세 대상 물건이 매물로 나오고 전세 물량도 제법 늘어난다. 점차 안정된 수익을 기대할 수 있다. 과거에는 입주장 매매물량도 많았으나 수도권의 경우 분양권 전매제한으로 현재는 전월세 물량만 있는 편이다. 결국 부동산은 인내와 끈기로 자리를 지켜야 하는 시간과의 싸움이다.

(4) 구축

구축아파트는 신축에 비해 매물량은 많고 수요는 적은 편이다. 일반적으로 신축아파트 소유자와의 가격협상은 쉽지 않으나, 구축소유자는 본인 집의 단점에 대해 누구보다 잘 인지하고 있어 맥만 잘 짚으면 어느 정도 가격협상도 가능하다. 다만, 구축은 하자 여부를 잘 확인해야 한다. 예를 들어, 인터폰이 고장 난 것을 계약 전에 미리 설명하지 않아 다툼이 생겼을 때, 중개사가 매수인(임차인)에게 인터폰 비용을 변상해줘야 하는 경우도 있다.

(5) 재개발·재건축

재개발·재건축에서 중요한 것은 사업의 속도와 진행 상황을 파악하는 것이다. 사업내용을 모르고 중개시장에 덤벼들었다가는 어려운 상황을 맞게 될 수도 있다. 정비사업에 관심 있는 고객은 보통 해당 지역에서 오래된 공인중개사를 찾는 편이며, 관련법 및 실무경험이 필요하므로 초보공인중개사에게는 추천하지 않는다.

참고로 조합아파트의 경우 집단등기로 진행하며 미등기상태가 몇 개월, 길게는 몇 년까지 가는 경우가 있다. 이런 경우 임대차계약 시 등기부가 없더라도 분양계약서를 등기권리증에 갈음하여 임차인에게 잘 확인하고 설명해야 한다.

2. 아파트 매매계약서 특약 예시문

- 계약일 현재 대상 부동산의 권리 및 시설 상태의 계약이다.
- 등기사항증명서, 토지이용계획확인서, 토지대장, 건축물대장 등 각종 공부 및 매수인 현장확인 후에 체결하는 매매계약이다.
- 현재 등기사항증명서상 근저당 설정상태(근저당권자 ○○은행, 채권최고액 금120,000,000원)의 계약이며, 잔금일에 매도인과 매수인은 은행 동행*하여 현재 설정된 근저당을 전액 상환하고 말소등기비용 납부하기로 한다.
- 매도인은 잔금 시 선순위 근저당권 전액을 상환하고 말소등기 비용 납부하기로 한다.
- 매도인은 잔금일까지 소유권을 제한하는 새로운 권리를 설정하지

---

* **은행 동행:** 이사 등으로 바쁜 잔금일에 매도인이 일정에 포함해 기억할 수 있게 하기 위함. 참고로 매수자가 대출을 받을 시에는 매수쪽 대출 은행에서 상환, 말소하고 설정하기 때문에 동행 불요

않으며, 건물에 하자가 발생하지 않도록 선관주의* 의무를 다한다.

- 매도인은 본 물건을 담보로 하는 매수인의 중도금대출을 인지하고 대출업무(담보제공 등)에 협조한다.

- 현재 거주 중인 임차인의 권리의무는 매수인이 승계하기로 하고, 매수인은 잔금일에 기존 임대차계약서에 추인하기로 한다(임대차계약서 사본 첨부).

- 본 매매계약은 소유권이전과 동시에 매도인이 본 물건의 임차인으로, 매수인은 임대인으로 점유개정된다.

- 본 물건은 준공일부터 15년 이상 된 아파트로 중대하자*(균열, 누수, 유리창 파손)를 제외하고 현 상태를 인지하고 이의 없기로 한다.

- 본 계약의 매매대금에는 시스템에어컨, 붙박이장, 거실 상들리에 등을 포함하기로 한다(당연히 포함되어 있다고 단정하기보다 항목별로 짚어 기재하는 것이 잔금일 분쟁 예방에 도움).

- 잔금 시까지의 각종 공과금은 매도자 부담으로 하며, 장기수선충당금, 선수관리비는 잔금일 기준으로 정산한다.

---

* **선관주의 의무:** 선량한 관리자로서의 주의 의무
* **중대하자:** 유리창 파손이나 인터폰 등은 중대하자 범주에는 들어가지 않음. 하지만 파손이나 고장에 따른 수리비용이 적은 금액이 아니어서 중대하자에 포함하여 기재하는 것이 중개사에게는 문제 발생 시 대처하기가 용이

- **각종 공과금:** 전기요금, 도시가스, 아파트 관리비 등
- **장기수선충당금:** 장기수선계획에 따라 아파트의 주요 시설의 교체 및 보수에 필요한 비용으로, 300가구 이상 공동주택 혹은 승강기를 설치한 공동주택은 장기수선충당금을 의무적으로 징수해야 함(〈공동주택관리법〉 제30조 제1항 참조). 매월 관리비에 포함되어 나오므로 계약기간 종료 시 계약기간 동안 임차인이 납부한 금액을 관리실에서 확인하여 임대인이 임차인에게 반환해야 함. 임차인 거주 중인 아파트 매매 시 잔금일까지의 장충금은 매도인이 매수인에게 지급하고, 임차인 계약만기 이주 시 매수인은 전체 임대차 기간의 장충금을 임차인에게 지급한다.
- **선수관리비:** 신축아파트 입주 시, 관리사무소에서 1~2개월 정도의 관리비를 미리 예치금의 형식으로 보관하는 것. 잔금일에 매수인이 매도인에게 지급해야 함.

- 본 물건은 현재 공실 상태로 매도인은 중도금 수령 후 매수인의 인테리어에 협조*하며, 인테리어일부터 관리비는 매수인 부담으로 한다.
- 본 계약은 매도인의 배우자(박영희)가 대리하여 계약하기로 한다(위임서류* 첨부).
- 중도금은 계약 일정보다 조기 지급할 수 있다.
- 잔금일은 양 당사자가 합의하여 앞당길 수 있다('앞당길 수'라는 표현을 대신해 '조정할 수'라는 표현은 지양. '선납'은 비슷한 표현으로 사용 가능).
- 매매대금은 공동명의자 중 '이매도' 명의의 계좌(○○은행, 123-456-

---

* **중도금 수령 후 인테리어 협조:** 중도금이 지급되면 계약해제 불가. 따라서 중도금 지급 전 인테리어는 계약해지의 리스크가 있어 중도금 이후 협조하는 기재 내용
* **위임서류:** 위임장과 위임인의 본인발급 인감증명서

78900)로 입금한다(불가피한 경우가 아니라면 계좌 거래를 통해 근거를 남기는 중개 권장).

– 기타사항은 민법에 준한다.

3. 아파트 임대차계약서 특약 예시문

– 계약일 현재 대상 부동산의 권리 및 시설 상태의 임대차계약이며, 임차인 현장확인 및 등기사항증명서, 토지이용계획확인서. 토지대장, 건축물대장 등을 확인하고 계약을 체결한다.

– 계약일 현재 등기사항증명서상 ○○은행 채권최고액 ***원 근저당권 설정 상태이며, 임대인은 잔금 시 전액 상환하고 말소등기 비용 납부하기로 한다. 또한 임대인은 잔금일 익일까지 채무를 부담하는 새로운 권리변동을 일으키지 않는다.

– 계약일 현재 등기사항전부증명서상 ○○은행 채권최고액 ***원 근저당권 설정 상태이며, 기 대출 조건의 계약이다.

– 전세자금대출 심사과정에서 진행이 불가한 경우, 해당 임대차 계약은 무효로 하며 임대인은 임차인에게 계약금을 전액 반환한다(최근 청년이나 대학생들의 전세자금대출을 조건으로 하는 임대차계약에 주로 사용되는 특약).

– 임대인은 임차인의 전세자금대출 및 전세보증금반환보증가입을 위한 절차에 동의하고 협조하며, 비용은 임차인이 부담한다.

– 임대인은 옵션(에어컨, 냉장고, 세탁기, 인덕션, 붙박이장 등)을 제공하며, 임차인의 사용부주의로 인한 옵션 및 기타시설 파손 시 임차인이

책임(원상복구 혹은 전액배상)을 진다. 단, 자연노후는 제외한다(파손과 자연 노후는 공인중개사가 결정하기보다 관리소 직원, A/S 기사, 설비기사 등의 의견을 전달).

- 임대인은 임차인 입주일 전까지 거실, 안방, 작은방 2개의 도배 및 장판을 교체해주기로 한다(도배, 장판이 필요한 위치를 구체적으로 기재).
- 반려동물 양육을 금지하며 이를 위반할 경우, 최고 후 계약해지할 수 있다.
- 임차인이 목적물에 입주하기 전일까지의 공과금 및 관리비는 임대인이 정산한다.
- 임대인은 별도의 사전 협의가 없는 경우, 임대계약 만료 시 새 임대차 여부와 관계없이 임대차보증금을 즉시 임차인에게 반환한다.
- 벽걸이TV, 에어컨 설치 등 필요한 콘크리트 타공 시 임대인의 동의를 얻는다.
- 퇴실청소비는 따로 없으나 입주 시와 동일한 청소 상태를 유지하고 퇴실하기로 한다('퇴실 청소비를 5만 원 지급하기로 한다' 등 구체적으로 기재하는 것도 좋은 방법).
- 계약금, 잔금, 월세는 다음의 계좌로 이체한다(○○은행, 123-456-78900, 김철수).
- 기타사항은 민법 및 주택임대차보호법에 준한다.

김 박사 이야기 | **특약, 당사자 간 접점을 찾기 위한 노력**

부동산 계약은 계약자유원칙이다. 기재 내용이 불법만 아니라면 계약의 완성을 위해 어떠한 협의 시도도 가능하다. 따라서 중개사의 모든 역량을 집중해 당사자 간의 접점을 찾기 위한 노력이 특약이다.

많은 계약을 완성하는 공인중개사의 가장 유용한 도구 중 하나가 특약이다. 상황과 당사자 설득 논리에 맞게 연구하고 고민해야 한다. 책 본문에서 언급한 특약은 그중 일부이다. 처해진 상황이 모두 다르기 때문에 평소 많은 연습과 고민을 통해서 실력이 향상되어야 한다.

참고로 연수교육 교재나 특약만 별도로 나와 있는 도서, 블로그 등을 통해서 평소 가상 상황을 예상하며 써보는 습관도 좋은 방법이다.

참고

재개발·
재건축 사업

1. 재개발·재건축 비교

구분	재개발	재건축
근거법령	도시 및 주거환경정비법	
정비기반시설	열악함	양호함
안전진단	실시하지 않음	실시함
조합원 조건	구역 내 소재한 토지 또는 건축물 소유자 및 지상권자	구역 내 소재한 건축물 및 부속토지를 동시에 소유해야 함
임대주택 건설의무 (시도조례별 상이)	전체 세대 수의 15% 이상	상한용적률과 법정 상한용적률 차이의 50%
개발부담금	해당 없음	재건축 초과이익환수법에 따라 재건축부담금 부과
현금청산자 비율	예측 어려우나, 보통 10~20% 정도로 재건축에 비해 높음	비교적 적음
주거이전비 및 영업보상비	지급해야 함	원칙적으로 지급하지 않아도 되지만, 서울의 경우 재개발에 준하여 지급
	※ 주거세입자: 주거이전비, 상가세입자: 영업보상비	
기반시설 기부채납	상대적으로 많음	상대적으로 적음
사업진행의 원활함	상대적으로 어려움	상대적으로 쉬움

2. 재개발·재건축 사업추진절차

1. 사업 준비 단계

기본계획 수립		안전진단		정비계획수립 및 정비구역 지정
시장·군수·구청장	▶	시장·군수·구청장	▶	시장·군수·구청장

- 주민공람(14일 이상)
- 지방의회 의견청취
- 지방도시계획위원 심의

- 공동주택 재건축에 한함

- 주민공람(30일 이상)
- 지방의회 의견청취
- 지방도시계획위원 심의

2. 사업 시행 단계

조합설립추진위원회		조합설립인가		시공사 선정
시장·군수·구청장	▶	시장·군수·구청장	▶	(서울 외)

- 정비사업전문관리업자선정 (필요시)

창립총회

- 공동주택 재건축에 한함

▼

사업시행인가		건축심의
시장·군수·구청장	◀	건축위원회

- 주민공람(14일 이상)

3. 시공사 선정 단계(서울 시)

서울시의 경우, 공공관리자제도 도입으로
사업시행인가 후 시공사 선정 진행

* **공공관리자제도**: 재개발 재건축사업의 투명성과 효율성을 높이기 위해 사업추진지역의 해당 지방자치단체가 설계자 및 시공자 선정, 관리처분계획 수집 등 전반적인 사업시행 과정을 직접 관리하고 지원하도록 하는 제도

4. 관리처분계획 단계

감정평가		조합원 분양신청		관리처분계획 수립 및 인가
	▶		▶	시장·군수·구청장

- 주민공람(30일 이상)

5. 완료 단계

이주 및 철거		착공 및 일반 분양		이전고시 및 청산
	▶		▶	시장·군수·구청장

* 정비사업 추진과정 및 절차 관련, '정비사업 정보몽땅'(cleanup.seoul.go.kr) 사이트에서 더 많은 서울 재개발, 재건축 정보를 얻을 수 있으니 참고하기 바란다.

자료: 현대건설 매거진H
(https://www.magazineh.com/knowledge/2059/)

오피스텔

오피스텔 역시 권리관계가 단순한 편이라 초보공인중개사 진입이 용이하다. 보통 원룸형 오피스텔은 가격상승탄력이 적고, 다른 아파트를 함께 보유하고 있으면 양도소득세 중과대상이 되는 경우가 많다. 그러다 보니 급매 물건이 비교적 많이 나온다. 또 임대차계약이 정기적으로 순환하며 매물이 회전하기 때문에 중개를 통한 거래량이 많다. 오피스텔은 주거용·업무용으로 이용되며 용도에 따라 세금도 다르기 때문에 주의가 필요하다. 임대차계약 시에는 임대인에게 임차인 전입신고 여부 및 사업자등록이 가능한지 확인하여 당사자 간 이견이 없도록 해야 한다.

1. 오피스텔 특징

○ **주거용 오피스텔**

취득세	양도세	주택수 포함			
		청약시	보유시	양도시	오피스텔 분양권
4.6% (다주택 중과 없음, 고정)	주택 양도세율 참고 (다주택 중과 적용)	포함X (오피스텔 1개 限)	포함 (20.8.12 이후 취득분 限)	포함	포함X

세금

취득 시(취득세): 4.6%

- (주거용, 업무용 구분 없이) 취득세 4% + 지방세 0.4% + 농어촌특별세 0.2%
- 다주택자가 오피스텔을 신규 취득하더라도 취득세율은 4.6%로 동일하나, 오피스텔을 보유하고 있는 상태에서 신규 주택 취득 시에는 취득세 중과 적용

양도 시(양도소득세): 일반 주택과 동일한 세율 적용

주택수

청약 시: 주택수 미포함

보유 시: 주택수 포함(2020.8.12. 이후 취득분 限)

양도 시: 주택수 포함

오피스텔 분양권: 주택수 미포함(실제 사용 전까지는 용도가 불분명하므로)

중개 시

- 월세 계약이 많으므로, 임대인의 위임을 받은 공인중개사의 대리계
약이 빈번함
- 개공이 중개와 관리를 위임받아 운영하는 중개사무소가 증가하고
있음(도배, 장판, 시설물 A/S 등 공인중개사가 관리영역 대행 후 임대인에게 비
용청구)

2. 오피스텔 매매계약서 특약 예시문

- 계약일 현재 대상 부동산의 권리 및 시설 상태의 매매계약이다(천장
형에어컨, 세탁기, 냉장고, 비데 포함)

  ※ 오피스텔별 옵션시설목록표를 별도로 작성하여 계약서에 첨부 권장
- 계약일 현재 이상이 없으나 누수 등의 하자발생 시 잔금일 기준으
로 이전은 매도인이, 이후는 매수인이 책임지기로 한다.
- 관리비 및 공과금은 해당 건축물의 일반 관례에 따르며 잔금일에
정산하기로 한다.
- 계약일 현재 근저당 ○○은행 채권최고액 금 ***원정은 잔금과 동시
에 말소하기로 한다.
- 본 부동산의 임차인은 매도인 책임하에 명도하며, 잔금과 동시에
매수인이 입주하는 데 차질이 없도록 한다.
- 잔금일은 서로 협의로 앞당길 수 있다.
- 본 계약은 매도인 ○○○의 대리인 □□□과의 계약이며, 위임 서류

(위임장, 인감증명서)를 매수인이 확인한 후 진행한다.

- 매수인은 계약일로부터 20일 이내에 사업자등록을 신청하고, 매도인은 잔금수령 후 지체 없이 폐업하기로 한다(매도인과 매수인이 동일 사업이 아닌 경우로 포괄양도양수계약이 불성립).

- 본 계약은 포괄양도양수 계약으로, 포괄양도양수가 안 될 시 건물분의 부가가치세는 별도로 한다(포괄양도양수는 매수인이 매도인과 동일한 사업목적을 전제).

3. 주거용 오피스텔 임대차계약서 특약 예시문

- 계약일 현재 대상 부동산의 권리 및 시설 상태의 계약이며, 옵션(냉장고, 에어컨, 세탁기, 가스렌지) 파손 및 훼손 시 임차인이 원상회복한다.

- 임차인은 별도로 전입신고를 하지 않는다.

- 임차인의 반려동물 양육을 금지한다. 무단 양육 시에는 퇴실 시 전문업체에 의뢰하여 청소 및 소모성 시설물까지 원상복구하기로 한다.

- 임대기간 만료 전 중도해지 시 임차인이 중개보수를 부담한다.*

- 임차인은 퇴실을 원할 경우 최소 2개월 전에 임대인에게 통보하기로 한다.

- 임차료 2기 연체 시 계약은 해지되고, 그에 따라 발생하는 제반비용

---

* **개정 주택임대차보호법**: 계약갱신요구에 의한 갱신계약이나 묵시갱신의 경우 제외

은 임차인이 부담한다.

– 보증금 및 월세 입금계좌: ○○은행, 123-456-78900, ○○○

– 기타 사항은 민법 및 주택임대차보호법에 따른다.

│ **오피스텔의 장단점**

오피스텔의 장점

1. 권리분석이 쉬워 중개사고 리스크가 적다.
2. 임차고객의 대부분이 젊은 청년 혹은 대학생이라, 요구사항이 많지 않아 중개가 상대적으로 어렵지 않다.
3. 매물이 많은 편이라 매물 부족으로 인한 스트레스가 적다.
4. 전근이나 주거지 변경이 잦아 매물의 임대차 회전이 빠르다.
5. 임대인들을 대리하는 업무가 많아 공인중개사의 주도적 관리가 가능해 안정적 수익이 보장되는 편이다.

오피스텔의 단점

1. 오피스텔 투자자는 상대적으로 내공이 높지 않은 고객이 많아 큰 손님을 만날 확률이 적다.
2. 다른 부동산 물건에 비해 투자 고객이 적다.
3. 업무상 큰손 투자자 고객을 만날 수 있는 빈도가 낮다.

따라서 오피스텔은 중개사고의 리스크가 적어 다른 종류의 중개대상물에 비해 중개가 편안하고 안정적인 중개보수 수익을 얻을 수 있다.

단독주택
(단독 · 다가구)

1. 단독주택(단독·다가구) 특징

주택의 종류

주택은 크게 단독주택과 공동주택으로 구분된다. 그중 단독주택은 단독/다중/다가구로, 공동주택은 다세대/연립/아파트로 다시 나뉜다. 고시원/업무용오피스텔/노인복지주택 같은 준주택도 있다.

○ **주택의 종류**

주택 종류	구분	연면적	층수	세대수	주거형태	소유권
단독 주택	다중	660㎡ 이하	3개층 이하	무관	독립된 주거의 형태를 갖추지 않음 (각 실별로 욕실은 설치가능하나, 취사시설은 설치하지 않은 곳)	건물 전체 단독등기 (구분소유권 불가)
	다가구			19세대 이하		
공동 주택	다세대	660㎡ 초과	4개층 이하	무관	각 세대가 독립된 주거생활을 영위	호수별 소유권 등기 (구분소유권 가능)
	연립					
	아파트	무관	5개층 이상			

단독·다가구 특징

- 단독·다가구는 각 세대별로 구분소유된 다세대주택과는 구별된다. 가구 전체가 단독등기되어 있으므로 보통 부동산과 전속계약으로 임대차를 구성하는 경우가 많다.
- 또 다가구 전세계약은 중개사고 1위를 차지할 정도로 위험성이 큰 만큼, 개공은 계약에 각별히 주의해야 한다. 월세는 보증금이 적어 경매 시 최우선변제금액 내에서 해결되는 경우도 있으므로 상대적으로 안전하지만, 전세 중개는 반드시 유의하자. 2021년 12월 31일 법 개정으로 확인설명서에 추가된 '다가구주택 확인서류 제출 여부'도 잘 확인하여야 한다.
- 간혹 선순위담보권 행사로 경매신청이 되는 경우도 있으므로 꼼꼼한 권리분석이 필요하다.

- 단독·다가구는 오래된 건축물이 많아 하자발생 여부를 면밀히 체크해야 한다(예: 옥상·지하·주차장 누수, 내외부 균열 등).
- 위반건축물이 있는 경우 매수인에게 확인설명하고, 특약보다는 별도약정서에 기재하는 것을 권장한다(예: 옥탑방 및 지하대피소에 불법 용도변경한 주거시설 등).
- 기존 건축물 철거 후 신축을 계획하는 매수자도 있으므로, 건축가능한 도로 너비가 확보되었는지 확인하는 것도 중요하다(막다른 도로의 길이가 ①10m 미만이면 도로의 폭은 2m ②10m 이상~35m 미만이면 3m ③35m 이상이면 6m(도시지역이 아닌 읍면지역은 4m)가 확보되어야 함).

2. 단독주택(단독·다가구) 매매계약서 특약 예시문

- 본 계약은 양 당사자가 등기사항증명서(토지+건물), 토지이용계획서, 건축물대장, 토지대장, 평면도 등을 확인하고, 현장조사를 통해 물건의 상태를 직접 확인한 후 계약서에 서명·날인한다.
- 본 계약의 매매대금에는 본 부동산 위에 존재하는 정원석, 정원수, 기타 부착물 일체를 포함하기로 한다(기암괴석의 정원석, 수형이 특이한 정원수, 상징성 있는 조형물 등은 반드시 매매 포함 여부 확인하고 기재).
- 본 물건은 ○○○(1/2지분), △△△(1/2지분) 공동소유이며, 전원 동의 후 매매계약을 체결한다(공동 소유자가 동일한 지분일 때는 생략가능하나, 지분이 다를 때는 반드시 기재).
- 옥상에서 확인된 누수는 매수인이 수리하는 조건으로 매매가에 조

정 감안되어 있음을 확인한다(계약 이후 잔금일에 자주 분쟁이 되는 사항으로, 매매가 결정에 원인을 제공하였다면 구체적으로 기재).

- 본 물건은 1979년 사용승인된 건축물로서 잔금 이후에 발견되는 하자는 매수인이 책임지기로 하고, 매매가에 조정 감안되어 있음을 확인한다.

- 매도인은 임대차계약서 사본과 임대차 내용을 매수인에게 설명하고, 매수인은 권리와 의무를 승계한다.

- 세대당 선불 임대료, 대출이자 및 관리비, 각종 공과금 등은 잔금일을 기준으로 일할 정산한다.

- 각 호실별 미납 월세는 잔금일 기준 매도인이 정산하여, 매수인에게 채무승계하지 않는다.

- 현 등기사항증명서상 매도인의 근저당권은 잔금일에 상환하고, 말소비용 및 중도상환수수료 등은 매도인이 지급한다.

- 본 건물은 위반건축물로 건축물대장(건물번호 XXXX-XXXX)에 기재되어 있으며, ○○시 ○○구청 건축과 위반건축물 담당자에게 문의하여 그 위반사항(발코니 10㎡) 및 이행강제금(연 30만 원)의 부과 등을 확인하고, 잔금일 이전까지 매도인 책임으로 적법하게 원상회복한다.

- 현재 옥탑은 건축물대장에 기재되지 않은 주거시설로 불법 용도변경하여 사용 중이며, 보증금 1,000만 원/월차임 50만 원에 임대차하고 있음을 매수인이 확인하고 계약한다. 따라서 이후 매도인에게 책임을 묻지 않는다(옥탑방 사용은 양도소득세 신고 시 주택수에 포함될 수도 있으므로 비과세 여부 등 확인 필요).

- 계약 이후 매도인의 귀책사유로 본 물건에 추가적인 권리발생 시,

잔금일 전까지 매도인의 책임하에 말소등기한다.

- 각 호실별 옵션사항은 첨부된 월세계약서 사본과 내역을 기준으로 한다(계약 시 임대차계약서 사본과 내역서, 잔금일에 원본 요청).

- 매도인은 매수인에게 각 세대별 현황 및 임대차계약서 원본을 직접 확인시켜주며, 매수인은 각 세대별 계약일자, 특약사항, 보증금과 월세 등을 확인하고 계약 체결한다.

- 임차인의 존재로 일부 가구는 방문하지 못하였으며, 일부 가구는 제공 옵션 등이 상이할 수 있다.

- 잔금 전 임대차 내역 변경으로 공실발생 및 보증금 내역이 일부 변동될 수 있다.

- 매도인의 양도소득세, 건물분 부가가치세, 매수인의 취득세 등 일체의 세금관련 사항은 세무사에게 문의하여 처리하며, 개업공인중개사의 안내는 단순 참고사항이므로 일체의 책임을 묻지 않는다(관련하여 세무사, 법무사, 변호사 등과 협력관계 필요).

- 계약금, 중도금, 잔금은 해당 지급일에 매도인의 계좌(○○은행, 123-456-78900, 예금주 ○○○)에 입금하기로 한다.

3. 단독주택(단독·다가구) 임대차계약서 특약 예시문

- 임차인은 주차장을 이용하지 않는 조건으로 월차임을 조정한 바, 주차장을 이용하지 않는다(주차장 부족에 따른 사용 여부 특약기재 가능).

- 관리비에는 공동전기, 수도요금, 청소용역, 와이파이 전용선이 포

함되어 있다(관리비 부과내역 기록 필요).

- 임차인은 반려동물을 양육하지 않기로 한다(반려동물 양육 시 패널티도 기재 가능).

- 옵션 품목은 다음과 같다(에어컨, 가스레인지, TV, 냉장고, 책상, 침대).

- 임차인은 퇴실 시, 청소비 5만 원 지급한다.

- 계약체결일 기준으로 임대인이 제공한 해당 부동산의 '점유임차인 현황확인서'를 별도로 첨부한다.

김 박사 이야기 | **전세 관련 중개사고**

최근 몇 년간 중개사고를 분석해보면 다가구주택의 전세 관련 중개사고가 월등히 1위를 차지하고 있다. 다가구 중개사고의 대표적인 사례를 살펴보자.

사례1 다가구 전세 사기

보통 임대인은 수익을 감안하여 월세계약을 원하는 경우가 대부분이다. 개공이나 중개보조원이 임대인을 대리하여 계약을 체결하는 과정에서 실제 임차인과는 전세계약을 통해 목돈을 마련하고, 임대인에게는 월세 계약했다고 거짓으로 통보한 후 전세금을 유용하는 경우 문제가 발생한다. 이때 개공이나 중개보조원이 임대인에게 매월 월세를 입금해주기 때문에 임대인은 별 문제없다고 생각한다. 하지만 문제를 인식했을 때는 이미 사고로 확산된 경우가 많다. 더구나 임대인이 개공이나 중개보조원에게 계약을 위임한 경우, 위임장에 첨부된 인감증명서의 유효기간은 없기 때문에(계약 당시 3개월 이내에 발급된 인감증명서를 위임장에 첨부하면, 위임장은 별도의 유효기간이 없음) 위임 권한 회수의 측면에서 임대인에게도 과실이 있다는 것을 인지하여야 한다. 따라서 공인중개사에게 발행한 인감증명서는 일정기간이 지나 위임의사가 없으면 반드시 회수해야 한다. 또 공인중개사도 이러한 위임관계에 대한 깊은 이해와 일처리가 필요하다.

사례2 **깡통주택 전세 사기**

임대인이 집값 하락, 갭 투자 실패 등으로 파산하게 되어 집이 깡통주택으로 전락하는 임차인 피해사례가 발생하고 있다. 또 의도적으로 세입자의 전세금을 노리는 사기에 연루된 깡통주택들이 늘어나 주의가 필요하다.

이러한 전세사기 사건은 대개 신축 다세대주택(빌라)에서 일어난다. 아파트에 비해 가격은 낮지만 깨끗한 신축이라는 장점이 큰 매력으로 다가오기 때문이다. 다세대주택의 경우 아파트처럼 선호도가 높지 않아 거래량이 적고, 세대수가 적은 탓에 정확한 시세를 알기 힘들다는 점 또한 사기에 이용되는 이유이다. 또한 경제적 여유가 없는 청년층이나 결혼, 이직 등으로 이사가 잦은 신혼부부 등 젊은 층이 주 피해자여서 더욱 문제가 되고 있다.

빌라의 경우 지역에 따라 미분양 물건이 많은데, 이를 악용해 소위 '바지사장'을 내세워 미분양빌라를 매매가와 비슷하거나 더 높은 가격에 전세를 놓는다. 세입자는 잘 살고 있다가 어느 날 집이 압류되어 경매에 넘어간다는 청천벽력 같은 소리를 듣게 된다. 전세보증금을 반환받을 길이 막막해진 세입자는 결국 보증금 대신 집이라도 받는 식으로 미분양 빌라를 억지로 떠안게 되는 식이다. 이 경우 집의 경매가가 보증금보다 훨씬 싼 경우가 대부분이어서 세입자로서는 금전적 손해를 감안하고 매수의사가 없는 주택을 떠안는 데다, 그 과정에서 수반되는 몸고생 마음고생은 덤이다. 이렇게 되면 1주택자가 되면서 생애최초 분양 등의 특혜를 받지 못하는 또 다른 피해로 이어지고 있다. 특히나 이런 바지사장은 노숙자나 거소를 파악하기 힘든 사람들을 이용하기 때문에 종적을 감춰버리거나 사망하는 경우에는 최악의 사태로 번질 수가 있는데, 특히 2022년 10월 속칭 빌라왕이라 불린 40대 인물이 지병으로 사망해버리는 사건이 발생하면서 실체가 확인되기도 했다.

참고

"내 전 재산이 한순간에"… 깡통전세 폭증, 보증사고 '연 1조' 우려(기사발췌)

　본격적인 집값 하락기에 접어들면서 집주인으로부터 보증금을 돌려받지 못하는 전세금 반환 사고가 갈수록 늘고 있다. 지난달에는 사고 금액이 역대 최대치를 기록했다. 가파른 집값 하락세로 매매값과 전셋값 격차 축소로 깡통전세가 늘면서 전세보증 사고금액이 한 달 사이 40% 가까이 급증했다. 올 들어 지난달까지 누적 사고금액은 8,000억 원에 육박해 연간 1조 원을 넘어설 것이란 우려가 나온다.

　17일 한국부동산원이 부동산테크에 따르면, 지난달 전국에서 발생한 전세 보증 사고금액은 1,526억 2,455만 원으로, 9월(198억 727만 원) 대비 39.8% 늘었다. 전년 동기(527억 원)와 비교하면 3배가량 급증한 수준이다. 2013년 9월 주택도시보증공사(HUG)에서 전세금반환보증상품을 출시한 이후 역대 최대치다. 고점 경신은 지난 7월(872억 원)이후 4개월 연속이다. 같은 기간 사고 건수는 523건에서 704건으로 34% 늘었고, 사고율은 2.9%에서 4.9%로 2.0%포인트 상승했다. 특히 보증사고 704건 중 652건(92.6%)은 수도권에서 발생했다. 서울 239건, 인천 222건, 경기 191건 순이다. 서울 25개구 중에서는 93건의 보증사고가 발생한 강서구가 최다였으며, 이어 구로구 27건, 동작구 21건, 양천구 19건, 금천구 16건 순으로 집계됐다. 지방에서 발생한 보증사고는 52건이었다. 올해 1월부터 10월까지 누적금액은 7,992억 원으로 작년 동기(4,507억 원)보다 77.3% 늘었다. 사고금액이 빠르게 늘고 있어 올해 1조 원을 넘어설 것이란 관측이 지배적이다. HUG 전세보증상품 가입 기준으로 집계한 금액이어서 실제 전세사고 규모는 더 클 것으로 추정되기 때문이다. 전세보증사고는 HUG 전세보증보험에 가입한 세입자가 전세 만기 후 한 달 내로 전세금을 돌려받지 못한 경우를 의미한다.

지난달 전국 아파트 전세가율은 75.4%로 올해 9월(75.2%)보다 0.2%포인트 상승했다. 전세가율은 매매가 대비 전세가의 비율로, 이 비율이 높아 전세가가 매매가에 육박하거나 추월하면 세입자가 집주인으로부터 보증금을 떼일 위험이 커진다.

전세금을 돌려받지 못하는 세입자들이 빠르게 늘고 있는 원인으로는 연립, 빌라 중심의 전세사기와 주택경기 침체발 깡통전세 확산이 꼽힌다. 집값이 전셋값 수준이면 집주인이 주택을 팔아도 보증금을 마련할 수 없는 것이다. 깡통전세 증가에도 세입자들의 대표적인 안전장치인 전세보증보험의 가입 기준은 강화되는 추세다. HUG의 전세보증보험 보험료는 0.1%로 저렴하게 전세금 반환을 보장받을 수 있는 상품이다. 다만, 국토교통부는 지난 9월 HUG 전세보증보험 가입 문턱을 높였다. 전세금 반환 보장으로 사고위험이 큰 전세물건들까지 무분별하게 거래되고 있다는 지적이 제기되었기 때문이다. 향후 전세금반환보증상품의 가입 기준은 현행 공시가격 150% 이하에서 140% 이하로 10% 포인트 낮아진다.

강제경매 신청 임차인도 증가 추세

집주인이 보증금을 돌려주지 않아 강제경매를 신청하는 임차인도 늘고 있다. 올해 하반기에는 매달 평균 150건씩 관련 경매 신청이 이뤄진 것으로 나타났다. 지지옥션 자료를 보면, 올해 7~10월 전국에서 임차인·HUG가 신청한 강제경매 건수는 총 598건(7월 145건·8월 156건·9월 142건·10월 155건)으로, 매달 150건 가량 신청이 이뤄졌다. 이 달은 1~11일 기준 99건으로 전월 대비 신청 건수가 더 늘어날 것으로 예상된다. 집주인으로부터 보증금을 돌려받지 못한 임차인들이 보증금 반환 청구소송에서 승소한 후 경매로라도 구제를 받기 위해 강제경매에 나선 것이다. 전세보증보험에 가입된 경우 HUG가 임차인에게 대위변제한 뒤 강제경매 절차를 진행한다.

서울에서는 중·저가 빌라 밀집지역에 강제경매 신청이 몰렸다. 서울 소재 법원 중 올해 7월 이후 강제경매가 가장 많이 진행된 곳은 남부지법이었다. 202건 중 116건(57.42%)이 남부지법에서 이뤄졌다. 남부지법 관할 지역은 강서구, 양천구, 구로구, 금천구, 영등포구다. 앞서 강서구 화곡동, 금천구 독산동, 양천구 신월동 등 빌라 밀집 지역은 깡통전세 위험군으로 지목되기도 했다.

경매 업계는 임차인 본인과 HUG 외에도 주택금융공사, 서울보증보험 등 강제경매를 신청할 수 있는 주체가 더 있는 만큼 통계에 잡힌 건수보다 피해 규모가 더욱 클 것으로 보고 있다. 보증금을 떼였지만, 비교적 소액이라 대응을 포기하거나 선순위 채권이 있어 경매 신청에 나서지 않는 경우도 현장에서는 부지기수다.

문제는 최근 전세 물건 적체로 전셋값이 떨어지고 신규 전세 가격이 직전 계약 가격을 밑도는 역전세 주택도 늘고 있는 만큼 강제경매 신청이 더욱 늘어날 가능성이 농후하다는 점이다. 여기에 집값이 약세를 보이며 집을 팔아도 전세 보증금보다 모자라는 깡통주택도 늘고 있는 상황이다.

지지옥션 관계자는 "전세를 끼고 집을 산 투자자들은 계약 기간이 끝나면 다른 세입자를 구해 보증금을 내주는데, 전셋값이 하락하는 경우 보증금을 돌려주지 못하게 된다"며 "매매와 전세가 함께 내려가는 부동산 하락기에는 강제경매 신청 건수가 늘어날 가능성이 있다"고 말했다.

자료: 〈매일경제〉, 조성신 기자(2022.11.17.)

상가건물 · 빌딩

I. 상가특징

상가는 대표적인 수익성부동산으로 주택에 비해 중개보수 요율이 높다는 장점이 있으나, 당사자 간 복잡한 이해관계로 중개사고가 자주 발생하므로 계약 시 더 많은 주의가 필요하다. 상가전문 중개사무소는 아무래도 상가밀집지역에 위치하는 것이 유리하고, 상가에 자주 방문하여 명함작업을 하는 것이 좋다. 또한 고객은 다양한 종류와 규모의 상가를 원하므로 많은 매물을 보유하고 있으면 계약확률이 더욱 높아진다.

상가중개 시에는 업종별 기본지식과 권리금에 대한 이해가 필요하다. 업종별 영업인허가가 원활하게 진행될 수 있도록 사전에 허가관청에 철저히 확인해야 하며, 권리금을 잘 조정하는 것이 공인중개사의 능력이다. 권리금은 임대인과는 무관하게 기존 임차인과 신규 임차인 간에 주고받는 금액으로, 권리금을 조정하며 받는 용역보수(컨설팅보수)는 법정 중개보수보다 더 높을 수 있다. 중개보수는 계약서와 확인설명서가, 권리금은 용역계약서가 있어야 보수청구의 근거가 만들어진다. 따라서 권리금 작업을 할 때는 임대차계약서, 권리양수도계약서와 함께 공인중개사와 의뢰인 간 권리금 용역계약서 작성이 필요하다.

또 상가는 물건을 소개해도 간혹 공인중개사를 배제하고 당사자들끼리 직거래를 하는 경우도 있고, 계약의 빈도가 많지 않아서 초보공인중개사는 어려움을 느낄 수도 있다. 상가전문 중개를 원한다면 자영업자의 입장에서 상가 보는 방법, 업종에 따른 상가의 위치 등을 선택하는 안목이 필요하며, 별도로 상가 관련 교육을 수강하거나 책 읽기를 추천한다.

상가 중개 시 확인사항

- 포괄 양도양수 계약 여부(상가 매매 시 건물분 부가가치세 관련)
- 건축물관리대장상 용도, 면적, 건물구조 등
- 임차조건 확인(보증금, 월차임, 현재 업종, 매출·수익현황, 임대인 기피업종 등)
- 위반건축물 여부 및 행정관청의 처분명령 시 대응방법
- 임차인의 인허가, 등록가능 업종 확인
- 용도변경 가능 여부(동일 건물에 위반건축물이 있으면 원상회복 전까지는 용도변경 불가)
- 관리규약을 통해 동일업종 입점 가능 여부 확인
- 정화구역(절대보호구역, 상대보호구역 등) 및 청소년 대상 학원 입점 여부
- 차임에 대한 부가가치세 포함 여부('VAT 별도' 미기재 시 포함으로 간주)

- 정화조 용량, 전기 용량, 주차대수, 간판위치, 직통계단 여부 등
- 인수인계 물품 목록
- 민원 발생 시(주차, 소음, 냄새, 설치물에 따른 주민 불편 민원신고 등) 해결 주체
- 입점 후 인테리어에 관한 상세내역 공유 및 전후 사진 보관(계약기간 만기 시 원상복구의 근거)
- 임대차 종료 시 임차인 원상복구 내용(계약서에 구체적으로 기재)
- 소득세 관련 지식(투자자의 소득수준에 따른 소득세 납부 구간)

○ 권리(시설) 양수·양도계약서 양식

권리(시설) 양수·양도 계약서

본 부동산 권리에 대하여 양도인과 양수인은 다음과 같이 합의하고 부동산 권리 양수·도계약을 체결한다.

1. 부동산의 표시

소재지				
상 호		면 적		m²
업 종		허가(신고)번호		

2. 계약내용

제 1 조 [목적] 위 부동산에 대하여 권리양도인과 양수인은 합의에 의하여 다음과 같이 권리양수도 계약을 체결한다.

총권리금	金	원정(₩)
계약금	金	원정은 계약시에 지불하고 영수함.
중 도 금	金	원정은 년 월 일에 지불하며,
	金	원정은 년 월 일에 지불하며,
잔 금	金	원정은 년 월 일에 지불한다.
양도범위 (시설물등)		

제 2 조 [임차물의 양도] 양도인은 위 부동산을 권리 행사를 할 수 있는 상태로 하여 임대차계약 개시 전일까지 양수인에게 인도하며, 양도인은 임차권의 행사를 방해하는 제반사항을 제거하고, 잔금수령과 동시에 양수인이 즉시 영업 할 수 있도록 모든 시설 및 영업권을 포함 인도하여 주어야 한다. 다만, 약정을 달리한 경우에는 그러하지 아니한다.

제 3 조 [수익 및 조세의 귀속] 위 부동산에 관하여 발생한 수익의 귀속과 조세공과금 등의 부담은 위 부동산의 인도일을 기준으로 하여 그 이전까지는 양도인에게 그 이후의 것은 양수인에게 각각 귀속한다. 단, 지방세의 납부의무 및 납부책임은 지방세법의 규정에 따른다.

제 4 조 [계약의 해제] ① 양수인이 중도금(중도금약정이 없을 때는 잔금)을 지불하기 전가지 양도인은 계약금의 배액을 배상하고, 양수인은 계약금을 포기하고 본 계약을 해제할 수 있다.

② 양도인 또는 양수인이 본 계약상의 내용에 대하여 불이행이 있을 경우 그 상대방은 불이행한 자에 대하여 서면으로 최고하고 계약을 해제할 수 있다. 그리고 그 계약당사자는 계약해제에 따른 위약금을 각각 상대방에게 청구할 수 있으며, 계약금을 위약금의 기준으로 본다.

③ 양도인은 잔금지급일 전까지 소유자와 아래의 '임대차 계약내용'(소유자의 요구에 따라 변경될 수 있음)을 기준으로 소유자와 양수인간에 임대차계약이 체결되도록 최대한 노력하며, 임대차계약이 정상적으로 체결되지 못하거나 진행되지 못할 경우 본 권리양·수도 계약은 해제되고, 양도인이 수령한 계약금 및 중도금은 양수인에게 즉시 반환한다.

제 5 조 [용역수수료] 개업공인중개사는 계약 당사자간 채무불이행에 대해서 책임을 지지 않는다. 또한, 용역수수료는 본 계약의 체결과 동시에 양수인이 양수대금의 ( )%, 양도인이 양도대금의 ( )%를 지불하며, 개업공인중개사의 고의나 과실없이 계약 당사자간의 사정으로 본 계약이 해제되어도 용역수수료를 지급한다. 단, 본 계약 제4조3항의 사안으로 인하여 계약이 해제되는 경우에는 용역수수료를 지불하지 아니한다.

3. 양도·양수할 대상 물건의 임대차 계약내용

소유자 인적사항	성 명			연락처		
	주 소					
임대차 관 계	임차보증금	金 원(₩)		월차임	金 원(₩)	
	계약기간	년 월 일부터		년 월 일까지 (개월)		

특약사항 :

본 계약을 증명하기 위하여 계약당사자가 이의 없음을 확인하고 각자 서명·날인한다.　　　　　년　　　월　　　일

양 도 인	주 소				印
	주민등록번호		전화	성명	
양 수 인	주 소				印
	주민등록번호		전화	성명	

- 참고로 권리양수양도계약서는 권리금계약이다. 즉, 권리금은 중개보수 대상이 아니다. 권리금은 중개대상물이 아니니 별도의 용역계약서를 작성하고, 양식 하단에 '개업공인중개사' 표시란은 쓰지 않는 것을 권장한다. 이때 다음 3가지 계약이 작성된다. ①용역 계약서(중개사와 권리양수도 의뢰인) ②권리양도양수 계약서(권리양도 의뢰인과 권리양수 의뢰인) ③임대차 계약서(임대인과 신규임차인)를 한 세트로 생각하고 번호순으로 작성하면 된다. 중개사가 아닌 개인으로 용역계약하고, 용역보수에 대한 소득은 기타소득으로 종합소득세 신고하면 된다.

2. 상가주택(겸용주택) 특징

상가주택은 보통 1~2층은 상가, 그 위층은 주택으로 구성되어 있으며 겸용주택 혹은 꼬마빌딩으로도 부른다. 실거주와 임대수익까지 챙길 수 있어 노후 대비용 재테크 수단으로 각광받고 있다. 최근 세법개정(2022.01.01.)으로 양도세 계산 시 상가는 상가로, 주택은 주택으로 분리과세되며 그동안 비과세로 누리던 세무적 틈새가 사라져 그 인기가 예전만 못하지만 아직도 여러 측면에서 인기가 있는 부동산 상품이다.

참고로 상가주택 거래 시 건축물대장상 용도·면적·건물구조 확인, 불법·위법건축물 여부, 임대사업자 신고, 건물분에 대한 부가가치세 포함 여부 등을 주의 깊게 확인해야 한다.

○ **건물분에 대한 부가가치세**

- 매수인이 매도인에게 부가가치세를 지급하고 매도인이 국세청에 납부하게 되면 매수인은 일정한 요건이 되면 다시 환급을 받을 수가 있다. 이때 매매 당사자 간 포괄양도양수계약을 하게 되면 해당 부동산 및 사업을 그대로 매수인에게 승계하는 것으로, 부가가치세를 별도로 정산하지 않아도 된다. 다만, 그 조건은 매도인과 매수인의 업종과 사업자과세유형이 동일해야 한다.

상가주택은 해당 면적의 크기에 따라 기재하는 확인설명서의 종류도 달라진다.

– **주택 ≧ 상가**: 주거용 확인설명서 작성

– **주택 < 상가**: 비주거용 확인설명서 작성

상가주택은 세법에서 주택과 상가에 대한 양도세 계산을 달리한다. 양도세 계산의 변수는 주택부분의 1세대 1주택 비과세요건 충족 여부와 주택·상가의 면적비율 및 양도가액이다. 자세한 내용은 다음 표를 참고하기 바란다.

○ **상가주택 양도세 어떻게 매기나**

구분		비과세 요건 충족하지 못한 경우	비과세 요건 충족한 경우		
면적		-	주택 면적 ≤ 상가 면적	주택 면적 > 상가 면적	
전체 양도가액		-	-	12억 원 이하	12억 원 초과
양도세 과세	과세 기준	주택과 상가를 분리해서 과세	주택과 상가를 분리해서 과세	전체를 주택으로 보고 비과세 적용	주택과 상가를 분리해서 과세
	주택 부분	주택 양도세 적용	주택 비과세 적용 (양도가액 12억 원 이하와 12억 원 초과로 구분)	주택 비과세 적용	주택 비과세 적용 (양도가액 12억 원 이하와 12억 원 초과로 구분)
	상가 부분	상가 양도세 적용	상가 양도세 적용		상가 양도세 적용

자료: 중앙일보(2022.07.30)

3. 빌딩 특징

빌딩은 부분적으로 투자자가 원하는 용도로 사용할 수 있고, 월세 수입과 매각차익 등을 기대할 수 있다는 장점이 있다. 반면 거래금액이 크고 정보가 부족할 경우 오히려 손해를 볼 수 있으므로 투자와 중개에 유의해야 한다. 빌딩을 주로 중개하는 사무소는 지역 회원제가 영향을 크게 미치지 않으나 계약성사를 위해 타 중개사무소와의 협조는 필요하다. 빌딩은 보통 고가로 거래되는 경우가 많아서 상당한 중개보수 수익을 올릴 수 있다. 규모가 큰 빌딩의 건물주나 매수 의뢰인들은 보통 개인중개사무소보다 중개법인에 대한 신뢰가 높은 편이다. 하지만 최근 지식과 경험이 부족한 중개법인이 우후죽순 생겨나고 있어 의뢰인이나 공인중개사 모두 경계가 필요하다.

빌딩 중개 시 확인사항

- **매수인의 구체적인 투자목적 확인:** 임대, 사옥, 건축, 리모델링 등
- **현장답사를 통한 사전조사:** 상권의 발달 정도, 인근 빌딩의 업종 구성, 시간대별 유동인구 등
- **최적의 테넌트**tenant **구성:** 임대차 구성에 따라 임대수입이 상이(예: 병원과 약국, 주유소와 정비소, 안과와 안경점 등)
- **빌딩 노후도:** 외관, 누수, 균열, 설비하자 등
- 불법·위반 건축물 사용 및 책임 소재
- 월차임 부가가치세(VAT) 포함 여부
- 정화조 용량, 전기 용량, 주차대수, 간판위치, 직통계단 여부 등(정화조 용량, 법정 주차대수는 건축물대장을 통해 확인가능)

4. 상가건물 · 빌딩 매매계약서 특약 예시문

- 본 매매계약은 양 당사자가 등기사항증명서(토지+건물), 토지이용계획확인서, 토지대장, 건축물관리대장 및 물건의 현 상태를 직접 확인하고 계약서에 서명·날인한다.
- 본 계약서상의 면적은 건축물대장 기준이다.
- 매수인은 본 건물의 임대차계약을 승계한다(임대차계약서 사본 첨부).
- 현 임대차는 매수인이 승계하며, 잔금일 기준으로 정산한다. 단, 매도인은 임차인의 기존 임대차계약 내용을 책임진다.*
- 매수인은 잔금 후 현 임차인과의 임대차계약에 추인하기로 한다.
- 본 물건의 옥탑(45㎡)에 불법으로 주거시설을 설치하여 현재 임대차 중임을 매수인이 확인하고 계약한다(보증금 1,000만 원/월세 40만 원).
- 현재 1층 상가는 15㎡ 확장하여 주방으로 사용하고 있음을 매수인이 확인 후 계약한다.
- 매도인은 잔금일에 폐업 신고한다.
- 건물분에 대한 부가가치세(VAT)는 매수인이 별도 지급하기로 한다.

---

* 임차인은 임대인 동의 없이 임차권 양수도 불가하다. 마찬가지로 매매 시 신의성실의 원칙, 공평의 원칙에 따라 임차인 사전 동의 없이 임대인(매도인이나 매수인)이 임차인에게 기존 임대차승계를 강요할 수 없다.

5. 상가건물·빌딩 임대차계약서 특약 예시문

- 본 임대차계약은 양 당사자가 등기사항증명서(토지 + 건물), 토지이
  용계획확인서, 토지대장, 건축물대장, 평면도 및 물건의 현 상태를
  직접 확인하고 계약서에 서명·날인한다.
- 임차인은 등기사항증명서상 ○○은행 채권최고액 10억 원이 있는
  상태의 계약임을 확인한다.
- 월차임 500만 원(VAT별도)과 관리비 100만 원은, 매월 30일에 지정
  계좌로 입금한다(우리은행, 123-456-78900, 주식회사 ○○○).
- 본 상가에 입점하는 업종은 ○○○이며, 업종변경은 사전에 임대인
  과 합의하기로 한다(구체적 업종 표시로 임대차 목적 명확).
- 임차인의 영업 인·허가절차에 임대인은 적극 협조하기로 한다. 임
  대인의 협조나 임차인의 노력에도 불구하고 관할관청으로부터 영
  업허가·신고가 불가할 경우에는 원인무효로 하고 계약해제한다. 이
  때 임대인은 수령한 계약금을 즉시 반환한다.
- 영업 관련하여 민원발생 시 임차인이 책임지기로 한다.
- 임차목적물을 사용수익함으로 인하여 발생하는 각종 부담금(관리비,
  도로 점용료 등)은 약정에 따라 임차인이 부담하기로 한다(별도 약정에
  따라 수익자 부담원칙 적용 가능).
- 본 임차물 좌측 20㎡ 확장 부분은 임차인이 사용수익하며, 행정처분
  발생 시 임차인이 그 처분에 따라 책임진다(대장상 면적이 아니므로 임대
  차 계약면적에 포함되지 않음. 따라서 특약이 아닌 별도약정서에 기재를 권장).
- 임차인은 임대인에 대하여 권리금 및 시설비 등을 청구할 수 없다

(임대인에게 '권리금 회수기회 보장을 요구'하는 것과 임대인에게 직접 '권리금을 청구'하는 것은 다름).

- 본 건물 1층의 용도는 근린생활시설이나 현재 실제 주거시설로 사용되고 있음을 임차인은 확인하였고, 향후 주택임대차보호법 적용 대상임을 공인중개사로부터 설명을 들었다.

- 임차인의 인테리어 공사는 월세보증금 완납 후 시작하고 완납일로부터 20일간 임대인은 무상임대하기로 하며 임대차 기간과 월차임은 그 이후부터 기산한다(무상임대는 업종별, 호경기·불경기 등 상황에 따라 다름).

- 임차인은 임대인의 동의를 구한 후 사용목적에 따라 건물 개보수 및 인테리어를 할 수 있으며, 그 비용은 임차인이 부담한다(상가 인테리어는 보증금 완납 후 인테리어를 협조하는 경우가 대부분이며, 보통 월세만 무상 약정).

- 본 계약서상 기재되어 있는 잔금일보다 사용승인이 늦어질 경우, 잔금은 사용승인일(준공일)로부터 7일 이내에 지급하기로 한다(계약서상 잔금일은 예상일자를 기재하고 특약에 구체적 내용 기재).

- 임차인은 영업상 필요 시 내부시설에 대한 안전시설완비증명서와 소방시설 및 화재보험에 가입해야 한다. 이를 방관하여 발생한 사고 및 경제적손실은 임차인이 책임진다.

- 임대계약기간 종료 시 임차인은 설치한 시설일체를 원상회복한다.

- 간판은 지정장소에 내부 규격에 맞게 1점 설치하기로 한다.

- 월세의 부가가치세(VAT)는 별도로 한다(임대인이 간이과세자인 경우 '현재 임대인은 간이과세자이나 향후 일반과세자 전환 시 부가가치세(VAT)는 별도

로 한다'로 기재 권장).

- 월차임 연체 시 연리 12%의 이자를 연체 금액과 별도 지급한다.

  ※ 월차임 연체 이자 약정이 없을 때는 연리 5%의 연체 이자 적용 가능하다. 또
  최대 약정이자는 12%를 초과할 수 없다.

- 본 계약서에 기재되지 않은 사항은 상가임대차보호법 및 일반부동
  산거래관례에 따른다.

- 기타 사항은 상가건물임대차보호법 및 민법에 준한다.

상가 임대차계약은 다음의 '상가건물 임대차 표준계약서'로 작성하기
를 권장한다.

○ 상가건물 임대차 표준계약서 양식

상가건물 임대차 표준계약서

☐보증금 있는 월세
☐전세   ☐월세

임대인(이름 또는 법인명 기재)과 임차인(이름 또는 법인명 기재)은 아래와 같이 임대차 계약을 체결한다

[임차 상가건물의 표시]

소 재 지				
토 지	지목		면적	㎡
건 물	구조·용도		면적	㎡
임차할부분			면적	㎡

유의사항: 임차할 부분을 특정하기 위해서 도면을 첨부하는 것이 좋습니다.

[계약내용]

제1조(보증금과 차임) 위 상가건물의 임대차에 관하여 임대인과 임차인은 합의에 의하여 보증금 및 차임을 아래와 같이 지급하기로 한다.

보증금	금		원정(₩	)
계약금	금	원정(₩	)은 계약시에 지급하고 수령함. 수령인 (인)	
중도금	금	원정(₩	)은 _____년 _____월_____일에 지급하며	
잔 금	금	원정(₩	)은 _____년 _____월_____일에 지급한다	
차임(월세)	금 (입금계좌:	원정(₩	)은 매월 일에 지급한다. 부가세 ☐ 불포함 ☐ 포함	
환산보증금	금		원정(₩	)

유의사항: ① 당해 계약이 환산보증금을 초과하는 임대차인 경우 확정일자를 부여받을 수 없고, 전세권 등을 설정할 수 있습니다 ② 보증금 보호를 위해 등기사항증명서, 미납국세, 상가건물 확정일자 현황 등을 확인하는 것이 좋습니다 ※ 미납국세·선순위확정일자 현황 확인방법은 "별지"참조

제2조(임대차기간) 임대인은 임차 상가건물을 임대차 목적대로 사용·수익할 수 있는 상태로 _____년 _____월 ___일까지 임차인에게 인도하고, 임대차기간은 인도일로부터 _____년 _____월 _____일까지로 한다.

제3조(임차목적) 임차인은 임차 상가건물을 _____(업종)을 위한 용도로 사용한다.

제4조(사용·관리·수선) ① 임차인은 임대인의 동의 없이 임차 상가건물의 구조·용도 변경 및 전대나 임차권 양도를 할 수 없다.

② 임대인은 계약 존속 중 임차 상가건물을 사용·수익에 필요한 상태로 유지하여야 하고, 임차인은 임대인이 임차 상가건물의 보존에 필요한 행위를 하는 때 이를 거절하지 못한다.

③ 임차인이 임대인의 부담에 속하는 수선비용을 지출한 때에는 임대인에게 그 상환을 청구할 수 있다.

제5조(계약의 해제) 임차인이 임대인에게 중도금(중도금이 없을 때는 잔금)을 지급하기 전까지, 임대인은 계약금의 배액을 상환하고, 임차인은 계약금을 포기하고 계약을 해제할 수 있다.

제6조(채무불이행과 손해배상) 당사자 일방이 채무를 이행하지 아니하는 때에는 상대방은 상당한 기간을 정하여 그 이행을 최고하고 계약을 해제할 수 있으며, 그로 인한 손해배상을 청구할 수 있다. 다만, 채무자가 미리 이행하지 아니할 의사를 표시한 경우의 계약해제는 최고를 요하지 아니한다.

제7조(계약의 해지) ① 임차인은 본인의 과실 없이 임차 상가건물의 일부가 멸실 기타 사유로 인하여 임대차의 목적대로 사용, 수익할 수 없는 때에는 임차인은 그 부분의 비율에 의한 차임의 감액을 청구할 수 있다. 이 경우에 그 잔존부분만으로 임차의 목적을 달성할 수 없는 때에는 임차인은 계약을 해지할 수 있다.

② 임대인은 임차인이 3기의 차임액에 달하도록 차임을 연체하거나, 제4조 제1항을 위반한 경우 계약을 해지할 수 있다.

- 1 / 3 -

제8조(계약의 종료와 권리금회수기회 보호) ① 계약이 종료된 경우에 임차인은 임차 상가건물을 원상회복하여 임대인에게 반환하고, 이와 동시에 임대인은 보증금을 임차인에게 반환하여야 한다.

② 임대인은 임대차기간이 끝나기 6개월 전부터 임대차 종료 시까지 「상가건물임대차보호법」 제10조의4제1항 각 호의 어느 하나에 해당하는 행위를 함으로써 권리금 계약에 따라 임차인이 주선한 신규임차인이 되려는 자로부터 권리금을 지급받는 것을 방해하여서는 아니 된다. 다만, 「상가건물임대차보호법」 제10조제1항 각 호의 어느 하나에 해당하는 사유가 있는 경우에는 그러하지 아니하다.

③ 임대인이 제2항을 위반하여 임차인에게 손해를 발생하게 한 때에는 그 손해를 배상할 책임이 있다. 이 경우 그 손해배상액은 신규임차인이 임차인에게 지급하기로 한 권리금과 임대차 종료 당시의 권리금 중 낮은 금액을 넘지 못한다.

④ 임차인은 임대인에게 신규임차인이 되려는 자의 보증금 및 차임을 지급할 자력 또는 그 밖에 임차인으로서의 의무를 이행할 의사 및 능력에 관하여 자신이 알고 있는 정보를 제공하여야 한다.

제9조(재건축 등 계획과 갱신거절) 임대인이 계약 체결 당시 공사시기 및 소요기간 등을 포함한 철거 또는 재건축 계획을 임차인에게 구체적으로 고지하고 그 계획에 따르는 경우, 임대인은 임차인이 상가건물임대차보호법 제10조 제1항 제7호에 따라 계약갱신을 요구하더라도 계약갱신의 요구를 거절할 수 있다.

제10조(비용의 정산) ① 임차인은 계약이 종료된 경우 공과금과 관리비를 정산하여야 한다.

② 임차인은 이미 납부한 관리비 중 장기수선충당금을 소유자에게 반환 청구할 수 있다. 다만, 임차 상가건물에 관한 장기수선충당금을 정산하는 주체가 소유자가 아닌 경우에는 그 자에게 청구할 수 있다.

제11조(중개보수 등) 중개보수는 거래 가액의 _____ % 인 _____원(부가세 口 불포함 口 포함)으로 임대인과 임차인이 각각 부담한다. 다만, 개업공인중개사의 고의 또는 과실로 인하여 중개의뢰인간의 거래행위가 무효·취소 또는 해제된 경우에는 그러하지 아니하다.

제12조(중개대상물 확인·설명서 교부) 개업공인중개사는 중개대상물 확인·설명서를 작성하고 업무보증관계증서(공제증서 등) 사본을 첨부하여 임대인과 임차인에게 각각 교부한다.

[특약사항]

① 입주전 수리 및 개량, ②임대차기간 중 수리 및 개량, ③임차 상가건물 인테리어, ④ 관리비의 지급주체, 시기 및 범위, ⑤귀책사유 있는 채무불이행 시 손해배상액예정 등에 관하여 임대인과 임차인은 특약할 수 있습니다

본 계약을 증명하기 위하여 계약 당사자가 이의 없음을 확인하고 각각 서명날인 후 임대인, 임차인, 개업공인중개사는 매 장마다 간인하여, 각각 1통씩 보관한다.　　　　　　　　　　년　　　　월　　　　일

임대인	주　　　소						서명 또는 날인㊞
	주민등록번호(법인등록번호)		전　화		성명(회사명)		
	대　리　인	주소		주민등록번호		성명	
임차인	주　　　소						서명 또는 날인㊞
	주민등록번호(법인등록번호)		전　화		성명(회사명)		
	대　리　인	주소		주민등록번호		성명	
개업공인중개사	사무소소재지			사무소소재지			
	사무소명칭			사무소명칭			
	대　　　표	서명 및 날인	㊞	대　　　표	서명 및 날인		㊞
	등　록　번　호		전화	등　록　번　호		전화	
	소속공인중개사	서명 및 날인	㊞	소속공인중개사	서명 및 날인		㊞

별지)

< 계약 체결 시 꼭 확인하세요 >

【당사자 확인 / 권리순위관계 확인 / 중개대상물 확인·설명서 확인】

① 신분증·등기사항증명서 등을 통해 당사자 본인이 맞는지, 적법한 임대·임차권이 있는지 확인합니다.

② 대리인과 계약 체결 시 위임장·대리인 신분증을 확인하고, 임대인(또는 임차인)과 직접 통화하여 확인하여야 하며, 보증금은 가급적 임대인 명의 계좌로 직접 송금합니다.

③ 중개대상물 확인·설명서에 누락된 것은 없는지, 그 내용은 어떤지 꼼꼼히 확인하고 서명하여야 합니다.

【대항력 및 우선변제권 확보】

① 임차인이 **상가건물의 인도와 사업자등록**을 마친 때에는 그 다음날부터 제3자에게 임차권을 주장할 수 있고, 환산보증금을 초과하지 않는 임대차의 경우 계약서에 **확정일자**까지 받으면, 후순위권리자나 그 밖의 채권자에 우선하여 변제받을 수 있습니다.

  ※ 임차인은 최대한 신속히 ① 사업자등록과 ② 확정일자를 받아야 하고, 상가건물의 점유와 사업자등록은 임대차 기간 중 계속 유지하고 있어야 합니다.

② **미납국세와 확정일자 현황**은 임대인의 동의를 받아 임차인이 관할 세무서에서 확인할 수 있습니다.

< 계약기간 중 꼭 확인하세요 >

【계약갱신요구】

① 임차인이 임대차기간이 만료되기 6개월 전부터 1개월 전까지 사이에 계약갱신을 요구할 경우 임대인은 정당한 사유 (3기의 차임액 연체 등, 상가건물 임대차보호법 제10조제1항 참조) 없이 거절하지 못합니다.

② 임차인의 계약갱신요구권은 최초의 임대차기간을 포함한 전체 임대차기간이 10년을 초과하지 아니하는 범위에서만 행사할 수 있습니다.

③ 갱신되는 임대차는 전 임대차와 동일한 조건으로 다시 계약된 것으로 봅니다. 다만, 차임과 보증금은 청구당시의 차임 또는 보증금의 100분의 5의 금액을 초과하지 아니하는 범위에서 증감할 수 있습니다.

  ※ 환산보증금을 초과하는 임대차의 계약갱신의 경우 상가건물에 관한 조세, 공과금, 주변 상가건물의 차임 및 보증금, 그 밖의 부담이나 경제사정의 변동 등을 고려하여 차임과 보증금의 증감을 청구할 수 있습니다.

【묵시적 갱신 등】

① 임대인이 임대차기간이 만료되기 6개월 전부터 1개월 전까지 사이에 임차인에게 갱신 거절의 통지 또는 조건 변경의 통지를 하지 않으면 종전 임대차와 동일한 조건으로 자동 갱신됩니다.

  ※ 환산보증금을 초과하는 임대차의 경우 임대차기간이 만료한 후 임차인이 임차물의 사용, 수익을 계속하는 경우에 임대인이 상당한 기간내에 이의를 하지 아니한 때에는 종전 임대차와 동일한 조건으로 자동 갱신됩니다. 다만, 당사자는 언제든지 해지통고가 가능합니다.

② 제1항에 따라 갱신된 임대차의 존속기간은 1년입니다. 이 경우, 임차인은 언제든지 계약을 해지할 수 있지만 임대인은 계약서 제8조의 사유 또는 임차인과의 합의가 있어야 계약을 해지할 수 있습니다.

< 계약종료 시 꼭 확인하세요 >

【보증금액 변경시 확정일자 날인】

계약기간 중 보증금을 증액하거나, 재계약을 하면서 보증금을 증액한 경우에는 증액된 보증금액에 대한 우선변제권을 확보하기 위하여 반드시 **다시 확정일자**를 받아야 합니다.

【임차권등기명령 신청】

임대차가 종료된 후에도 보증금이 반환되지 아니한 경우 임차인은 임대인의 동의 없이 임차건물 소재지 관할 법원에서 임차권등기명령을 받아, **등기부에 등재된** 것을 확인하고 이사해야 우선변제 순위를 유지할 수 있습니다. 이때, 임차인은 임차권등기명령 관련 비용을 임대인에게 청구할 수 있습니다.

【임대인의 권리금 회수방해금지】

임차인이 신규임차인으로부터 권리금을 지급받는 것을 임대인이 방해하는 것으로 금지되는 행위는 ① 임차인이 주선한 신규임차인이 되려는 자에게 권리금을 요구하거나, 임차인이 주선한 신규임차인이 되려는 자로부터 권리금을 수수하는 행위, ② 임차인이 주선한 신규임차인이 되려는 자로 하여금 임차인에게 권리금을 지급하지 못하게 하는 행위, ③ 임차인이 주선한 신규임차인이 되려는 자에게 상가건물에 관한 조세, 공과금, 주변 상가건물의 차임 및 보증금, 그 밖의 부담에 따른 금액에 비추어 현저히 고액의 차임 또는 보증금을 요구하는 행위, ④ 그 밖에 정당한 이유 없이 임차인이 주선한 신규임차인이 되려는 자와 임대차계약의 체결을 거절하는 행위입니다.

임대인이 임차인이 주선한 신규임차인과 임대차계약의 체결을 거절할 수 있는 정당한 이유로는 예를 들어 ① 신규임차인이 되려는 자가 보증금 또는 차임을 지급할 자력이 없는 경우, ② 신규임차인이 되려는 자가 임차인 으로서의 의무를 위반할 우려가 있거나, 그 밖에 임대차를 유지하기 어려운 상당한 사유가 있는 경우, ③ 임대차 목적물인 상가건물을 1년 6개월 이상 영리 목적으로 사용하지 않는 경우, ④ 임대인이 선택한 신규임차인이 임차인과 권리금 계약을 체결하고 그 권리금을 지급한 경우입니다.

상가중개는 곳곳에 위험이 산재해 있어 쉽지 않다. 따라서 꼼꼼한 계약서 작성은 물론이고, 법적규제 등을 철저하게 확인하는 것이 중요하다. 발생 가능한 변수에 대해서도 평소 관심을 갖고 공부해야 한다. 필자도 과거 인테리어 원상복구에 대한 난처한 경우가 있었다(임대인 A, 기존임차인 B, 신규임차인 C). 인테리어 사업을 운영하던 임차인 B가 본인이 임차 중인 상가의 권리양도를 의뢰했다. 급하게 나가는 상황이라 권리금은 시세보다 낮았다. 임대인 A에게 전화해 B의 임대차 해지와 임대조건을 확인했다. 마침 얼마 전 이동통신 사업장 자리를 찾던 임차인 C에게 전화해 소개했다. 임차인 C도 직접 보고 마음에 들어 했고 만족스러운 권리금으로 임차인 B와 C는 권리양도양수에 동의했다.

① **용역 계약:** 임차인 B와 공인중개사는 권리금 작업에 대한 보수 용역계약을 체결했다. 상가 권리금은 중개대상물이 아니기 때문에 중개보수와 관계없이 별도의 용역보수를 받을 수 있으며, 정해진 법정요율은 없다.

② **권리양도양수계약:** 임차인 B와 C 사이에 영업권리, 시설권리 등에 대한 권리양도양수계약서를 작성, 설명하고 날인을 도왔다.

③ **임대차 계약:** 임대인 A와 임차인 C 사이에 임대차계약 및 중개를 완성했다.

문제는 2년 뒤 만기와 함께 발생했다. 임차인 C가 영업부진을 이유로 임대인 A에게 만기해지를 통보했다. 이에 임대인 A는 상가의 원상복구를 요구했다. 임차인 C는 다른 곳은 다 원상복구하고 임차인 B가 만들어 사용하던 창고 방은 원래부터 있던 거라며, 원상복구를 거절했다.
임차인 C는 입점 당시 창고 방과 관련하여 별도의 약정이 없었기 때문에, 임차인 C는 입점 당시를 기준으로 원상복구하면 된다는 사실을 알고 있었다. 결국 계약서를 작성한 도의적 차원에서 창고방 부분의 원상복구 비용을 일부 지급해드렸다.

다행히 필자는 임대인과의 관계가 나쁘지 않아 이후에도 지속적인 관계를 유지할 수 있었다. 손해배상금액이 크지 않아 큰 문제는 없었지만, 상가 중개에서 이러한 분쟁은 비일비재하다. 이런 경우에는 계약 시 "원상복구 기준은 임차인 B와의 계약 당시임을 임차인 C는 인지한다" 또는 "원상복구 기준은 준공 시점을 기준으로 한다" 등의 특약이 기재되면 문제를 예방할 수 있다.

권리금 계약

우리나라는 2001년 상가건물임대차보호법이 제정되기 전까지 상가 임차인에 대한 보호가 이루어지지 않았다. 이러한 불합리한 환경 속에서 임차인 스스로 본인의 권리를 찾기 위해 새 임차인으로부터 금전을 받기 시작했고 이것이 오늘날의 권리금이 된 것이다. 과거에는 권리금이 인정되지 않았으나 2015년 상가건물임대차보호법 개정으로 합법화되었다.

1. 권리금의 종류

(1) 바닥 권리

상권과 입지에 붙는 권리금으로 시설이 좋거나 장사가 잘되는 것과 관계없이 위치적인 이점으로 매겨지는 자릿세이다. 소위 목이 좋다고 표현되는 곳에 붙는 프리미엄이라고 이해하면 된다. 별도의 산정 공식이 있는 것이 아니라 유동인구, 지리적 위치, 상권의 규모 등에 따라 형성되며 과도한 바닥권리금은 주의해야 한다.

(2) 영업 권리

동일 업종에 대해 거래처, 단골고객, 영업노하우 등을 전수받는 것으로 새 임차인의 업종이 바뀐다면 인정되지 않는다. 매월 일정한 수입이 들어오는 업종을 그대로 인수하는 경우, 6~12개월의 순수익에 해당하는 금액을 지급하는 것을 말한다. 이때 파격 이벤트 등으로 일시적으로 손님이 많아 보이게 하는 꼼수가 있을 수 있으니 주의해야 한다.

(3) 시설 권리

기존 임차인이 사용하던 시설을 그대로 인수하여 사용할 때 지급하는 금액을 말한다. 신규 임차인이 다른 업종이거나, 동일 업종이어도 기존 시설을 모두 교체할 때는 시설권리금을 주지 않아도 된다. 시설 및 인테리어는 시간이 지나면 낡고 성능이 저하되므로 감가상각을 고려하여 인수금액을 책정하는 것이 중요하다.

(4) 허가 권리

관청의 인허가를 받아야 사업을 할 수 있는 업종들이 있다. 이런 업종을 인수하는 경우에 지불하는 것을 허가권리금이라고 한다. 대표적인 예로 담배판매권, 여관, 호텔, 목욕탕, 주유소 등이 있다.

2. 권리금계약 시 검토사항

권리금은 중개대상물에 포함되지 않으므로 권리금계약과 임대차계약은 별도로 체결되며, 각 계약에 따른 보수도 각각 지급하게 된다. 공인중개사는 기존임차인으로부터 물건을 접수받을 때, 임대인과 통화하여 신규임차인과 계약이 가능한지 미리 확인받아야 한다. 간혹 임대인의 의사로 계약이 파기되는 경우도 있기 때문이다. 또한 기존임차인과 신규임차인 간에 원만한 협의가 될 수 있도록 양 당사자의 입장을 잘 조율해야 한다. 권리금계약 시 검토해야 할 사항은 아래와 같다.

- **임대인 확인**: 보증금·차임 동일 or 증액, 계약기간 존속 or 신규계약
- 권리금의 범위와 금액
- 인수인계 물품 목록
- 건축물용도, 면적, 위반건축물 여부, 원인자부담금, 주차장, 정화조 용량, 소방, 직통계단 등
- 허가·등록·신고 및 업종 변경가능 여부
- 행정처분 여부
- 기존임차인은 신규임차인에게 영업자 지위승계 신고서, 영업등록증 등 제공

3. 권리금계약 특약

- 이하 '기존임차인'은 甲, '신규임차인'은 乙, '임대인'은 丙이라 칭한다.
- 본 권리금 계약은 양 당사자가 등기사항증명서(토지+건물), 토지이용계획확인서, 토지대장, 건축물대장, 평면도 및 물건의 현 상태를 직접 확인한 후 계약한 것이다.
- 임대차계약이 정상적으로 이루어지지 못한 경우 본 계약은 무효로 하고, 甲이 수령한 대금은 乙에게 즉시 반환한다.
- 계약일 기준 丙이 보증금 및 월차임을 10% 이상 인상 시 본 권리금

계약은 무효로 하고, 甲은 乙에게 계약금을 즉시 반환하기로 한다.

- 甲은 본 업소로부터 반경 **km 이내에서 동일업종의 영업을 하지 않기로 하며, 위반 시 수령한 권리금의 2배를 乙에게 배상하기로 한다.
- 현재 부과된 행정처분 및 과태료는 잔금일까지 甲이 정리한다.

이 계약서는 「상가건물 임대차보호법」을 기준으로 만들었습니다. 작성시 【작성요령】 (별지)을 꼭 확인하시기 바랍니다.

상가건물 임대차 권리금계약서

임차인(이름 또는 법인명 기재)과 신규임차인이 되려는 자(이름 또는 법인명 기재)는 아래와 같이 권리금 계약을 체결한다.

※ 임차인은 권리금을 지급받는 사람을, 신규임차인이 되려는 자(이하 「신규임차인」 이라한다)는 권리금을 지급하는 사람을 의미한다.

[임대차목적물인 상가건물의 표시]

소 재 지		상 호	
임대면적		전용면적	
업 종		허가(등록)번호	

[임차인의 임대차계약 현황]

임 대 차 관 계	임차보증금		월 차 임		
	관 리 비		부가가치세	별도( ), 포함( )	
	계약기간	년 월 일부터	년 월 일까지(월)		

[계약내용]

제1조(권리금의 지급) 신규임차인은 임차인에게 다음과 같이 권리금을 지급한다.

총 권리금	금	원정(₩)
계 약 금	금	원정은 계약시에 지급하고 영수함. 영수자((인))
중 도 금	금	년 월 일에 지급한다.
잔 금	금	년 월 일에 지급한다.
	※ 잔금지급일까지 임대인과 신규임차인 사이에 임대차계약이 체결되지 않는 경우 임대차계약 체결일을 잔금지급일로 본다.	

제2조(임차인의 의무) ① 임차인은 신규임차인을 임대인에게 주선하여야 하며, 임대인과 신규임차인 간에 임대차계약이 체결될 수 있도록 협력하여야 한다.
② 임차인은 신규임차인이 정상적인 영업을 개시할 수 있도록 전화가입권의 이전, 사업등록의 폐지 등에 협력하여야 한다.
③ 임차인은 신규임차인이 잔금을 지급할 때까지 권리금의 대가로 아래 유형·무형의 재산적 가치를 이전한다.

유형의 재산적 가치	영업시설·비품 등
무형의 재산적 가치	거래처, 신용, 영업상의 노하우, 상가건물의 위치에 따른 영업상의 이점 등

※ 필요한 경우 이전 대상 목록을 별지로 첨부할 수 있다.
④ 임차인은 신규임차인에게 제3항의 재산적 가치를 이전할 때까지 선량한 관리자로서의 주의의무를 다하여 제3항의 재산적 가치를 유지·관리하여야 한다.
⑤ 임차인은 본 계약체결 후 신규임차인이 잔금을 지급할 때까지 임차목적물상 권리관계, 보증금, 월차임 등 임대차계약 내용이 변경된 경우 또는 영업정지 및 취소, 임차목적물에 대한 철거명령 등 영업을 지속할 수 없는 사유가 발생한 경우 이를 즉시 신규임차인과 **개업공인중개사에게** 고지하여야 한다.
제3조(임대차계약과의 관계) 임대인의 계약거절, 무리한 임대조건 변경, 목적물의 훼손 등 임차인과 신규임차인의 책임 없는 사유로 임대차계약이 체결되지 못하는 경우 본 계약은 무효로 하며, 임차인은 지급받은 계약금 등을 신규임차인에게 즉시 반환하여야 한다.

- 1 / 3 -

제4조(계약의 해제 및 손해배상) ① 신규임차인이 중도금(중도금 약정이 없을 때는 잔금)을 지급하기 전까지 임차인은 계약금의 2배를 배상하고, 신규임차인은 계약금을 포기하고 본 계약을 해제할 수 있다.

② 임차인 또는 신규임차인이 본 계약상의 내용을 이행하지 않는 경우 그 상대방은 계약상의 채무를 이행하지 않은 자에 대해서 서면으로 최고하고 계약을 해제할 수 있다.

③ 본 계약체결 이후 임차인의 영업기간 중 발생한 사유로 인한 영업정지 및 취소, 임차목적물에 대한 철거명령 등으로 인하여 신규임차인이 영업을 개시하지 못하거나 영업을 지속할 수 없는 중대한 하자가 발생한 경우에는 신규임차인은 계약을 해제하거나 임차인에게 손해배상을 청구할 수 있다. 계약을 해제하는 경우에도 손해배상을 청구할 수 있다.

④ 계약의 해제 및 손해배상에 관하여는 이 계약서에 정함이 없는 경우 「민법」의 규정에 따른다.

제5조(보수) ① 임차인과 신규임차인은 본 계약의 체결에 따라 개업공인중개사에 대하여 각각 보수를 지급하여야 하며, 그 보수는 약정에 의한다.(보수 :   )

② 개업공인중개사가 본 계약과 관련하여 임대인과 신규임차인 간에 임대차계약, 임차인과 신규임차인간의 임차권 양도・전대차 계약 등을 중개하는 경우 그 보수는 위1항과는 별개로 지급하며 공인중개사법의 규정에 의한다.

③ 개업공인중개사의 고의나 과실 없이 계약 당사자간의 사정으로 계약이 무효, 취소, 해제되어도 위1항과 2항의 보수는 지급한다. 단, 본 계약서 제3조에 따라 계약이 해제되는 경우에는 그러하지 아니한다.

[특약사항]

1. 상가 임대인과 임대차계약이 원만히 성사되지 않을 시 본계약을 무효로 하기로 한다.

본 계약을 증명하기 위하여 계약 당사자가 이의 없음을 확인하고 각각 서명 또는 날인한다.

년   월   일

임 차 인	주 소						(인)
	성 명		주민등록번호		전화		
대 리 인	주 소						
	성 명		주민등록번호		전화		
신규임차인	주 소						(인)
	성 명		주민등록번호		전화		
대 리 인	주 소						
	성 명		주민등록번호		전화		

- 2 / 3 -

(별지)

1. 이 계약서는 권리금 계약에 필요한 기본적인 사항만을 제시하였습니다. 따라서 권리금 계약을 체결하려는 당사자는 이 표준계약서와 **다른 내용을 약정할 수 있습니다.**

2. 이 계약서의 일부 내용은 현행 「상가건물임대차보호법」을 기준으로 한 것이므로 계약 당사자는 법령이 개정되는 경우에는 개정내용에 부합되도록 기존의 계약을 수정 또는 변경할 수 있습니다. 개정법령에 **강행규정이 추가되는 경우**에는 반드시 그 개정규정에 따라 계약내용을 수정하여야 하며, 수정계약서가 작성되지 않더라도 **강행규정에 반하는 계약내용은 무효로 될 수 있습니다.**

3. 임차인이 신규임차인에게 이전해야 할 대상은 **개별적으로 상세하게 기재**합니다. 기재되지 않은 시설물 등은 이 계약서에 의한 이전 대상에 포함되지 않습니다.

4. 계약내용 제3조 **"무리한 임대조건 변경"** 등의 사항에 대해 구체적으로 특약을 하면, 추후 임대차 계약조건에 관한 분쟁을 예방할 수 있습니다.

   (예: 보증금 및 월차임 o% 인상 등)

5. 신규임차인이 임차인이 영위하던 **영업을 양수**하거나, 임차인이 사용하던 **상호를 계속사용**하는 경우, **상법 제41조(영업양도인의 경업금지), 상법 제42조(상호를 속용하는 양수인의 책임)** 등 상법 규정을 참고하여 특약을 하면, 임차인과 신규임차인간 분쟁을 예방할 수 있습니다.

   (예: 임차인은 oo동에서 음식점 영업을 하지 않는다, 신규임차인은 임차인의 영업상의 채무를 인수하지 않는다 등)

> 상법 제41조(영업양도인의 경업금지) ①영업을 양도한 경우에 다른 약정이 없으면 양도인은 10년간 동일한 특별시·광역시·시·군과 인접 특별시·광역시·시·군에서 동종영업을 하지 못한다.
> ②양도인이 동종영업을 하지 아니할 것을 약정한 때에는 동일한 특별시·광역시·시·군과 인접 특별시·광역시·시·군에 한하여 20년을 초과하지 아니한 범위내에서 그 효력이 있다.

> 상법 제42조(상호를 속용하는 양수인의 책임) ①영업양수인이 양도인의 상호를 계속 사용하는 경우에는 양도인의 영업으로 인한 제3자의 채권에 대하여 양수인도 변제할 책임이 있다.
> ②전항의 규정은 양수인이 영업양도를 받은 후 지체없이 양도인의 채무에 대한 책임이 없음을 등기한 때에는 적용하지 아니한다. 양도인과 양수인이 지체없이 제3자에 대하여 그 뜻을 통지한 경우에 그 통지를 받은 제3자에 대하여도 같다.

- 3 / 3 -

공장 · 토지

I. 공장 · 토지 특징

공장이나 토지 중개를 의뢰하는 대부분의 고객은 부동산에 관한 지식과 경험이 풍부하다. 그래서 주로 전문지식이 있고 관련 업종에 대한 경험 있는 공인중개사에게 유리하다. 인허가사항 등 관련 법규와 조례를 잘 숙지하고, 관할 관공서 담당자에게 꼼꼼하게 확인해야 실수가 없다.

공장이나 토지중개의 좋은 점은 퇴근시간 이후나 주말에는 찾아오는 손님이 많지 않아 워라밸이 좋은 편이며 한번에 큰 수익을 얻기도 한다. 반면 거래량이 많지 않아 수입이 적은 시절에는 마음을 잘 다스려야 하는 어려움도 있다. 표시광고법에 따라 인터넷 광고 시 주소와 위치를 노출할 경우 컨설팅 업체 등과 같은 경쟁업체 물건을 편취당할 수 있어, 전속물건 외에는 인터넷 광고를 주의해야 한다.

(1) 일반 공장

공장 중개 시 주소, 지목, 용도지역, 면적(토지, 건물), 가설건축물 여부, 사용승인일, 현 사용현황, 진입로, 전체 층고, 동력, 상수도 여부, 오염원 처리 방식, 화물 엘리베이터 여부, 호이스트 유무, 주차대수, 매매가, 매물사진 등을 잘 정리해두어야 한다.

(2) 지식산업센터

아파트형 지식산업센터는 입점한 기업수와 부동산사무소의 수를 확인하자. 부동산 1개당 기업의 수가 적절히 배분되어 있다면 도전해보는 것도 좋다. 지식산업센터는 매물이 정형화되어 있어 초보자도 도전해볼 만하다. 회사 고객이 대부분이고, 중개보수를 회사경비로 처리하기 때문에 주택보다 중개보수 받기가 유리하다. 또 사업 성장으로 회사를 확장하는 경우 공장이나 공장부지에 대한 수요로 연결되기도 한다. 이때 중개사의 경험에 따른 식견이나 전문지식으로 부속설비 및 유틸리티 등에 대한 자세한 설명이 수반되면 신뢰를 높이게 된다. 더불어 전문 보고서가 함께 제공되면 계약 가능성은 더욱 높아질 것이다.

(3) 토지

주로 50대 이상의 경제적 여유가 있는 사람들이 토지 투자를 하는 편이다. 토지는 대출이 쉽지 않아 최초 자기자본의 비중이 크다. 그래서 보통 젊은층이 투자하기는 쉽지 않다. 토지를 주로 거래하는 공인중개사는 공법 및 개발행위, 인허가 등에 대한 지식이 필요하다.

토지는 여러 명의 공인중개사가 공동중개하는 경우가 많다. 역할에 따라 중개보수를 나누기도 하고 동일하게 배분하기도 하는데, 아무래도 사람이 많다보니 중개보수를 두고 분쟁도 잦다. 이런 상황에서는 계약성 사까지 매도인, 매수인 간의 중간 의사소통이 어렵다. 간혹 당사자와의 통화 중 흘러나오는 말투에서 숨은 의도를 파악하기도 하는데, 중간에 있는 여러 공인중개사들을 거쳐 내용을 전달받다 보면 거래당사자의 진의 파악이 쉽지 않다. 따라서 중간전달자의 말만 듣고 판단하기보다 반드시 거래당사자의 의사를 정확하게 확인하는 것이 좋다. 3명 이상 공인중개사가 공동중개를 제안하는 경우 필자는 계약성사가 쉽지 않음을 알기 때문에 가급적 이런 중개업무는 지양한다.

2. 공장 매매계약서 특약 예시문

- 본 계약은 등기사항증명서(토지+건물), 토지이용계획확인서, 토지대장, 건축물대장, 지적도, 설계도면, 건물배치도, 진입도로 등을 종합 검토하고 물건의 현 상태를 직접 확인·검토한 후 서명·날인한다.
- 창고 옆 확장 부분은 매수인이 승계받기로 한다.
- 본 공장은 가동(연면적 400㎡), 나동(연면적 200㎡)으로 구성되어 있다. (건축물대장상 건물이 2동 이상일 경우, 특약에 건물을 구분하여 용도, 면적 등 구분하여 기재)
- 공장 내에 설치되어 있는 시설물(호이스트, 리프트, 클린룸, 에어샤워, 공

조기)은 매매가에 포함하기로 한다.

- 본 건물의 진입로 ○○번지의 소유권은 사도에 접한 토지주들의 공동소유로 등기된 바, 매도인은 본 매매물건 소유권이전과 함께 사도 소유지분이 이전될 수 있도록 한다(토목공사를 통해 부지 분할 시 건축허가를 위해 사도를 만든다. 이런 경우 진입도로인 사도를 인근 소유주들이 공동 소유 형태로 지분소유하는데, 반드시 확인해 함께 소유권 이전이 될 수 있도록 한다).

- 본 계약은 대리인 ○○○이 진행하였고, 매도인 본인의 인감증명서가 첨부된 위임장 지참 및 매도인과 매수인이 통화 확인하였고, 잔금(소유권 이전) 정산 시 매도인 참석하기로 한다.

- 계약금은 매도인 계좌(○○은행, 123-456-78900, 이매도)로 입금한다.

- 본 계약은 공동소유물건으로 1/2 소유자인 ○○○과 계약하며(다른 1/2 소유자 △△△의 인감증명서 및 위임장 첨부), 공인중개사가 △△△과 통화하여 매매의사를 확인했고, 계약금·중도금·잔금은 1/2씩 공동소유자 각각의 계좌로 입금한다(공동소유자가 배우자 등 가족이더라도 부동산의 처분이나 임대는 일상가사대리권이 미치는 범위가 아니기 때문에 반드시 지분소유자의 의사나 위임의사를 근거서류를 통해 확인).

- 매매대금 중 건물분에 대한 금액의 부가가치세(VAT)는 별도로 한다.

- 건물분의 대한 가격은 매도인의 세무신고에 따른 장부 가격을 기준한다(회사는 대부분 세무기장을 하기 때문에 건물분 부가가치세(VAT) 확인 가능).

3. 공장 임대차계약서 특약 예시문

- 본 계약은 등기사항증명서(토지+건물), 토지이용계획확인서, 토지대장, 건축물대장, 지적도, 설계도면, 건물배치도, 진입도로 등을 종합 검토하고 물건의 현 상태를 직접 확인 후 서명·날인한다.
- 등기사항증명서상 선순위 근저당(○○은행 채권최고액 ***원) 설정 상태의 계약이다.
- 현재 사용전력은 30kw으로, 추후 전기승압 필요 시 임대인은 동의 하기로 하고 그 비용은 임차인이 부담한다(주거 외 중개대상물의 전기 증설 관련 비용은 일반적으로 임차인 부담).
- 임차인은 오폐수 처리 시 관련 법규에 정해진 처리시설이나 수거방식으로 처리하고 임대인에게 통보하기로 한다.
- 임대차기간 종료 시 산업폐기물 및 쓰레기는 임차인이 처리하며, 이를 어길 시 폐기물 처리업자 1인의 견적을 받아 해당 금액을 보증 금에서 공제 후 나머지를 반환한다(오염원 방지의무 확인 필요).
- 임대차기간 종료 시 임차인은 원상복구하기로 하며, 미복구 시 철거비용을 산정하여 보증금에서 공제 후 나머지 비용만 반환한다.
- 임차인은 공장건물의 하중을 초과하는 기계시설 등을 설치하지 않기로 하며, 만약 기계의 하중이나 진동으로 건물하자 발생 시 원상 복구 책임을 진다(임대 대상물이 중간층 공장이나 창고라면, 면적 당 하중이나 진동 관련한 내용도 확인 필수).

4. 토지 매매계약서 특약 예시문

- 본 계약은 등기사항증명서(토지), 토지이용계획확인서, 토지대장, 지적도, 진입도로, 토지 경계 등을 종합 검토하고 물건의 현 상태를 직접 확인 후 서명·날인한다.
- 현황 측량 등의 사유로 계약면적의 증감 발생 시 별도로 정산한다 (1㎡당 ***원으로 산정).

  ※ 토지 매매계약 시 단위면적당 가격 기재로 증감상황에 대한 대처 필요.
- 현재 등기사항증명서상 설정된 근저당권, 가압류는 잔금과 동시에 상환하고 말소등기비용 납부하기로 한다.
- 매매대금에는 해당 부동산 위에 존재하는 수목 등 일체를 포함한다.
- 비닐하우스 1동의 임대차계약(임차인 ○○○, 보증금 ***원, 월차임 ***원, 계약기간 20**.**.**. ~ 20**.**.**.)은 매수인이 승계받기로 한다.
- 본 물건 토지 위의 정착물(컨테이너 2동) 및 농작물은 매도인이 잔금 지급 전까지 정리하며, 잔금 시까지 정리되지 않을 경우 철거업자의 견적을 받아 그 금액은 잔금에서 공제하고 지급한다.
- 본 토지에 존재하는 **기의 분묘는 **년**월**일까지 매도인의 책임과 비용으로 이장한다(분묘는 1차로 위성지도, 항공지도를 통해 확인하고, 2차로 임장을 통해 존재 여부를 반드시 확인).
- 본 계약은 공장 신축 목적의 매매이며 매도인이 인허가·개발행위허가 등을 **년**월**일까지 받는 조건으로 하고, 허가를 득하지 못할 시 본 계약은 원인무효로 한다(이는 조건부 계약으로 유동적 무효).
- 해당 부동산 소재 지역은 토지거래허가구역인 바, 허가가 날 때까

지 계약금은 공인중개사가 보관하고 매도인에게 보관증을 발행하며, 허가와 동시에 매도인 지정 계좌에 입금한다.

- 매수인이 잔금 전까지 농지취득자격증명을 받지 못할 경우 본 계약은 무효로 하며, 매도인은 받은 원금을 매수인에게 즉시 반환하기로 한다(농지취득자격증명은 지목이 전이나 답일 경우 해당. 농업경영계획서는 1,000㎡이상일 때 해당).

- 본 토지의 사용 수익을 위한 모든 인허가사항, 관련 법률의 규제사항 등은 매수인 책임으로 하되, 매도인은 적극 협조하기로 한다.

- 농지보전부담금, 대체산림자원조성비는 매수인에게 귀속한다.

- 매수인은 본 토지가 토목공사 3년이 경과하고 구릉지에 성토하여 신축공사 시 축대 및 토석을 보강할 필요가 있음을 알고 계약한 것으로, 이와 관련한 일체의 절차와 비용은 매수인이 부담하기로 한다.

- 본 토지 진입로(123-45번지)는 개인 사도로서 연***원의 지료를 지불하고 있음을 매수인이 확인하고 계약하며, 잔금 이후에는 매수인이 지급한다.

5. 토지 임대차계약서 특약 예시문

- 임대차 계약체결일 현재 등기사항증명서상에 표시된 근저당은 잔금 전까지 상환 및 말소(감액)하기로 하며, 이에 따른 제반 비용은 매도인이 부담하기로 한다.

- 본 토지에 일체의 가설건축행위를 금지하며 나대지 사용에 국한한다.

- 임대차 계약종료 시 임차인은 임대인에게 부속물매수청구권을 행사하지 않기로 합의한다.
- 본 계약은 주차장 사용목적의 토지 임대차계약이며, 주차장 사용 중 발생하는 사고는 임차인이 책임지는 것으로 한다(아스팔트나 콘크리트 포장과 주차라인이 규정에 맞게 설치되어 있어야 주차장 보험 가입 가능).
- 임차인은 계약만료 시까지 토지의 형질변경이나 기타 공작물 설치가 불가하며, 임대인이 허락한 컨테이너, 철문, 기타 부속물은 계약만료 시에 모두 철거하여 원상복구하기로 한다.

김 박사 이야기 | **토지 중개 및 투자 이야기**

- 공장·토지 중개 시, 전문지식이 없거나 원주민 아닌 초보공인중개사는 계약 체결 하나 못하고 비용만 나가는 경우가 많다. 필자도 약 2년 동안 토지중개에 집중해봤지만 큰 수익을 얻지 못했다. 오히려 다른 작은 물건 중개로 인연이 되어, 큰 물건이 중개되는 경우가 많았다.
  아파트 부지 같은 토지 작업은 내 머릿속에서는 몇 백억이 굴러가며 상상이 되지만, 실상 내 주머니에는 동전만 딸랑거리며 고생한다. 일부는 그러한 고생이 거름이 되어 성공을 거두는 경우도 있지만, 대부분의 공인중개사들이 끝까지 빛을 못 보는 경우가 많다.

- 중개로 내공이 쌓이면 반드시 투자해야 한다. 토지투자는 수익도 좋지만 리스크도 크다. 환금성이 낮은 맹지나 기획부동산의 지분 소유 토지는 특히 주의해야 한다. 또 수도권 제외 지방 토지의 경우 가장 간단한 검증은 네이버나 다음 검색창에 해당 지역 인구를 검색해 추이를 살펴보는 게 좋다. 연도별 그래프를 확인하고 인구가 감소하는 지역은 다시 생각해보자. 간혹 중앙정부 지원을 받아 정부 여당의 예산 밀어주기 사업이 많은 지역

이 있을 수는 있으나 그것도 인구가 감소하면 쉽지는 않다. 기본적으로 지방 토지는 인구 증감을 보고 결정하는 것이 기본적인 리스크를 피할 수 있는 방법이다. 중개사무소에 상담 온 고객이 상속받은 토지의 처분을 상담할 때도 이와 같은 내용을 인용해 컨설팅하는 것도 괜찮다.[*]

• 토지주에게 허락받지 않고 경작하는 농작물이라도 경작자의 소유라는 것은 민법 공부를 통해 모두 잘 알고 있다. 토지주라고 마음대로 처리할 수 없다. 토지를 매수한 건축주가 설계 이후 허가받고 공사진행까지는 상당한 시간이 소요된다. 즉, 여러 계절이 지나야 하고 이미 경작자의 농작물(상추, 고추, 오이 등)은 서리에 운명을 달리하기 때문에 민법 시간에 배운 상황은 발생하지 않는다. 중개사가 이런 개발 예정 토지를 매매거래하게 되면 곧바로 "본 토지는 사유지로써 개발이 예정되어 있어 향후 일체의 경작을 금합니다"라는 문구의 현수막을 제작하여 설치하고 매수인에게 사진전송해보자. 중개사에 대한 매수인의 신뢰도가 상승한다.

---

[*] 기획부동산의 지분 거래피해가 증가함에 따라 수도권 토지취득자금 조달 및 토지이용계획서 제출 의무화(2022.02.28. 적용)

분양권

I. 분양권 특징

분양권 전매란 아파트, 오피스텔 등을 분양받은 사람이 소유권등기 이전에 분양권리를 거래하는 것이다. 현재는 일부 투기과열지구, 조정대상지역 등 수도권 등 일부 지역에서 분양권 전매가 제한되고 있으며, 이렇게 경기상황에 따라 수시로 규제와 해제가 반복되고 있으므로 실시간으로 변경내용을 체크해야 한다.

분양권 거래는 미등기상태의 거래이므로 주의해야 할 사항이 많다. 분양권 매매계약 시 분양권 원본, 확장 및 옵션 계약서, 신분증, 대금납부영수증 등을 잘 확인해야 하고, 양도인의 실제 수령금액, 양수인의 실제 지급금액이 얼마인지 정확하게 설명해야 한다. 분양권 계약체결 후 잔금일 하루동안 은행에서 중도금 대출승계 및 시행·시공사에서 명의변경 등을 진행해야 하므로 오전 일찍부터 서둘러야 모든 업무를 마무리할 수 있다. 대출승계 시 본인이 직접 은행에 방문해야 하며, 양 당사자에게 부속서류나 준비물을 빠짐없이 챙겨오도록 미리 꼼꼼히 안내해야 한다. 자칫하면 서류미비로 어렵게 약속한 일정을 허사로 만들 수 있어, 분양권 거래 프로세스에 대한 공인중개사의 정확한 이해와 확인이 요구된다.

또 분양권은 부동산 투기과열 조짐이 있을 때는 국세청의 단골 전수조사 대상이 되므로, 매매대금은 반드시 명의인 계좌를 통해 거래되어야 한다. 공인중개사 입장에서 지난 거래를 기억해 내는 것은 쉬운 일이 아니므로 계좌를 통한 거래만이 스스로를 보호할 수 있다. 분양권 상태에서의 임대차계약은 계약 당시 미등기 상태로 제대로 된 권리를 확인할 수 없으므로 임차인을 안심시키기 위한 충분한 설명과 설득이 필요하다.

분양권 거래 시 일반 부동산과 마찬가지로 매도 후 양도소득세를 신고해야 한다. 양도차익이 없거나 더 나아가 손해가 있어도 양도소득세 신고는 필수이며, 매도인은 양도일이 포함된 달의 말일부터 60일 이내에 주소지 관할 세무서에 방문하여 신고하면 된다. 참고로 원칙은 주소지 관할 세무서이나 양도세 같은 국세는 전국 어느 세무서에서나 신고접수 가능하다.

공인중개사의 입장에서 분양권 거래는 업무량이나 전문성에 비해 중개보수는 얼마 되지 않는다. 그러다 보니 현장에서는 합법적이지는 않지만 지역별로 합의된 중개보수를 받고 있는 편이다. 분양권 중개보수의 현실화가 필요해 보인다. 그러기 위해서는 공인중개사도 정확한 권리분석을 통해 거래 당사자에게 안전한 책임중개 서비스를 제공해야 한다.

○ **분양권 중개보수 계산식**

> - **분양가액:** 3억 원
> - **매도자 기납입액:** 3,000만 원(계약금 10%)
> - **프리미엄:** 1,000만 원
>
> 이때 중개보수는 계약 시 실제 거래된 금액으로 계산하므로, 분양가액이 아닌 기납입액+프리미엄으로 책정된다. 즉, 기납입액(3,000만 원)+프리미엄(1,000만 원)=거래금액(4,000만 원).
> 따라서 중개보수는 4,000만 원×0.6%=24만 원이다.
> (기납부한 중도금이 있다면 중도금도 포함)

(1) 분양권 명의변경 절차

1. 매매계약서 작성	2. 부동산 실거래 신고필증 발급	3. 중도금 대출 승계	4. 명의변경
	시군구청, 부동산 거래관리시스템	대출은행	분양사무실, 시행사, 모델하우스 등 방문

(2) 분양권 명의변경 시 확인사항

- 전매(명의이전) 가능 여부
- 분양계약자와 분양권 매도인이 동일한지 확인
- 분양계약서, 계약금·중도금·잔금, 현재까지 중도금 납입액, 프리미엄 등
- 옵션계약서, 발코니 확장 유무, 무상 옵션사항 등
- 대출승계 가능 여부
- 시행사, 대출은행, 조합사무실 규정 확인

– 대리인 계약 시: 위임장, 본인 인감증명서 확인

○ **매매계약서 작성 시 필요서류**

매도인	매수인
– 분양, 옵션계약서 – 신분증 – 인감도장	– 신분증 – 인감도장

○ **중도금대출 승계 시 필요서류(은행마다 다를 수 있음)**

매도인	매수인
– 신분증, 인감도장 – 분양·옵션계약서 – 부동산실거래신고필증	– 신분증, 인감도장 – 인감증명서 – 주민등록등본·초본 – 가족관계증명서 – 매매계약서 – 건강보험자격득실확인서 – 소득증빙서류 – 인지세

○ **명의변경 시 필요서류(시행·시공사마다 다를 수 있음)**

매도인	매수인
– 신분증, 인감도장 – 인감증명서(부동산 매도용) – 주민등록 등본 – 분양·옵션계약서 – 부동산실거래신고필증 – 중도금대출 승계확인서	– 신분증, 인감도장 – 인감증명서 – 주민등록등본 – 매매계약서

2. 분양권 매매계약서 특약 예시문

- 본 계약은 분양권 상태의 매매계약으로 분양계약서 원본, 시행사·대출은행의 승계 여부 확인하고 계약한다.
- 매도인의 중도금 대출은 매수인이 승계받기로 하며, 잔금일 기준으로 정산 및 명의이전하기로 한다.
- 매수인이 매도인에게 지급해야 할 금액은 다음과 같다.
  - ▶ 총 1억 5,500만 원 = 계약금(1억 원) + 권리금(5,000만 원) + 발코니 확장 계약금(500만 원)
- 명의이전 및 대출승계 불가 시 본 계약은 무효로 한다.
- 본 계약과 관련한 모든 대금은 분양권 소유자의 계좌로 이체한다 (○○은행, 123-456-78900, ○○○).
- 매수인은 중도금이자(이자 후불제), 보증보험료를 인수하기로 한다.
- 인지세는 매수인이 3개월 이내 납부한다(인지세법에 따라 부동산 분양계약서와 전매계약서는 인지세 과세대상. 미납부 또는 전자수입인지 분실 시 기간에 따라 최고 300%의 가산세 납부).
- 본 분양권계약서는 매도인, 매수인, 공인중개사, 은행, 시공사가 공유하므로 5부 작성한다(계약서 작성 시 계약서를 5부 작성하여 명의 변경 과정 중 은행, 시행사, 시공사 등에 제출 사용하고, 남은 계약서는 잔금 후 파기 처리하는 것이 효율적이다.).

3. 분양권 임대차계약서 특약 예시문

- 본 계약은 분양권상태의 임대차계약으로 잔금일에 임대인(분양자)은 분양잔금을 완납하고, 입주지원센터에 임차인과 동행하여 인수품목을 확인한다.
- 임대인은 잔금일에 중도금 대출금을 상환하고 추가 담보대출을 받지 않기로 한다.
- 본 물건은 신규아파트로 시공사의 하자보수 및 신고에 임차인은 적극 협조하고, 신의성실에 입각하여 관리에 최선을 다한다.
- 신규아파트는 소유권 이전등기가 집단등기로 진행되어, 분양 잔금 이후 상당기간 소요됨을 임차인은 인지한다.
- 본 계약의 시설 상태는 사용승인일(준공일) 시점을 기준으로 한다.
- 임대인은 잔금일 전까지 도시가스 인입, 빨래건조대, 입주청소를 완료하기로 한다.

김 박사 이야기 | **분양권 거래**

분양권 거래는 미등기 상태의 거래다. 중개에 있어 더욱 정확하게 업무처리가 이루어져야 한다. 특히 아래 사항은 분양권 매매 거래 시 놓치기 쉬운 것들을 정리했으니 주의하자.

1. 거래 대금은 반드시 명의인 계좌이체를 통해 거래한다.
위에서도 설명한 바와 같이 분양권 거래가 과열되면 국세청에서 전수조사가 들어간다. 이런 때 지난 기억을 살려 제대로 소명하기에 좋은 방법은 계좌 확인이다. 떳떳한 거래를 하면서 의심의 여지를 남길 필요가 없다.

2. 인지세 납부를 확인하자.

분양권 매매거래는 미등기여서 취득세는 없지만 양도에 따른 양도소득세는 양도차익 유무에 관계없이 신고해야 한다. 더하여 거래에 따른 인지세를 납부해야 한다. 과거의 거래관행은 마지막 분양권 소유자가 소유권 이전등기 시 중간 분양권 거래에 따른 인지세를 모두 인수해 한꺼번에 납부하였지만, 최근에는 거래 시마다 거래당사자가 납부하도록 하고 있다. 따라서 중개사가 계약서를 통해 인지세 납부에 관한 설명과 기재를 권장한다.

○ 인지세 과세대상과 납부기한 및 방법

구분	내용
과세대상	부동산 분양계약서, 분양권 전매계약서
납부방법	계약서 작성 시, 계약서별로 수입인지를 첨부하여 인지세 납부 – 전자수입인지 사이트(www.e-revenuestamp.or.kr) 및 우체국, 은행에서 수입인지 구입 가능
납부기한	과세문서(분양계약서, 분양권 전매계약서)를 작성한 때 – 계약 당시 수입인지를 구입해서 첨부(분양계약: 계약체결일, 분양권전매: 명의변경승인일)

○ 인지세 납부세액

기재금액	납부세액	비고
1억 원 초과 10억 원 이하	15만 원	기재 금액 기준 – 분양계약 시 분양대금 – 분양권 전매계약 시 분양대금+프리미엄
10억 원 초과	35만 원	

○ 인지세 가산세

3개월 초과~6개월 이내	내용 (가산세 부과)	비고
3개월 이내	미납세액의 100%	– 법정납부기한=과세문서를 작성한 때 – 미납부 또는 영수증 분실 시 기간에 따라 가산세 부과
3개월 초과~6개월 이내	미납세액의 200%	
6개월 초과	미납세액의 300%	

3. 복수의 부동산 거래 신고필증을 챙겨 매수인에게 전달하자.

최초 분양자와 최종 매수인 사이에 분양권 명의변경 거래가 추가로 있었다면, 중간에 발생한 모든 거래의 신고필증을 확인하고 확보하여 매수인에게 전달해야 한다. 훗날 매수인이 최종 소유자로 등기접수 시 반드시 필요하다.

PART 7

실무 관련 정보

주거지역에서 북도로 토지 vs 남도로 토지 중 어느 땅이 더 비쌀까?

많은 사람들이 햇볕이 잘 드는 남도로 토지가 더 비쌀 것이라고 생각하지만 보통 북도로 토지가 더 비싸다. 남도로 토지는 건축물의 높이규제인 일조권 사선제한으로 용적률이 줄어들기 때문이다. 일조권 사선제한은 주거지역에서만 적용되지만 상업지역에서도 북향을 더 선호한다. 남향의 경우 햇빛이 잘 들어와 상품 진열 시 상품 변질 등의 문제로 상품성이 떨어지기 때문이다. 참고로 도로사선제한 규정은 건축법 개정으로 2015년 5월 18일에 폐지되었다.

일조권 적용

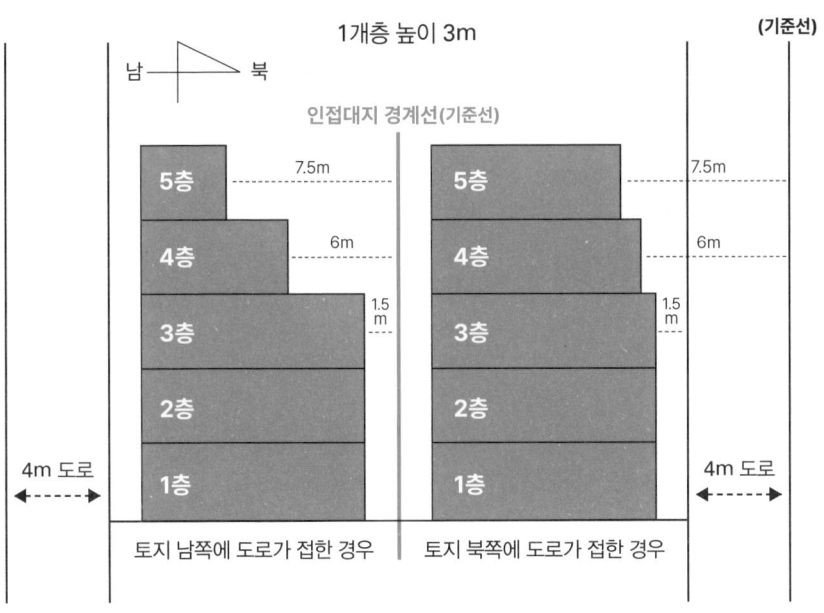

1개층 높이 3m   **(기준선)**

남 ◁ 북

인접대지 경계선(기준선)

5층	7.5m
4층	6m
3층	1.5m
2층	
1층	

5층	7.5m
4층	6m
3층	1.5m
2층	
1층	

4m 도로

토지 남쪽에 도로가 접한 경우   토지 북쪽에 도로가 접한 경우

4m 도로

카페와 중개사무소 겸업이 가능한가?

공인중개사법에서 개인인 개업공인중개사의 겸업은 제한하고 있지 않으며, 타 법령에서 특별히 금지하지 않으면 겸업이 가능하다. 단, 공인중개사법 제14조에 법인인 개업공인중개사의 겸업제한 규정이 있으니 참고하기 바란다.

○ **공인중개사법 제14조**(개업공인중개사의 겸업제한 등)

- ① 법인인 개업공인중개사는 다른 법률에 규정된 경우를 제외하고는 중개업 및 다음 각 호에 규정된 업무와 제2항에 규정된 업무 외에 다른 업무를 함께 할 수 없다. 〈개정 2020. 6. 9.〉

1. 상업용 건축물 및 주택의 임대관리 등 부동산의 관리대행
2. 부동산의 이용·개발 및 거래에 관한 상담

3. 개업공인중개사를 대상으로 한 중개업의 경영기법 및 경영정보의 제공

4. 상업용 건축물 및 주택의 분양대행

5. 그 밖에 중개업에 부수되는 업무로서 대통령령으로 정하는 업무

- ② 개업공인중개사는 〈민사집행법〉에 의한 경매 및 〈국세징수법〉 그 밖의 법령에 의한 공매대상 부동산에 대한 권리분석 및 취득의 알선과 매수신청 또는 입찰신청의 대리를 할 수 있다. 〈개정 2014. 1. 28.〉

- ③ 개업공인중개사가 제2항의 규정에 따라 〈민사집행법〉에 의한 경매대상 부동산의 매수신청 또는 입찰신청의 대리를 하고자 하는 때에는 대법원규칙으로 정하는 요건을 갖추어 법원에 등록을 하고 그 감독을 받아야 한다. 〈개정 2014. 1. 28., 2020. 6. 9.〉

즉, 공인중개사법과 타법에 겸업금지 사항만 확인하면 대부분의 겸업은 가능하다. 하지만 개인적인 의견으로는 겸업이 가능한 업종이더라도 가급적 중개업만 하는 것을 추천한다. 겸업 시 중개업무에 집중하기 쉽지 않고, 고객도 산만함을 느끼며 속 깊은 상담이 어려울 수 있다. 부동산은 중개업무에만 집중해도 거래성사가 쉽지 않다. 또 부동산 매매업과 중개업은 동일인 겸업이 불가능하니 특히 유념하자. 다만, 매매업 법인의 주주가 중개업 임원이 되는 것은 가능하다.

확인설명서에 아파트 방향을
잘못 기재한 경우?

〈서울중앙지방법원 2015가단5288886판결〉

남향 아파트라는 공인중개사의 말을 믿고 고가에 아파트를 샀는데 실제로는 북동향이었다면 그 책임은 누가, 얼마나 져야 할까. 서울 강남의 한 아파트에 살고 있던 이모씨는 지난해 4월 같은 아파트단지 내 다른 동으로 이사를 하려고 부동산 중개업소를 찾았다.

이씨는 공인중개사 2명이 '남향'이라고 소개해준 아파트를 10억 원에 사들였다. 해당 아파트의 평균 시세는 9억 5천만 원이었지만 남향이라는 말에 5천만 원이 더 비싼 것도 감수했다. 매매계약 체결 당시 작성된 '중개대상물 확인설명서'에도 '남서향'이라고 돼 있다.

그런데 이씨는 매매대금을 모두 지급하고 난 뒤에서야 자신이 구입한 아파트가 북동향이라는 사실을 알게 됐다. '계약 체결 전에 집을 구경하긴 했지만 당시에는 북동향인 줄 몰랐다. 그는 "공인중개사들이 잘못 알려준 바람에 5천만 원을 손해 봤다"며 손해배상소송을 냈다.

하지만 법원은 이씨 본인에게도 40% 책임이 있다고 판결했다. 서울중앙지법 45단독 이지현 판사는 "중개인들이 중개대상물 확인설명서에 날인을 했고 이 사건으로 과태료 처분을 받은 사실도 있다"며 "이씨에게 아파트 방향을 잘못 설명했거나 중개대상물 확인설명서에 관련 사항을 잘못 기재한 과실이 있다"고 밝혔으나, "이씨가 매매계약 체결 전 동일한 단지 내 아파트에 살고 있었고, 계약 체결 전 아파트를 방문했을 때 남향이 아니란 사실을 미리 알 수 있었던 사정이 있었다"면서 "이씨의 잘못이 손해의 발생과 확대의 원인이 돼 피고들의 책임을 60%로 제한하는 것이 타당하다"고 밝혔다.

자료: 2016 법무사 5월호(생활 속 법률) 참조

이 사건은 개공에게 60%의 책임을 물어 총 3,000만 원 배상판결이 내려졌다. 아파트의 방향은 주거환경과 밀접한 관련이 있어 매매계약 체결여부에 중요한 판단기준이 되므로 주의해야 한다. 필자의 경우 가급적 8방향으로 사용·설명하는 것을 권장한다. 예를 들어, 거실창이 남서쪽을 향해 있다면 남서향이라고 보수적으로 기재하고 고객에게는 남향에 가깝다고 설명하는 것이 좋겠다.

부동산 목적물의 하자 발생 시
하자담보책임은?

부동산중개 시 하자담보책임 관련한 문제가 종종 발생한다. 민법상 매도인의 하자담보책임이 성립하는 데는 다음의 조건이 필요하다.

- 매매계약이 유효하게 성립해야 한다.
- 부동산 계약 시점에 하자가 있어야 한다.
- 매수인이 선의여야 하며 과실이 없어야 한다.
- 매수인이 그 사실을 안 날로부터 6개월 내에 행사해야 한다

그러나 실제 현장에서는 상기 조건에 대한 기준이 모호한 경우가 많다. 통상 '사실을 안 날'은 잔금일로 판단한다. 그러므로 계약서 특약에 '본 부동산에 대한 중대한 하자발생 시 잔금일을 기준으로 이전은 매도

인이, 이후는 매수인이 하자담보책임을 진다'라고 기재하면 기준이 명확해진다. 공인중개사는 계약서 작성 전에 반드시 하자내용을 꼼꼼히 체크하고 매도인에게 자료를 요청하여, 중개대상물 확인설명서에 정확하게 기재한 후 매수인에게 설명하는 것이 중요하다.

참고로 공인중개사가 매도인 담보책임에 대해 필요 이상으로 자세한 설명을 한 경우, 이것이 부메랑이 되어 돌아올 수 있음을 기억하자. 예컨대 계약 시 매도인 담보책임에 대해 이야기한 경우 관련 문제발생 시 매수인은 공인중개사를 통해 매도인에게 책임을 묻게 되고, 매도인은 이미 잔금과 소유권이전이 마무리된 상태이므로 책임회피 및 상당한 불쾌감을 느끼는 경우가 많다. 그러다 보면 매수인과의 사이에서 원만한 해결보다는 공인중개사의 협상능력으로 평가하며 떠넘기려 한다. 따라서 계약 시 적절하게 서로의 책임범위를 정해주는 것이 좋다.

계약만료 전에 이사할 경우
중개보수는 누가 부담하는가?

甲은 오피스텔 전세 임차인으로 2년을 계약하였으나, 1년이 지난 후 이사를 가게 되었다. 甲의 이전 고지 후 2개월 후에 신규 임차인이 구해져 이사하게 되었다. 이때 중개보수는 누가 부담해야 하는가?

〈서울중앙지방법원 1997.12.21.선고 97가소315820 판결,
법제처 법령해석례[2009.12.24. 국토교통부 참조]〉

임대차 기간만료 전 임차인 사정으로 이사한 경우 중개보수를 임차인이 부담하기로 했다면 합의한 대로 부담한다. 그러나 별도의 합의없이 기간만료 전 임대차가 종료된 경우에는 임대인이 부담해야 하며, 임대차 계약기간 만료 전에 이사를 나가더라도 임차인이 중개보수를 부담할 법적 의무는 없다. 다만, 계약기

간 중 임차인의 사정에 의해 임대차계약을 언제든지 해지할 수 있다는 특약이 없는 한 임대인은 임대차 계약기간 종료 시까지 보증금을 돌려줄 의무가 없으므로, 보증금 반환 관련 임대인과의 협의가 필요하다(민법 제536조 참조).

이처럼 임대차 기간만료 전에 이사하는 경우 중개보수를 누가 부담하는지에 대한 분쟁이 종종 발생한다. 보통 실제 현장에서는 다음과 같이 진행되는 편이니 참고하면 좋겠다.

- 계약만료 전 이사 시 중개보수는 임차인이 부담한다고 계약서 특약에 명시했을 경우 → **임차인 부담**
- 계약서 특약에 명시하지 않고, 만기가 3개월 이상 남은 경우 → **임차인 부담**
- 계약서 특약에 명시하지 않고, 만기가 3개월 미만 남은 경우 → **임대인 부담**
- 계약갱신요구권, 묵시적갱신 행사 후, 기간만료 전 이사 시 → **임대인 부담**

중개보수는 원칙적으로 거래 당사자가 부담하는 게 맞다. 다만 임차인의 사정으로 중도해지를 요구하면 임대인은 해지요구를 거절할 수 있다. 따라서 임차인 계약해지로 발생하는 중개보수 등의 손해는 임차인이 임대인에게 배상하겠다는 의미가 생략되었다고 보면 된다. 결론적으로 중개보수는 계약해지를 요구한 임차인이 납부하게 되는 셈이다. 참고로 개정 주택임대차보호법의 계약갱신요구권을 통해 임대차 계약갱신 시 임차인은 언제든지 임대인에게 계약해지를 요구할 수 있다. 이때는 임차인이 아니라 임대인이 중개보수를 납부해야 한다는 점을 구분하자.

절대 중개하면
안 되는 부동산은?

선순위 근저당권 금액이 높은 경우

전세 임차의뢰인이 있을 경우 권리분석을 위해 해당 물건의 등기사항
증명서를 열람할 것이다. 이때 선순위 근저당 및 기존 임차인 보증금을
확인하여, 만약 경매진행 시 보증금을 전액 반환받기 어렵다고 판단되면
중개하지 않는 것이 좋다. 해당 물건에서 경매로 인한 중개사고 발생 시
공인중개사에게도 손해배상책임이 있기 때문이다. 만약 등기사항증명서
상의 하자를 집주인이 말소하겠다는 조건으로 거래 시에는 특약에 해당
내용을 기재하고, 잔금지급과 동시에 임대인, 임차인과 금융기관에 동행
하여 상환영수증 및 말소확인서를 받아 임차인에게 제시해야 한다.

최근 공인중개사협회의 공제사고 유형이나 발생건수를 확인해보면

다가구주택의 전세계약사고가 월등히 높다. 이른바 깡통전세이다. 따라서 임대인이 선순위 임차인 내역에 대해 제시를 거부하거나, 다가구주택 확정일자 부여현황(임대차기간, 보증금 및 차임)이 적힌 서류를 제출하지 않는다면 계약에 신중을 기해야 할 것이다.

불법건축물

공인중개사는 계약 전에 불법건축물 여부를 꼼꼼히 확인해야 한다. 당사자의 동의하에 거래 시에는 불법건축물 관련 향후 관공서 적발 시 과태료를 누가 부담할지에 대한 내용을 특약에 명시해야 한다. 공인중개사가 해당 건축물에 불법적인 부분이 있음을 알고 사전에 고지했을 경우는 큰 문제가 발생하지 않으므로, 반드시 등기부 및 건축물대장상에 표시된 내용과 실제 건축물에 차이가 없는지 꼼꼼하게 살펴봐야 한다. 만약 불법건축물을 매수인(임차인)이 인지하고 인수를 한다면, 계약서 특약 또는 별도의 약정서를 통해 책임소재를 분명히 하는 것이 좋다.

불법 분양권 거래

불법 분양권은 전매가 금지된 분양권의 불법거래를 말한다. 이 같은 거래가 성행하는 분양권 시장에서 공인중개사가 정상적인 중개를 하기가 쉽지 않을 뿐 아니라, 거래당사자에 대한 처벌수위도 최대 3년 징역이나 3,000만 원 이하의 벌금형에 처해질 수 있다. 더불어 공인중개사는 양도, 알선 등이 금지된 부동산의 분양, 임대 등과 관련 있는 증서 등의 매매, 교환 등을 중개하거나 그 매매를 업으로 하는 행위 시 6월 이하의 자격정지를 부여받을 수 있어 각별한 주의가 필요하다. 더불어 다운계약서를 쓰는 일은 불법적인 행위가 되어 매도인, 매수인은 물론이며 공인중개사에게도 문제가 발생한다. 특히 떴다방 같은 불법 브로커에게 고객을 소개하면 안 된다. 그들은 개업공인중개사와 달리 중개업 등록을 하지 않았으므로 문제발생 시 그에 대한 책임을 지려고 하지 않기 때문이다. 결국 합법적인 거래를 하는 고객과 중개사무소가 피해를 입게 된다.

대리계약 시 본인의 위임장 및
인감증명서는 누가 보관하는가?

〈법무부 법무심의관실 2017. 5. 31.〉

Q.

대리인이 주택 매매계약을 했을 시, 본인의 위임장 및 인감증명서는 매수인과 중개사무소 중 누가 보관해야 하는가?

A.

- 〈민법〉제563조에 "매매는 당사자 일방이 재산권을 상대방에게 이전할 것을 약정하고 상대방이 그 대금을 지급할 것을 약정함으로써 그 효력이 생긴다"고 규정하고, 계약의 형식이나 첨부서류 등에 대해서는 특별히 규정하고 있지 않다. 따라서 대리인 계약 시 민법 이외의 다른 법령 및 당사자의 약정이 없는 한 당사자의 인감증명서 및 위임장 등은 매매계약의 효력 발생을 위해 반드시 첨

부되어야 하는 것은 아니라고 생각된다.

- 매매계약의 당사자는 본인과 상대방이기 때문에 원칙적으로 본인의 위임장 및 인감증명서는 공인중개사 사무소가 아닌 상대방에게 교부하는 것이 적절할 것으로 판단된다.
- 다만, 본인의 위임장 및 인감증명서 교부와 관련하여 민법 이외의 법령(《공인중개사법》등)에서 특별한 규정이 존재하는 경우 혹은 당사자 사이에 다른 약정이 있는 경우에는 교부의 주체가 달라질 수 있다.

대리계약 시 본인 위임장 및 인감증명서는 누가 가지고 있어야 하는지 법적인 지침은 없으나 계약일에 매수인에게 주는 것이 적절하다고 본다. 그러나 필자는 계약 시 해당 서류 사본을 매수인에게 주고 원본은 중개사무소에서 보관하고 있다. 위임장은 위임권한 회수와 관련하여 잔금일에 다시 매도인에게 반환해야 하는데, 종종 매수자가 매도인의 위임장을 분실하는 경우도 있어 중간에서 공인중개사가 난처한 경우가 있기 때문이다. 간혹 매수자가 서류를 요청할 경우에는 "선생님, 잔금 시까지 분실위험이 있으니 원본은 공인중개사인 제가 보관하고 사본을 드리면 어떨까요? 혹시 권리관계 상 문제발생 시 제가 잘 보관하던 위임장 원본을 바로 드리겠습니다" 하고 설득하면 대부분의 매수인은 이해하고 공인중개사의 권유대로 따른다.

개업공인중개사의 대서행위는?

〈대법원 2010. 5. 13. 선고 2009다78863,78870 판결 [손해배상(기)]〉

- ① '공인중개사의 업무 및 부동산 거래신고에 관한 법률'의 목적, 중개업자의 자격요건·기본윤리 등이 엄격하게 규정되어 있는 점, 위 법이 중개업자로 하여금 중개가 완성된 때에 거래계약서 등을 작성·교부하도록 정하고 있는 점 등을 고려하면, 중개업자는 중개가 완성된 때에만 거래계약서 등을 작성·교부 하여야 하고 중개를 하지 아니하였음에도 함부로 거래계약서 등을 작성·교부 하여서는 아니된다.

- ② 부동산중개업자가 자신의 중개로 전세계약이 체결되지 않았음에도 실제 계약당사자가 아닌 자에게 전세계약서와 중개대상물 확인설명서 등을 작성·교부해줌으로써 이를 담보로 제공받아 금전을 대여한 대부업자가 대여금

을 회수하지 못하는 손해를 입은 사안이다. 이것은 일반 제3자가 그 전세계약서에 대하여 중개업자를 통해 그 내용과 같은 전세계약이 체결되었음을 증명하는 것으로 인식하고 이를 전제로 그 전세계약서를 담보로 제공하여 금전을 차용하는 등의 거래관계에 들어갈 것임을 인식할 수 있었다고 보아, 중개업자의 주의의무 위반에 따른 손해배상책임을 인정한 사례이다.

대서행위는 공인중개사의 책임하에 작성하는 것이므로, 문제 발생 시 공인중개사가 그 책임을 지게 된다. 그러나 관행적으로 거절하기 어려운 경우도 있으므로 부득이하게 대서 시 부동산 중개 행위로 생각하고 공부 제시는 물론이고 계약 내용을 정확하게 확인한 후 작성교부한다.

(1) 계약서 작성하기

(2) 확인설명서 작성하기

– 이때 확인설명서 '중개보수' 란에 실제 수령금액 기재 및 영수증 첨부(예: 무상대서, 5만 원)

(3) 공제증서 교부하기

개업공인중개사의
자기거래 범위는?

〈대법원 1990. 11. 9. 선고 90도1872 판결〉

부동산중개업법이 제15조 제5호에서 중개업자 등이 "중개의뢰인과 직접 거래를 하거나 거래당사자 쌍방을 대리하는 행위"를 하지 못하도록 금지한 취지가, 이를 허용할 경우 중개업자 등이 거래상 알게 된 정보 등을 자신의 이익을 꾀하는데 이용함으로써 중개의뢰인의 이익을 해하는 일이 없도록 중개의뢰인을 보호하고자 함에 있는 점에 비추어볼 때, 위 법조 소정의 "중개의뢰인"에는 중개대상물의 소유자뿐만 아니라 그 소유자로부터 거래에 관한 대리권을 수여받은 대리인이나 거래에 관한 사무의 처리를 위탁받은 수임인 등도 포함된다고 보아야 한다.

개업공인중개사가 자신의 명의가 아닌 배우자, 부모, 자녀 소유의 부동산을 거래하는 경우는 자기거래가 아닌 것으로 본다. 다만, 직접거래를 피할 목적으로 배우자, 부모 등의 명의만 빌려(명의 신탁) 계약을 체결한 경우에는 직접거래로 볼 수 있다.

자기거래와 관련하여 많은 공인중개사들이 '중개보수를 받지 않고 직거래하면 가능한가?'라는 질문을 한다. 결론부터 말하면 이것 역시 자기거래다. 나에게 접수된 물건을 다른 공인중개사를 통해 거래해도 자기거래 가능성으로 판단될 가능성이 높다. 쉽게 판단하기보다는 신중해야 한다. 단순하게 가능·불가능 여부를 판단하기 앞서 자기거래에 관한 한 공인으로서의 입법 취지를 이해하면 되지 않을까? 참고로 소속공인중개사, 중개보조원 물건거래 역시 자기거래로 간주한다.

신탁등기된 부동산 임대차계약 시 주의할 점은?

　신탁이란 위탁자가 특정한 재산권을 수탁자에게 이전하거나 기타처분을 하고, 수탁자로 하여금 이익 또는 특정한 목적을 위하여 그 재산권을 관리처분하게 하는 것이다. 신탁등기의 종류로는 담보신탁, 처분신탁, 관리신탁, 개발신탁이 있다.

　신탁등기되어 있는 부동산은 처음 위탁자에게 소유권이 있었고 신탁결정도 위탁자였기 때문에 신탁부동산의 실질 소유주를 위탁자로 생각하기 쉽다. 특히 위탁자가 신탁부동산을 실제 점유하고 있다면 오해할 가능성이 더 커진다. 그러나 신탁이 이루어지면 위탁자는 신탁부동산에 대한 권한을 상실해 신탁원부에 기재된 수탁자의 동의 및 위임 없이 타인에게 양도 및 임대하는 행위를 할 수 없으므로, 반드시 수탁자(신탁사)와 계약을 체결하고 대금도 수탁자(신탁사) 계좌에 입금해야 한다.

간혹 임대차계약의 경우 수탁자의 사전승낙을 받아 위탁자가 계약을 체결하는 경우도 있으나, 보통 위탁자가 임의로 체결한 계약은 수탁자에게 효력을 주장할 수 없어, 세입자가 확정일자를 받더라도 보증금의 전부 또는 일부를 반환받지 못하는 경우가 생길 수 있다. 따라서 위탁자와 임대차계약 시 반드시 수탁자에게 계약가능 여부를 확인해야 하며, 반드시 계약 전에 등기소에서 별도의 신탁원부를 발급받아야 한다.

서울중앙지법 2012가합78165 판결은 임대차 목적물인 부동산이 신탁등기된 부동산임을 설명하지 않은 공인중개사에게, 담보신탁된 부동산에 관한 임대차계약을 중개할 때에는 임차 의뢰인에게 신탁원부를 제시하면서 법적 효과를 설명해야 할 의무가 있음에도 그렇지 않은 사실에 대해 중대한 과실을 물어, 공인중개사에게 50~70%(임차인에게는 30~50%)의 책임을 인정한 바 있으므로 각별히 주의해야 한다.

신탁부동산 임대차계약 시 주의사항

- 신탁원부에 임대차계약 권한이 누구에게 있는지 확인
- 신탁등기된 부동산의 실제 법적 소유권은 임대인(위탁자)가 아닌 신탁사(수탁자)에게 있음을 알기
- 신탁등기된 부동산의 임대차계약 시 현재 소유자인 신탁사(수탁자)와 계약체결
- 계약금 및 보증금은 신탁원부에 기재된 신탁사(수탁자) 계좌번호로 이체하기

- 위탁자 = 신탁자 = 임대인 = 실제 소유자
- 수탁자 = 신탁사 (특히 신탁자와 신탁사를 혼동하는데 상대적 의미임을 기억할 것)

PART 8

부록

부동산 정보 사이트

I. 공공 사이트

정부24 (www.gov.kr)

주민등록등 · 초본, 토지(임야)대장, 건축물대장, 지적도(임야도), 신분증 진위 여부, 전입신고 등

대법원 인터넷등기소 (www.iros.go.kr)

등기사항전부증명서 열람 및 발급, 등기신청 사건조회 등

토지이음 (www.eum.go.kr)

토지이음(구 토지이용규제정보서비스LURIS)은 국토교통부에서 운영하는 사

이트로, 토지이용계획확인서 발급 및 도시계획, 행위제한정보, 규제안내서 등 토지에 특화된 서비스를 제공

일사편리 (kras.go.kr)
부동산종합증명서 확인

씨리얼 (seereal.lh.or.kr)
SEE:REAL(구 온나라 부동산포털)은 LH한국토지주택공사에서 운영하는 부동산 정보 공공포털서비스로, 부동산 가격정보, 이용규제사항 등

국토교통부 실거래가 공개시스템 (rt.molit.go.kr)
주택 실거래가 조회 서비스. 지역별·금액별·면적별 통합 조회 가능. 엑셀로 다운로드하여 고객에게 맞춤형 브리핑 자료로 활용 가능

국토교통부 (www.molit.go.kr)
국토도시, 주택토지, 건설수자원, 교통물류, 항공, 도로철도, 공시지가 등 각종 정보에 대한 보도자료, 정책자료, 카드뉴스 등

한국공인중개사협회 (www.kar.or.kr)
공제신청, 공인중개사 실무·연수·직무교육 신청, 부동산거래정보망 한방, 중개사무소 매매, 구인구직, 부동산종합정보 서식, 전국부동산중개업소 검색 등

법제처 (www.moleg.go.kr)

행정기본법, 생활법령, 법령해석, 세계법제, 법제소식, 법령검색 등

렌트홈 (www.renthome.go.kr)

임대등록시스템, 주택임대사업자, 인상 임대료계산 등

부동산거래 전자계약시스템 (irts.molit.go.kr)

국토교통부 제공 사이트로 부동산전자계약 작성 및 안내, 전자계약 현황
조회 등

부동산 거래관리시스템 (rtms.molit.go.kr)

국토교통부 제공 사이트로 온라인 임대차 신고(확정일자), 매매신고 등

대법원 (www.scourt.go.kr/supreme)

판례, 법령 등 종합법률, 사법통계, 소송, 재판절차 정보, 사건검색 등

국세청 (www.nts.go.kr)

사업자등록증, 기준시가, 현금영수증, 각종 세금 신고납부 등

부동산공시가격알리미 (www.realtyprice.kr)

개별단독주택, 표준단독주택, 공동주택, 개별지, 표준지, 공시가격 등

LH 한국토지주택공사 (www.lh.or.kr)

주거복지, 청약정보, 토지분양, 공공주택, 임대아파트, 택지개발, 산업, 전세, 매입임대 등

HF 한국주택금융공사 (www.hf.go.kr)

보금자리론, 유동화증권, 전세자금보증, 건설자금보증, 주택연금 업무 등

한국부동산원 청약홈 (www.applyhome.co.kr)

청약일정, 분양정보, 경쟁률, 특별공급, 청약신청, 당첨자발표 등

자치법규정보시스템 (www.elis.go.kr)

전체 자치법규, 자치단체별 자치법규, 최근 제개정 자치법규, 입법예고 등

산지정보시스템 (forestland.go.kr)

산림청 운영 사이트로 지형, 경사도, 고도, 수목 등의 정보 제공

아우름 (aurum.re.k)

건축공간연구원(구 건축도시공간연구소) 운영사이트로 우리집 내진설계 간편조회 가능

세움터 (cloud.eais.go.kr)

국토교통부 제공 건축행정업무 전산화 시스템. 주택, 건축물대장, 건축업자 등 업무 소개

서울부동산정보광장 (land.seoul.go.kr:444/land)

실거래가, 시세, 거래민원, 개발정보, 중개업정보 등

경기부동산포털 (gris.gg.go.kr)

실거래가, 거래량, 지도서비스, 개발정보 등 종합정보

인천시 지도포털 (imap.incheon.go.kr)

항공영상지도, 부동산 실거래 지도, 실거래가 조회, 부동산 관련업 등

국세통계포털 (tasis.nts.go.kr)

국세청 운영 사이트로, 통계서비스, 국세통계조회, 세수, 소득세, 부가가치세, 법인세, 양도세, 상속세, 증여세, 사업자현황, 세금통계

정비사업 정보몽땅 (cleanup.seoul.go.kr)

서울시 재개발·재건축 정비사업의 대표 포털. 정비사업 추진과정의 정보공개, 분담금 추정, 조합업무지원 등

국가대중교통DB (www.kotsa.or.kr/ptc)

한국교통안전공단 제공 사이트로 대중교통 운행 및 이용실태, 대중교통 관련 통계조사 등 확인

소상공인시장진흥공단 (www.semas.or.kr)

상권인프라 및 상권정보(업종, 분포도)

임업정보 다드림 (gis.kofpi.or.kr)

맞춤형 산림종합정보 서비스, 필지별 산림정보, 필지별 경사도 정보 조회

학교알리미 (www.schoolinfo.go.kr)

전국 초중고등학교 정보 및 현황

국토지리정보원 (www.ngii.go.kr)

세계·대한민국주변도, 국토정보플랫폼, 지도박물관, 전 국립지리원, 수치지도, 지도제작및 보급, 국가기본측량, 항공사진 수록

대한민국법원 법원경매정보 (www.courtauction.go.kr)

매각공고, 경매물건 열람, 경매절차, 경매서식 및 용어, 법률 정보 제공

온비드 (www.onbid.co.kr)

한국자산관리공사(캠코)의 온라인 공공자산 처분시스템으로 압류, 국유, 공유재산, 부동산, 불용물품 인터넷 공매, 정부재산정보공개 등

팩토리온-한국산업단지공단 (www.factoryon.go.kr)

공장입지 정보, 기업 정보, 공장설립 분석, 공장설립 지원

찾기쉬운 생활법령정보 (www.easylaw.go.kr)

생활법령, 솔로몬의 재판, 100문 100답 등 국민 생활과 밀접한 법령을 알기 쉽게 풀이하여 제공

2. 민간 사이트

바로바로 (www.barobaro.info)

원스톱 부동산 열람서비스로, 5개 서류(등기부등본, 건축물대장, 토지대장, 지적도, 토지이용계획)를 일괄적으로 발급할 수 있어 편리함. PDF나 이미지 파일로 저장도 가능하며 메모기능이 있어 검색에 용이. 과거 데이터가 축적되어 있어, 기존에 열람·발급한 정보는 별도의 과금 없이 확인 가능

네이버부동산 (land.naver.com)

매매 및 임대 물건정보, 아파트 등 부동산 시세, 분양정보, 부동산 뉴스

KB부동산 (kbland.kr)

아파트 시세, 실거래가, 분양, 빌라시세, AI예측시세, 자산관리 등

호갱노노 (hogangnono.com)

아파트 실거래가 및 시세 확인 가능. 매물정보 및 학군, 편의시설, 교통, 가격변동, 인구이동, 경사도 등

밸류맵 (www.valueupmap.com)

토지, 건물, 빌딩, 공장 등 매매, 실거래가 확인 등

디스코-우리동네 부동산 (www.disco.re)

부동산 실거래가, 토지대장, 건축물대장, 등기부등본 등 통합정보를 제

공하는 부동산 앱서비스

아실 (asil.kr)
지역별 공급세대수, 인구수, 매매·전세 가격변동, 주택가격심리지수, 거래량정보, 학군, 정책 등

랜드북 (www.landbook.net)
인공지능 건축 시스템. 건폐율, 용적률 확인, 신축개발 사업성 분석 등

하우빌드 (www.howbuild.com)
건축 수익성 컨설팅, 건설사 견적 비교 등 계획부터 공사까지 맞춤 서비스

카카오맵 (map.kakao.com)
'구 다음지도'로 최신 로드뷰 특징, 스카이뷰 등 확인

네이버 지도 (map.naver.com)
거리뷰, 스카이뷰, 지적편집도, 길찾기, 실시간교통 등

부동산계산기 (부동산계산기.com)
공인중개사 중개보수, 종합부동산세, 재산세, 양도소득세, 등기비용, 법무사보수 등 계산

셀리몬 (www.sellymon.com)

세금계산기, 종부세, 양도세, 증여세, 부담부증여, 취득세, 절세를 위한
최적 증여 플랜

부동산플래닛 (www.bdsplanet.com)

실거래가 조회, 주거용 매물, 상업용 매물, 기업 매물, 입주기업 정보

부동산 지인 (aptgin.com)

지역분석, 수요·입주, 빅데이터 지도, 아파트분석 등 빅데이터 기반의
아파트 정보 사이트

미래철도DB (www.frdb.wo.to)

신설예정 철도, 지하철, 경전철 노선안내

미리캔버스 (www.miricanvas.com)

ppt, 카드뉴스, 포스터, 유튜브 섬네일 등 5만 개 이상의 무료 템플릿으
로 원하는 디자인 제작

부동산 신조어 및 중개업계 용어

낯선 부동산 용어에 당황한 경험이 있다는 초보공인중개사들이 생각보다 많아, 이 장에서는 부동산 신조어 및 중개업계 용어를 정리해보았다.

부동산 신조어

갭 투자: 전세를 끼고 집을 매입하는 것. 매매가와 전세가의 차액만으로 매입하기 때문에 상대적으로 적은 비용으로 투자할 수 있다. 주로 실거주보다는 시세차익을 목적으로 하는 투자의 경우에 많이 이용된다. 예를 들어, 매매가격이 6억 원인 주택의 전세금 시세가 5억 5,000만 원이라면 전세를 끼고 5,000만 원으로 집을 사는 것

갭 메우기: 인근지역의 집값이 지역별로 차이가 날 경우 상대적으로 저렴한 집으로 매수가 몰리므로 가격 격차가 줄어들어 비싼 집과 비슷한 수준으로 올라가는 것. 예를 들어, 서울 부동산 가격이 오르면 경기, 인천, 부산 등 지역별로 돌아가면서 가격이 오르는 것을 볼 수 있다.

영끌: '영혼까지 끌어모으다'의 줄임말로 대출 등 할 수 있는 모든 수단을 동원해 부동산이나 주식에 투자하는 것

빚투: '빚내서 투자한다'의 줄임말로 2020년 후반부터 영끌과 함께 쓰이기 시작한 말

공투: '공동투자'의 줄임말

똘똘한 한 채: 다주택자 규제와 세제적 불이익으로 상대적으로 가치가 낮은 부동산을 처분하고 가장 가치가 높은 한 채의 주택만 소유하는 경향이 생겨나면서 이때 그 한 채를 이르는 말

벼락거지: 자신의 소득에 별다른 변화가 없었음에도 부동산과 주식 등의 가치가 급격히 올라 상대적으로 빈곤해진 사람

부동산블루: 폭등하는 집값과 전셋값으로 좌절감에 빠진 무주택자가 겪는 우울감

이생집망: '이번 생에 집 사기는 망했다'의 줄임말로 내 집 마련에 대한 사람들의 좌절감을 자조적으로 표현한 말

풍선효과: 사회적으로 문제가 되는 특정 사안을 규제 등의 조치를 이용해 억압하거나 금지하면, 규제조치가 통하지 않는 또 다른 경로로 우회하여 유사한 문제를 일으키는 사회적 현상

패닉바잉panic buying**:** 공급 부족이나 가격 상승에 대한 불안 때문에 물품 등을 가격에 상관없이 사재기하는 현상

패닉스테잉panic staying**:** 전세든 매매든 이사를 할 경우 주거의 질이 낮아질 수밖에 없는 경우, 사람들이 주거이동을 포기하고 현재 사는 집에 머무르는 현상

초품아: '초등학교를 품은 아파트'의 줄임말로, 위험한 차도를 건널 필요 없이 자녀들의 안전통학이 가능한 아파트를 의미

슬세권: '슬리퍼+~세권'의 합성어로, 슬리퍼 차림으로 각종 여가·편의 시설을 이용할 수 있는 주거 권역. 보통 '~세권'이라 붙은 신조어를 보면 해당 장소와의 접근성이 좋다는 것을 의미한다. 세대와 직업 현재 생활패턴에 따라 선호하는 지역이 다를 수 있다(역세권: 역에 가까운, 쇼세권: 쇼핑몰에 가까운, 몰세권: 대형마트(몰)에 가까운, 숲세권: 숲에서 가까운, 스세권: 스타벅스 매장 인접, 맥세권: 맥도날드 배달권 등).

역전세난: 주택 가격이 급락하면서 전세 시세가 계약 당시보다 하락해 임대인이 임차인에게 보증금 돌려주기가 어려워진 상황을 의미

청포족: '주택청약을 포기한 사람들'이라는 의미. 높은 가점과 치열한 경쟁률 때문에 청약 당첨 확률이 희박해져, 20~30대의 젊은층 가운데 청포족이 늘어나고 있다.

줍줍: 완료된 청약 건에 대해 미계약, 미분양 건이 발생할 경우 청약통장 사용 없이 해당 물건을 그냥 줍는다는 의미

청무피사: '청약은 무슨 피나 주고 사'의 줄임말로 쉽지 않은 청약당첨은 포기하고 차라리 프리미엄을 주고 주택을 구입하라는 의미

초피: '초기 프리미엄'의 줄임말로 분양당첨 후 계약 전에 붙는 분양권 웃돈을 말함

마피: '마이너스 프리미엄'의 줄임말로 분양권을 팔 때 오히려 금액을 깎아주는 것

무피: 프리미엄이 없는 것

손피: 분양권을 전매할 때 세금 등을 제외하고 매도자의 손에 들어오는 프리미엄

재재: 재개발 · 재건축을 한 번에 일컫는 말

딱지: 재개발 등이 이뤄질 때 조합원 자격이 있는 사람에게 주는 아파트 입주권을 의미

물딱지: 입주권이 생기지 않는 주택이나 건물

뚜껑: 토지에 대한 지분이 없음에도 조합원의 지위를 인정하여 재개발 입주권이 나오는 무허가 건축물

몸테크: 재건축, 재개발 등의 이슈가 있는 오래되고 낡은 건물에서 실거주를 하면서 그야말로 몸으로 버텨 돈을 버는 재테크 방식

구축: 오래된 아파트를 의미하는 말로 신축의 반대 개념

대장: 해당지역에서 가격 상승과 거래를 주도하는 아파트

RR: '로얄동 + 로얄층' 단지 내에서도 더 높은 프리미엄이 붙는 입주민들의 선호도가 높은 아파트를 의미

국평: '국민평형'의 줄임말로 보통 84㎡(약 34평)를 의미

브역대신평초: '브랜드, 역세권, 대단지, 신축, 평지, 초등학교'의 줄임말

로 아파트를 고르는 대표적인 6가지 기준을 의미

하우스푸어: 집은 소유했지만 무리한 대출로 인한 이자 부담 등으로 경제적 여유가 없는 사람들을 말함

렌트푸어: 높은 주택임차료 혹은 보증금 마련을 위한 대출 상환 때문에 경제적 여유가 없는 사람들을 말함

깡통전세: 집주인이 대출을 받아 집을 샀는데 부동산 가격이 떨어져 매매가에서 대출금을 뺀 가격이 기존 전세보증금을 넘어서는 전세로 보증금을 돌려받지 못할 위험이 높아 사회적으로 문제가 되고 있음

손품: 손을 놀리면서 일을 하는 품. 인터넷, 전화 등을 이용하여 간접적으로 부동산에 관한 정보를 수집하는 활동

임장: 부동산 현장을 직접 찾아가 보고 경험하는 것을 의미. 프롭테크 사이트나 각종 부동산 통계, 기사, 책으로 지역 공부를 하는 손품과 달리 주변입지와 분위기를 직접 현장에 나가 살피는 활동

리터루족returoo族**:** '돌아가다return'와 '캥거루kangaroo족'의 합성어. 독립했던 자녀들이 주거비, 육아문제 등으로 다시 부모 세대와 재결합하여 사는 자녀 세대를 가리킨다.

배배테크: '배액배상 + 재테크'를 합친 신조어. 단기간 급격한 시세상승으로 집주인이 계약금의 배액을 물어주고 계약을 파기하는 경우가 많아진 세태를 이르는 말

중개업계 용어

워킹손님: 걸어서 들어온 손님이라는 뜻. 오며 가며 지나가다가 중개사무소에 방문하는 손님

교통: 물건을 가진 사무소와 손님을 가진 사무소를 중간에서 연결해주는 것. 예를 들어, A부동산에 물건이 있고 C부동산에 손님이 있는 경우 B가 A와 C를 연결하여 중개과정에 개입하는 것

양타: 한 중개사무소에서 매물과 고객 쌍방을 연결해 계약을 성사시켜 양쪽 모두에게서 중개보수를 받는 것을 의미

반타: 중개사무소에서 물건이나 손님 중 일방만 제공하고 계약을 성사시킨 경우 한쪽에서만 중개보수를 받는 것을 의미

MGM수수료: 'Members Get Members' 아파트나 상가 등의 분양 시 중개사무소에서 고객을 소개했을 때 시행사에서 중개사무소에 주는 일정의 수수료

주담대: '주택담보대출'의 줄임말

주임사: '주택임대사업자'의 줄임말

일임사: '일반임대사업자'의 줄임말

마통: '마이너스 통장'의 줄임말

주복: '주상복합'의 줄임말

도생: '도시형 생활주택'의 줄임말

생숙: '생활형 숙박시설'의 줄임말

지산: '지식산업센터'의 줄임말

깔세: 임대할 때 기간만큼의 월세를 한 번에 미리 지급하는 단기임대방식(연세도 선납 개념임)

중개사고

공인중개사라면 누구나 중개사고를 걱정한다. 한국공인중개사협회 2017년~2021년도 중개사고 유형별 공제금 지급현황 자료를 참고하면 아래와 같다. 다가구주택 거래사고, 확인설명 미흡사고의 유형이 높은 순위를 차지하고 있다. 중개사고 발생 시 협회 공제사업부 및 보증보험 은 피해자에게 공제금을 선지급하고, 이후 공인중개사에게 구상권을 청구하므로 사고 공인중개사 파산 등의 특별한 경우를 제외하고는 실질적으로 공인중개사가 중개사고 비용을 지급하게 되는 시스템이다. 그러므로 중개사고가 발생하지 않도록 처음부터 신중에 신중을 기하는 것이 중요하다.

한편 중고사고도 계약이 체결되어야 발생하는 것이다. 초보든 베테랑이든 누구라도 새로운 상황이 지속적으로 발생하기 때문에, 초보공인중개사라고 미리 필요 이상으로 두려워할 필요는 없다. 계약 시 급히 서두르기보다 기본원칙을 지켜나가는 것이 중요하다.

○ **사고유형별 공제금 지급 현황(총괄표)**   (단위 : 건, 원)

공제사고 유형별 분류	건수	청구금액	지급금액	지급률	공제금 대비 지급률
개업공인중개사 고의사고	80	8,511,915,523	4,918,496,542	57.8%	10.9%
중개보조원 고의사고	130	19,353,015,186	7,116,226,674	36.8%	15.8%
다가구주택 거래사고	539	38,290,496,337	15,870,325,873	41.4%	35.3%
확인 설명미흡 사고	242	16,545,959,780	8,949,923,793	54.1%	19.9%
진정성 미확인 사고	74	6,624,698,139	4,062,115,407	61.3%	9.0%
신탁부동산 사고	83	9,958,957,288	4,090,231,610	41.1%	9.1%
합계	1,148	99,284,042,253	45,007,319,899	45.3%	100.0%

※ 기간: 2017~2021년   자료: 한국공인중개사협회

상기 '공제금지급현황'을 살펴보면 보조원의 고의사고 비중이 개업공인중개사의 고의사고 비중보다 높은 것을 알 수 있다. 여기서 중개보조원은 단순 직원이 아니며, 공인중개사를 채용한 자격증이 없는 실제 대표인 경우가 많다. 이처럼 공인중개사가 자격증을 대신 거는 조건으로 채용되는 경우는 없어야 한다. 최근 이러한 사고의 증가는 필자가 보기에도 안타깝다.

주로 발생하는 중개사고 유형 및 예방대책은 다음과 같다.

I. 등기사항증명서 미확인으로 인한 사고

- 등기사항증명서 확인 후, 계약서 및 확인설명서 작성 교부
- 중도금·잔금 시에도 재차 등기사항증명서 확인하고, 권리상 변동사항 발생 시 중도금·잔금 지급 협의 혹은 보류
- 신탁등기가 있는 경우 신탁원부를 발급받아 신탁계약내용 및 실권리자 확인
- 가압류, 가처분, 예고등기가 되어 있는 경우 실권리관계를 정확히 파악

2. 중개대상물 확인설명서 미작성 및 설명 누락으로 인한 사고

- 사실적 내용만 기술(추상적 내용은 기술×)
- 공란 없이 성실하게 확인설명서 작성 및 설명
- 근거자료를 통해 정확하게 작성 기재

3. 대리권 미확인으로 인한 사고

- 대리인과 계약 시 본인발급 인감증명서 및 위임장, 대리인의 신분증 확인
- 위임인(본인)과 통화 및 직접 방문 등을 통해 진정성을 확인
- 거래 대금은 반드시 본인 명의 계좌로 이체

4. 계약내용 외 책임특약으로 인한 사고

– 계약에 대한 개업공인중개사의 책임, 연대보증 등의 내용을 기재하
  는 것은 금물

5. 거래대금의 타계좌 입금으로 인한 사고

– 거래대금은 통장사본 확인 후, 반드시 매도인(임대인) 계좌로 입금

6. 직원(소속공인중개사, 중개보조원) 관리소홀로 인한 사고

– 직원의 과실은 대표자 즉, 개공의 책임
– 계약서는 대표자가 직접 작성 및 교부
– 거래대금은 중개사무소에서 수령하지 않는다는 것을 계약 당사자
  에게 설명
– 마지막 임장은 반드시 개공이 확인

7. 신분증 위조사기로 인한 사고

– 정부24, 전화자동응답시스템(1382번)을 통해 주민등록증 진위 여부 확인

- 정부24, 도로교통공단을 통해 운전면허증 진위 여부 확인(진위 여부
  확인된 신분증은 화면캡처로 저장하여 근거확보)
- 계약 시 등기권리증 확인 필수

8. 상가임대차 중개로 인한 사고

- 중개물건지에서 영업 가능한 업종인지 관할 시군구청에 문의
- 권리금 관련 임대인과 임차인의 확인 절차 필요

9. 중개사무소 관리 미비로 인한 사고

- 직원과실로 중개사고가 발생한 경우에도 대표자의 배상책임
- 인장관리 철저(대리 날인 금지)

10. 공동중개 시 개업공인중개업자 미기재로 인한 사고

- 공동중개 시 관련 개업공인중개업자 모두 기재
- 관련 개업공인중개업자 모두에게 공제증서를 받고 유효기간도 확인
- 일방의 과실로 인한 사고도 공동 책임

II. 최근 부동산정책 확인 미비로 인한 사고

- 최근 부동산 뉴스 및 국토교통부 홈페이지 등을 방문하여 변경된 정책을 수시로 확인하고, 고객에게 정확한 정보 전달

○ **최근 확인해야 할 부동산 정책**

- 규제지역(투기과열지구, 조정대상지역 등), 세금(취득세, 양도소득세, 상속세, 증여세 등), 재개발·재건축 조합원 자격 및 명의변경 금지규정, 실거주 요건, 대출제도 변경, 실거래가 신고 및 자금조달계획서 작성, 임대차 3법(계약갱신요구권, 전월세상한제, 전월세신고제) 등

김 박사 이야기 | **공인중개사에게 대서는 중개와 동일한 책임 범위**

필자도 10년 전에 대서로 송사에 휘말린 적이 있다. 단지 내 부녀회장님이 친구와 임대차계약을 직거래로 하는데 좀 도와달라고 부탁했다.

부녀회장: 제 소유 단독주택에 친구가 임차인으로 들어와요. 중개사님께서 대서 좀 해주세요.
필자: (망설이다) 네, 해드려야죠.
부녀회장: 공인중개사 명판도 부탁드려요. 제 친구가 전세대출을 받아야 하는데 공인중개사 명판이 있어야 대출이 가능하다네요. 대서료 드릴게요.
필자: 대서료는 안 주셔도 되요. 다음에 친구분들이나 소개해주세요.

필자 입장에선 대서료보다도 부녀회장을 마음 상하게 할 이유가 없었다. 당시 거래당사자 모두 신분증 진위여부 확인하고 대서를 진행했다. 이어 3년 정

도 시간이 흘러 부녀회장이 전세대출 사기사건의 주범이라는 사실을 알았다. **캐피탈 법률대리인인 ○○법무법인은 중개업무과실행위로 필자를 상대로 민사소송했다. 당시 필자 포함 연루된 5명 공인중개사가 있었다. 피소 금액은 모두 달랐고, '억울하게 당했다'는 공인중개사도 있었고, '대서도 책임 있느냐?'는 공인중개사도 있었다. 필자 피소 금액도 8,700만 원으로 작은 금액은 아니었다. **캐피탈 역시 감정으로 '꼭 받아야겠다'보다는 피소하지 않으면 배임행위가 성립되기 때문에 소송을 한 것처럼 보였다.

필자는 보관하고 있던 계약서와 확인설명서, 신분증 진위 여부 확인 등 보관하고 있던 서류들을 근거로 재판부에 호소했다. 판사의 판단에 따라 손해배상 금액이 결정되는 만큼, 충실한 업무 과정을 최대한 어필했다. 특히 확인설명서에 '무상대서'를 기재 '대서료를 받지 않았다'는 것을 부각하며 '대가성이 없었다'고 주장했다. 1심 재판 결과는 130여 만 원 배상 판결을 받았다. 어떤 점이 판사의 결정에 영향을 미쳤는지 알 수 없지만 필자 생각엔 그래도 최소한 공인중개사로서 책임은 다했다는 평가를 받은 듯했다. 다른 공인중개사들의 손해배상 금액은 3,000만 원 정도로 필자보다 컸다. 이처럼 공인중개사에게 대서는 중개와 동일한 책임 범위에 들어간다는 사실을 명심하자.

최근 대서와 관련해 하급심에서 공인중개사들에게 불리한 판결이 나오고 있다. 대서는 행정사들의 고유업무로 공인중개사나 법무사의 작성을 제한하고 있다. 공인중개사는 대서하기보다는 중개의 요식 사용을 권장한다. 즉, 계약서, 확인설명서 작성, 공제증서 교부를 통해 부동산중개를 하자.

부동산 세무

세법은 자주 개정되기 때문에 수시로 변경된 최신 내용을 파악하는 것이 중요하다. 본 책에서는 2023년 1월 세법을 기준으로 작성하였다.

1. 취득세

정의

부동산, 차량, 기계장비, 골프회원권 등 과세물건의 취득에 대하여 그 취득자에게 과세하는 지방세

신고납부

– 과세물건을 취득한 날로부터 60일이내에 관할 시군구에 신고 납부

– 상속의 경우, 상속개시일(피상속인 사망일)이 속하는 달의 말일부터 6월
이내(납세자가 외국에 주소를 둔 경우 9월)

○ 취득세 등(농어촌특별세, 지방교육세)   (단위 : %)

구분			취득세	농어촌특별세	지방교육세	세율합계
주택	6억 원 이하	85㎡ 이하	1	-	0.1	1.1
		85㎡ 초과	1	0.2	0.1	1.3
	6억 원 초과 ~ 9억 원 이하	85㎡ 이하	1.0~3.0	-	0.1~0.3	1.1~3.5
		85㎡ 초과		0.2		
	9억 원 초과	85㎡ 이하	3	-	0.3	3.3
		85㎡ 초과	3	0.2	0.3	3.5
주택 외(토지, 상가, 공장 등)			4	0.2	0.4	4.6
농지	신규 농지		3	0.2	0.2	3.4
	2년 이상 자경자가 취득		1.5	-	0.1	1.6
상속	농지 외 상속		2.8	0.2	0.16	3.16
	농지		2.3	0.2	0.06	2.56
	2년 이상 자경한 자 농지		0.15	-	0.03	0.18
	1가구 1주택		0.8	-	0.16	0.96
증여	일반		3.5	0.2	0.3	4
	85㎡ 이하 주택		3.5	-	0.3	3.8
신축 등 원시 취득			2.8	0.2	0.16	3.16

☐ 6~9억 원 구간 취득세율 계산방식(취득당시가액×2/3억 원 - 3)×1/100

○ 다주택자 취득세 중과세율 개편 정부안

구분	지역	현행	개정
1주택	전 지역	1~3%	1~3%
2주택	조정대상지역	8%	1~3%
	비조정대상지역	1~3%	
3주택	조정대상지역	12%	6%
	비조정대상지역	8%	4%
4주택 이상·법인	전 지역	12%	6%

※ 관련법 개정안 국회 통과 이후 시행, 2022년 12월 21일자부터 소급 적용   자료: 기획재정부
※ 일시적 2주택(1세대 1주택자가 종전 주택 양도 전 다른 주택 취득한 경우) 제외

주택수 산정 제외

- 공시지가 1억 원 이하 주택(재개발·재건축 사업구역 내 주택은 예외)

- 오피스텔 분양권(취득 후 실제 사용 전까지 용도가 확정되지 않으므로)

- 상속받은 조합원입주권, 주택분양권 5년간 제외(예외: 5년 내 주택으로 전환된 경우)

- 사업용 노인복지주택, 공공지원민간임대주택, 가정어린이집, 사원임대주택, 국가등록문화재주택, 주택건설업자가 멸실목적으로 취득하는 주택, 공사시공자가 대물변제로 취득하는주택, 농어촌주택, 주거용건물 건설업자가 신축하는 재고주택(거주기간 1년 미만)

2. 양도소득세

정의

토지, 건물 등의 부동산, 부동산에 관한 권리, 주식, 파생상품, 신탁수익권, 기타자산 등을 양도함으로서 발생하는 이익을 과세대상으로 하여 부과하는 세금

신고납부

- 양도일이 속하는 달의 말일부터 2개월 이내에 주소지 관할세무서에 예정신고·납부
- 당해연도에 부동산 등을 여러 건 양도한 경우에는 매 건마다 예정신고·납부하여야 하며, 그 다음해 5월 1일부터 5월 31일 사이에 주소지 관할세무서에 확정신고

분할납부

납부할 세액이 1,000만 원을 초과하는 경우 납부할 세액의 일부를 납부기한 경과 후 2개월 이내에 납부

구분	분할납부할 수 있는 세액
납부할 세액이 2,000만 원 이하일 경우	1,000만 원을 초과하는 금액
납부할 세액이 2,000만 원을 초과하는 경우	납부할 세액의 1/2 이하의 금액

양도소득세 비과세 조건

1세대 1주택

- 1세대가 1주택을 2년 이상 보유(비거주자가 거주자로 전환된 경우 3년)

- 2017.08.03. 이후 조정지역에 소재하는 주택을 취득한 경우 보유기
  간 중 2년 이상 거주(조정지역 지정 전 계약하고 계약금을 지급한 무주택 세
  대의 경우 보유요건만 적용, 아파텔(주거용 오피스텔)의 경우 조정지역 지정 전 계
  약하고 조정지역 지정 후 잔금을 치를 경우 거주요건 적용)

- 고가주택이 아닐 것(21년 12월부터 고가주택기준 9억 원→12억 원으로 상향 조정)

- 주택 양도 당시 조합원입주권 또는 주택분양권(2021.1.1. 이후취득분)
  을 보유하고 있지 않을 것

일시적 2주택 비과세 특례(종전주택을 보유한 상태에서 신규주택을 취득한 경우)

- 종전주택 취득일로부터 1년 이상 경과한 후 신규주택을 취득할 것

- 종전주택을 2년 이상 보유할 것

- 신규주택 취득일로부터 종전주택을 비과세 양도기한 내에 양도할 것

○ 종전주택 처분기한

개정안	현행	개정안
양도세 · 취득세 특례	(신규 주택 취득 시점 기준 종전· 신규 주택 모두 조정대상지역인 경우) 신규 주택 취득일로부터 2년 이내 처분	(세목·주택 소재지 구분 없이) 신규 주택 취득일로부터 3년 이내로 처분기한 연장
	(그 외) 신규 주택 취득일로부터 3년 이내 처분	
종합부동산세 특례	신규 주택 취득일로부터 2년 이내 처분	

※ 양도세/취득세: 2023.01.02. 이후 종전주택을 양도하는 경우 적용
※ 종부세: 2023년 납세의무 성립분부터 해당. 지난해 일시적 2주택 특례를 신청한 경우에도 동일하게 적용

자료: 기획재정부

3. 재산세

정의

과세기준일(매년 6월 1일) 현재 토지, 건축물, 주택, 항공기 및 선박 등의 소유자에게 과세하는 지방세

구분	납기일
토지	매년 9월 16일부터 9월 30일까지
건축물·선박·항공기	매년 7월 16일부터 7월 31일까지
주택	– 부과, 징수할 세액의 1/2은 매년 7월 16일부터 7월 31일까지 – 나머지 1/2은 9월 16일부터 9월 30일까지

주택(과세표준)	세율
6,000만 원 이하	0.1%
6,000만 원 초과 1억 5,000만 원 이하	6만 원 + 6,000만 원 초과금액의 0.15%
1억 5,000만 원 초과 3억 원 이하	19만 5,000원 + 1억 5,000만 원 초과금액의 0.25%
3억 원 초과	57만 원 + 3억 원 초과금액의 0.4%

분할납부

재산세의 납부세액이 250만 원을 초과하는 경우 납부할 세액의 일부를 납부기한이 지난 달부터 경과 후 2개월 이내에 분납

구분	분할납부할 수 있는 세액
납부할 세액이 500만 원 이하일 경우	250만 원을 초과하는 금액
납부할 세액이 500만 원을 초과하는 경우	납부할 세액의 1/2 이하의 금액

※ 분할납부하려는 자는 재산세의 납부기한까지 신청서를 시장, 군수, 구청장에게 제출해야 한다.

4. 종합부동산세

정의

과세기준일(매년 6월 1일) 현재 국내에 소재한 재산세 과세대상인 주택 및 토지를 유형별로 구분하여 인별로 합산한 결과, 그 공시가격 합계액이 각 유형별로 공제금액을 초과하는 경우 그 초과분에 대하여 과세되는 세금

유형별 과세대상	공제금액
주택(주택부속토지 포함)	9억 원(1세대 1주택자 12억 원)
종합합산토지(나대지·잡종지 등)	5억 원
별도합산 토지(상가·사무실 부속토지 등)	80억 원

* 2021년 귀속분부터 법인 주택분 종합부동산세 기본공제 배제.

부과징수 또는 신고납부

- **부과징수**: 관할세무서장은 종합부동산세의 세액을 결정하여 해당 연도 12월 1일부터 12월 15일까지 부과·징수
- **신고납부**: 종합부동산세를 신고납부방식으로 납부하고자 하는 자는 해당 연도 12월 1일부터 12월 15일까지 관할 세무서장에게 신고하여야 하고, 이 경우 부과되었던 세액은 없었던 것으로 간주

분할납부

납부할 세액이 250만 원을 초과하는 경우에는 납부할 세액의 일부를 납부기한이 지난 달부터 6개월 이내에 분납

구분	분할납부할 수 있는 세액
납부할 세액이 500만 원 이하일 경우	해당 세액에서 250만 원을 차감한 금액
납부할 세액이 500만 원을 초과하는 경우	납부할 세액의 1/2 이하의 금액

종합부동산세율

○ **2023년 주택분 종합부동산세율 현황(2022.12.23.개정)**

과세표준	기본세율	중과세율
3억 이하	0.50%	
3억 초과~6억 이하	0.70%	
6억 초과~12억 이하	1.00%	
12억 초과~25억 이하	1.30%	2.00%
25억 초과~50억 이하	1.50%	3.00%
50억 초과~94억 이하	2.00%	4.00%
94억 초과	2.70%	5.00%

※ 기본세율: 2주택 이하 소유자
※ 중과세율: 3주택 이상 소유자

○ **재산세와 종합부동산세 비교**

개요		1차 재산세 (지방세)	2차 종합부동산세(국세)		
			주택	나대지 등	사업용 토지
기준일		매년 6월 1일	매년 6월 1일		
과세기준 금액		없음	주택공시가액이 '9억 원 초과(1세대 1주택은 12억 초과)'	나대지공시가액이 5억 원 초과	사업용 건물 부수토지가액이 80억 원 초과
과표 적용율		시가표준액* 공정시장가액비율	공시가액*공정시장가액비율(2022년 60%)		
주택세율		0.1~0.4%	– 2주택 이하(조정대상지역 2주택 포함) 0.5~2.7% – 3주택 이상 0.5~5%		
납기일	건물	7/16~7/31	12/1~12/15		
	토지	9/16~9/30			
	주택	위 기간 1/2씩			
신고 납부		고지납부(보통징수)	고지납부(신고납부제도 병행)		

5. 부가가치세(VAT: Value Added Tax)

정의

- 상품의 거래나 서비스의 제공과정에서 얻어지는 부가가치에 대하여 과세하는 세금
- 부가가치세＝매출세액－매입세액
- 부가가치세는 물건값에 포함되어 있기 때문에 실제로는 최종소비자가 부담하는 것이며, 사업자는 최종소비자가 부담한 부가가치세를 대신 세무서에 납부하는 것

과세구분

○ 일반과세자

- 10% 세율 적용
- 매입세금계산서상의 세액을 전액 공제받을 수 있고, 세금계산서 발급 가능
- 연간 매출액이 8,000만 원(동일인 사업자 매출액 합계액 기준) 이상으로 예상되거나, 간이과세 배제 업종 또는 지역(예: 강남구에서 공인중개사사무소 운영 시)에서 사업 시

○ 간이과세자

- 1.5~4%의 낮은 세율 적용
- 매입액(공급대가)의 0.5%만 공제받을 수 있고, 신규사업자 또는 직전연도 매출액이 4,800백만 원 미만인 사업자는 세금계산서 발급 불가
- 주로 소비자를 상대하는 업종으로 연간 매출액이 8,000만 원(과세유흥장소 및 부동산임대업은 4,800만 원)에 미달할 것으로 예상되는 소규모사업자의 경우

간이과세자로 등록하는 것 고려
- 간이사업자이면서 직전년도 매출액이 3,000만 원 이하의 사업자는 부가가치세 납부의무 면제
- 동일인 사업자 매출액 합계가 8,000만 원 초과 시 익년 일반과세자로 자동전환
- 둘 이상의 사업자 중 한 개의 사업자가 일반과세 전환 시 나머지 사업자 매출액 관계 없이 익년 일반과세자로 자동전환
- 참고로 간이과세자는 사업자의 상황에 따라 유리한 경우도 있고 불리한 경우도 있음

신고납부

○ 일반과세자

과세기간	과세대상기간		신고납부기간	신고대상자
제1기 1.1~6.30	예정신고	1.1.~3.31.	4.1.~4.25.	법인사업자
	확정신고	1.1.~6.30.	7.1.~7.25.	법인·개인 일반사업자
제2기 7.1~12.31	예정신고	7.1.~9.30.	10.1.~10.25.	법인사업자
	확정신고	7.1.~12.31.	다음해 1.1.~1.25.	법인·개인 일반사업자

○ 간이과세자

과세기간	신고납부기간
1.1.~12.31.	다음해 1.1.~1.25.

부동산의 부가가치세

– **부가가치세 부과:** 국민주택규모(전용 85㎡ 미만) 범위 초과 주택을 공급하는 경우, 사업용으로 사용되는 부동산(오피스텔, 사무실, 상가 등, 오피스텔은 주거용인지 사업용인지를 항상 파악하고 납세자의 말을 100% 확신할 수 없으므로 부가가치세와 관련한 문제는 담당 세무사와 확인하도록 하는 것이 필요함)

– **부가가치세 미부과:** 토지, 국민주택규모(전용 85㎡ 미만) 범위 내 주택 공급

– 중개보수 산정 시에는 부가가치세를 제외한 월차임에 대해 계산되어야 함

임차인의 미납국세 열람제도 개선
(국세징수법 제109조)

국세징수법

① 임차인의 미납국세 열람제도 개선(국징법 §109)

현 행(정부안 없음)	수 정 안
□ 임차인의 미납국세 열람 제도	□ 임차인의 열람권 확대
❶ (열람권자) 주거용 건물 또는 상가건물 **임차희망자**	o (좌 동)
❷ (열람대상) 임대인의 미납국세 금액	
❸ (열람절차) ⁱ)임대차계약전에 ⁱⁱ)임대인의 동의를 받아 ⁱⁱⁱ)건물 소재지 관할 세무서장 에게 신청 가능	❸ 임대인 동의 없이 열람 가능한 예외 신설 등 i) 열람기간: 임대차계약 전 → 임대차개시일까지 ii) 예외신설 ▪ (원칙) 건물 소유자 동의를 받아 열람 신청 가능 ▪ (예외) 임대차 계약을 한 경우는 임대인의 동의 없이도 열람 신청 가능* * 임차보증금 규모가 일정 이하(시행령)인 경우는 제외 iii) 열람기관: 건물 소재지 관할 세무서 → 전국 세무서 iv) 통지의무 신설: 세무서장은 열람 내역을 임대인에게 통지

※ 수정이유: 임차인의 주택임차보증금 보호 강화
※ 시행시기: 2023.4.1. 이후 열람을 신청하는 분부터 적용

자료: 기획재정부 보도자료
'2022년 세제개편안 본회의 통과'(2022.12.23.)

주택임대차보호법 vs 상가건물 임대차보호법

I. 주택임대차보호법

주택임대차보호법은 주거용 건물의 임대차에 대해서 민법에 대한 특례를 규정함으로써 국민의 주거생활 안정을 보장할 목적으로 제정된 법률이다. 특히 최근 개정된 '임대차 3법'은 계약갱신요구권, 전월세상한제, 전월세신고제를 말하는데 현재 존폐를 앞두고 관심이 집중되고 있다. 아마도 적절한 보완이 필요해 보인다.

계약갱신요구권

정의: 임차인이 희망하는 경우 1회에 한해 2년 계약갱신을 요구할 수 있는 권리로, 임대인은 이를 정당한 사유없이 거부할 수 없음

신청기간: 임대차기간이 끝나기 6개월~2개월 전까지 청구 가능

대상: 2020년 12월 10일 이후, 최초 체결 및 갱신된 계약에 적용(2020.12.10 이전 계약은 6개월~1개월 전에 계약갱신요구 가능)

내용: 동일한 조건으로 재계약, 차임과 보증금은 5% 범위 내 증액가능

○ **계약갱신요구권 거부가능 사유**

1. 임차인이 2기의 차임액에 해당하는 금액에 이르도록 차임을 연체한 사실이 있는 경우
2. 임차인이 거짓이나 그 밖의 부정한 방법으로 임차한 경우
3. 서로 합의하여 임대인이 임차인에게 상당한 보상을 제공한 경우
4. 임차인이 임대인의 동의 없이 목적 주택의 전부 또는 일부를 전대(轉貸)한 경우
5. 임차인이 임차한 주택의 전부 또는 일부를 고의나 중대한 과실로 파손한 경우
6. 임차한 주택의 전부 또는 일부가 멸실되어 임대차의 목적을 달성하지 못할 경우
7. 임대인이 다음 각 목의 어느 하나에 해당하는 사유로 목적 주택의 전부 또는 대부분을 철거하거나 재건축하기 위하여 목적 주택의 점유를 회복할 필요가 있는 경우
   가. 임대차계약 체결 당시 공사시기 및 소요기간 등을 포함한 철거 또는 재건축 계획을 임차인에게 구체적으로 고지하고 그 계획에 따르는 경우
   나. 건물이 노후·훼손 또는 일부 멸실되는 등 안전사고의 우려가 있는 경우
   다. 다른 법령에 따라 철거 또는 재건축이 이루어지는 경우
8. 임대인(임대인의 직계존속·직계비속을 포함한다)이 목적 주택에 실제 거주하려는 경우(분쟁사례 빈번)
9. 그 밖에 임차인이 임차인으로서의 의무를 현저히 위반하거나 임대차를 계속하기 어려운 중대한 사유가 있는 경우

Q. 묵시적 갱신 이후 계약갱신요구권을 행사할 수 있는가?

A. Yes. 계약갱신요구권은 1회에 한하여 행사할 수 있다. 묵시의 갱신은 계약갱신요구권을 행사한 것이 아니어서 아직 임차인의 권리가 남아 있다. 즉, 계약갱신요구권은 사용하지 않으면 남아 있는 쿠폰과 같다.

Q. 임대인이 매도 목적으로 갱신거절이 가능한가?

A. No. 계약갱신요구권 거부가능 사유 외에는 불가하다.

Q. 계약갱신요구 시 임차인은 무조건 2년 살아야 하는가?

A. No. 임차인은 언제든지 임대인에게 계약해지를 통지할 수 있으며, 임대인이 통지받을 날부터 3개월이 지나야 계약해지 효력발생. 계약갱신 후 2년을 못 채우고 나가더라도 임차인 중개보수 납부의무나 다른 임차인 주선의무 없음

Q. 허위 갱신거절 시 손해배상액 청구 산정방법은?

A. 1. 임대인과 임차인 간 손해배상 합의금
2. 상기 '1'이 없는 경우, 법정 손해배상청구 가능액 중 가장 큰 금액
1) 갱신거절 당시 월차임의 3개월분에 해당하는 금액
2) 임대인의 제3자에게 임대하여 얻은 환산월차임과 갱신거절 당시 환산월차임 간 차액의 2년분에 해당하는 금액
3) 갱신거절로 인하여 임차인이 입은 손해액

전월세상한제

정의: 계약갱신 시 임대료의 증액 상한을 5% 이내로 제한하는 제도

적용시기: 2020년 7월 31일부터 시행

내용: 존속중인 계약에서 계약갱신요구권을 행사하는 경우에 적용되

며 증액청구는 차임과 보증금의 5%를 초과하지 못한다.

○ **Q&A**

Q. 임대인이 요구하면 5%를 무조건 올려주어야 하는가?

A. No. 계약 갱신 시 5%는 증액상한률이며 그 범위 내에서 협의 가능

Q. 신규임차인에게도 임대료 상한제가 적용되는가?

A. No. 임대차계약 갱신 시에만 적용

전월세신고제

정의: 주택임대차계약 당사자 간 임대기간, 임대료 등의 계약내용을 신고하도록 하여 임대차 시장정보를 투명하게 공개하고 임차인의 권리를 보호하기 위해 도입되는 제도

적용시기: 2021년 6월 1일부터 시행(과태료 유예기간: 2022.05.31.~2023.05. 31.까지 1년 추가 연장)

신고대상

- 〈주택임대차보호법〉 제2조에 따른 주택

- 수도권(서울특별시, 인천광역시, 경기도), 광역시 및 도(군 단위 제외)의 시, 세종특별자치시, 제주특별자치도

- 보증금 6,000만 원 초과 또는 월차임 30만 원을 초과하는 주택임대 차 계약

- 신규 및 갱신계약 모두 신고대상이나 계약금액 변동이 없는 갱신계 약은 제외

신고내용

– 인적사항: 임대인·임차인 성명, 주민등록번호, 주소, 연락처

– 구비서류: 주택임대차계약서, 주택임대차계약 신고서

– 임대차 관련 정보: 임대 목적물 정보(주택유형, 주소, 임대면적 등), 임대
차계약 내용(임대료, 계약기간, 체결일 등)

– 미신고 혹은 거짓신고 시 100만 원 이하의 과태료 부과(유예기간 중
과태료 미부과)

신고방법

– 온라인 신고: 부동산 거래관리시스템(rtms.molit.go.kr), 스마트하우스
모바일앱

– 오프라인 신고: 임대주택 관할 주민센터

– 누가: 임대차계약 당사자(임대인, 임차인), 위임받은 공인중개사 중 1인
※ 매매 실거래신고는 공인중개사가 공인인증서 접속을 통해 신고 가능하나, 전
월세 신고는 당사자(임대인, 임차인)의 위임을 받아 신고하는 번거로움 때문에 당
사자 신고로 설명하고 약정할 것을 권장한다(특약 예시: 전월세 신고는 계약일로부터
30일 이내 임차인이 신고하고 임대인과 공인중개사에게 통보한다).

– 언제: 계약체결일로부터 30일 이내

2. 상가건물 임대차보호법

〈상가건물임대차보호법〉은 상가건물 임차인 중 일정 보증금 이하의
임차인만을 보호하며, 일정한 요건을 갖춘 경우(사업자등록, 영업용 사용, 환

산보증금 이하) 대항력, 우선변제권, 존속기간 등의 보호를 받을 수 있다.

적용시점

상가건물 임대차보호법은 2002년 11월 1일에 시행된 법안으로, 등기부등본상의 선순위 담보물권이 설정된 시점을 기준으로 법 적용 여부를 판단할 수 있다.

상가건물임대차보호법 적용 범위(2019.04.02 이후)

'인터넷등기소-자료센터-소액임차인의 범위 등 안내' 카테고리에서 우선변제받을 임차인 및 보증금 중 일정액의 범위와 기준을 전국의 지역별로 확인 가능하다.

지역	적용범위
서울특별시	9억 원 이하
과밀억제권역 및 부산광역시	6억 9,000만 원 이하
광역시, 세종, 파주, 화성, 안산, 용인, 김포, 광주	5억 4,000만 원 이하
그 밖의 지역	3억 7,000만 원 이하

소액임차인의 최우선변제권

○ **소액임차인 기준(2019.04.02 이후)**

지역	임차인 보증금 범위	보증금 중 일정액의 범위
서울특별시	6,500만 원 이하	2,200만 원
과밀억제권역(서울 제외)	5,500만 원 이하	1,900만 원
광역시(과밀억제권 제외), 안산, 용인, 김포, 광주시	3,800만 원 이하	1,300만 원
세종, 파주, 화성시	3,000만 원 이하	1,000만 원
그 밖의 지역	3,000만 원 이하	1,000만 원

※ 환산보증금 적용 기준일: 등기사항증명서상 선순위담보권 설정일

○ 상가건물 환산보증금 산출 예시

> 예) 보증금 2,000만 원, 월세 50만 원(VAT별도)
>
> 2,000만 원+(50만 원*100)=7,000만 원
>
> 따라서 이때의 환산보증금은 7,000만 원

상가건물 임차인의 권리금회수기회 보호

○ 상가건물 임대차보호법 제10조의4(권리금 회수기회 보호 등)

> - ① 임대인은 임대차기간이 끝나기 6개월 전부터 임대차 종료 시까지 다음 각
>   호의 어느 하나에 해당하는 행위를 함으로써 권리금 계약에 따라 임차인이 주
>   선한 신규임차인이 되려는 자로부터 권리금을 지급받는 것을 방해하여서는
>   아니 된다.
>
> - 임차인이 주선한 신규임차인이 되려는 자에게 권리금을 요구하거나 임차인이
>   주선한 신규임차인이 되려는 자로부터 권리금을 수수하는 행위
> - 임차인이 주선한 신규임차인이 되려는 자로 하여금 임차인에게 권리금을 지
>   급하지 못하게 하는 행위
> - 임차인이 주선한 신규임차인이 되려는 자에게 상가건물에 관한 조세, 공과금,
>   주변 상가건물의 차임 및 보증금, 그 밖의 부담에 따른 금액에 비추어 현저히
>   고액의 차임과 보증금을 요구하는 행위
> - 그 밖에 정당한 사유 없이 임대인이 임차인이 주선한 신규임차인이 되려는 자
>   와 임대차계약의 체결을 거절하는 행위

환산보증금 초과 임차인

적용	– 대항력 – 계약갱신요구권 – 권리금 회수기회 보호 – 3기 차임 연체 시 계약 해지 – 시세대로 차임증감 청구 가능
미적용	– 우선변제권 – 최우선변제권 – 묵시적 갱신(임대인 계약해지 가능) – 5% 이내 차임 인상 한도 – 임차권등기명령

○ 주택임대차보호법과 상가건물 임대차보호법 비교

구분	주택임대차보호법	상가건물 임대차보호법
적용범위	주거용 건물 임대차	사업자등록의 대상이 되는 상가건물로 대통령령이 정하는 보증금액 이하 임대차
적용제외	일시사용을 위한 임대차	일시사용을 위한 임대차
대항력	주택인도 + 전입신고	건물인도 + 사업자등록신고
우선변제권	주택인도 + 전입신고 + 확정일자	건물인도 + 사업자등록신고 + 확정일자
보호금액	주택가액 1/2 범위 내 대통령령으로 정한 금액	상가건물가액 1/2 범위 내 대통령령으로 정한 금액
임대차기간	최소 2년	최소 1년(최장기간은 없음)
계약갱신요구	2년 + 2년(계약갱신)	5년→10년으로 변경(2018.10.16 개정)
계약갱신 요구시기	임대차 종료 6개월~2개월 전까지 (2020.12.10 개정)	임대차 종료 6개월~1개월 전까지
계약갱신요구 거절 (임대인 직접 사용)	가능(직계존비속)	불가
임대인 계약해지	차임 2기 연체 시	차임 3기 연체 시 (+권리금 회수기회보장 불가)
차임증감청구	인정(5% 이내)	인정(5% 이내)
권리금 회수기회	해당없음	가능
전대차 (임대인 동의)	- 계약갱신요구권은 부분적 적용 가능(임대차 기간 내)	- 계약갱신요구권은 부분적 적용 가능(임대차 기간 내) - 권리금 회수기회보장 불가

김 박사 이야기 | **지혜로운 임차인 관리**

부동산 자산가들이 주는 팁을 잘 활용하자. 부동산 자산증식도 축구와 비슷하다. 공격은 투자고, 수비는 세무라고 한다. 보통 이기는 게임은 공격을 통해 득점을 해야만 한다고 알고 있다. 하지만 공격 성공으로 득점을 해도 수비가 뚫려 자주 실점하게 된다면 승리할 수 없다. 이처럼 부동산도 공수 조화를 살펴야 하는데 무엇보다 초보자는 수비가 우선이다. 세무는 모든 투자의 단단한 뒷받침이다.

그런데 최근 부동산 투자자에게 세무와 함께 또 다른 수비능력이 요구된다. 바로 임대차보호법이다. 임대차보호법은 주택임대차보호법과 상가건물임대차보호법으로 구분되는데 철저한 사례공부를 통해 정확하게 이해해야 한다. 투자 부동산은 많은 임대차 관계를 유지한다. 여기서 임차인에게 받는 월세는 투자 물건의 수익률이다. 문제는 임차인이 투자자(임대인) 계산대로 움직이지 않을 때도 있고, 임대차보호법 뒤에서 권리주장을 넘어 악용하는 사례도 발생하고 있다는 것이다. 이렇게 되면 투자기대가 예측하지 못한 방향으로 흘러간다.

세무는 세무전문가를 통해 미리 준비할 수 있지만, 임차인은 상황에 따라 모두 다른 사람이기에 같은 기준을 적용하기 어렵다. 임대보호법에 대한 정확한 이해가 없으면 자칫 투자실패로 이어진다. 갈수록 임차인보호가 법제화되어 가는 현실에서 지혜로운 임차인 관리가 투자성패를 좌우한다.

○ **1. 부동산중개보수요율표 (2021년 시행기준)**

서울특별시 부동산 중개보수 요율표

• 주택(주택의 부속토지, 주택분양권 포함)
(서울특별시 주택중개보수 등에 관한 조례 제2조 별표1) (2021. 12. 30 시행)

거래내용	거래금액	상한요율	한도액
매매 · 교환	5천만원 미만	1천분의 6	25만원
	5천만원 이상 ~ 2억원 미만	1천분의 5	80만원
	2억원 이상 ~ 9억원 미만	1천분의 4	없음
	9억원 이상 ~ 12억원 미만	1천분의 5	없음
	12억원 이상 ~ 15억원 미만	1천분의 6	없음
	15억원 이상	1천분의 7	없음
임대차등 (매매 · 교환 이외)	5천만원 미만	1천분의 5	20만원
	5천만원이상 ~ 1억원미만	1천분의 4	30만원
	1억원 이상 ~ 6억원 미만	1천분의 3	없음
	6억원 이상 ~ 12억원 미만	1천분의 4	없음
	12억원 이상 ~ 15억원 미만	1천분의 5	없음
	15억원 이상	1천분의 6	없음

• 오피스텔
(공인중개사법 시행규칙 제20조제4항) (2015. 1. 6 시행)

적용대상	거래내용	상한요율
전용면적 85㎡이하, 일정설비(전용입식 부엌, 전용 수세식 화장실 및 목욕시설 등)를 갖춘 경우	매매 · 교환	1천분의 5
	임대차 등	1천분의 4
위 적용대상 외의 경우	매매 · 교환 · 임대차 등	1천분의 9

• 주택 · 오피스텔 외(토지, 상가 등)
(공인중개사법 시행규칙 제20조제4항) (2015. 1. 6 시행)

거래내용	상한요율
매매 · 교환 · 임대차 등	거래금액의 1천분의 9

부동산 중개보수 적용기준

1 중개보수는 거래금액 × 상한요율 이내에서 중개의뢰인과 개업공인중개사가 서로 협의하여 결정 (단, 한도액 초과 불가)
   ◉ 「공인중개사법 시행규칙」 제20조제1항, 제4항
2 중개보수의 지급시기는 개업공인중개사와 중개의뢰인간의 약정에 따르되, 약정이 없을 때에는 중개대상물의 거래대금
   지급이 완료된 날로 함 ◉ 「공인중개사법 시행령」 제27조의2
3 보증금 외 차임이 있는 거래금액 : 보증금 + (월차임×100) 단, 합산한 금액이 5천만 미만일 경우 : 보증금 + (월차임×70)
   ◉ 「공인중개사법 시행규칙」 제20조제5항
4 건축물 중 주택 면적이 1/2이상인 경우 주택의 중개보수, 주택 면적이 1/2 미만인 경우 주택 외의 중개보수 적용
   ◉ 「공인중개사법 시행규칙」 제20조제6항
5 분양권 거래금액 : 거래 당시까지 불입한 금액(융자 포함) + 프리미엄
6 중개보수의 부가가치세는 별도임.
7 개업공인중개사는 주택 외의 중개대상물에 대하여 중개보수 요율의 범위 안에서 실제 자기가 받고자 하는 공인중개사법
   시행규칙 제10조제2호에 따른 중개보수, 실비의 요율 및 한도액표를 게시하여야 함 ◉ 「공인중개사법 시행규칙」 제20조제7항

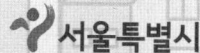
서울특별시

경기도
부동산 중개보수 요율표

① 주택(부속토지, 주택분양권 포함) : 「경기도 주택 중개보수 등에 관한 조례」 별표1

거래내용	거래금액	상한요율	한도액
매매 · 교환	5천만원 미만	1천분의 6	25만원
	5천만원 이상 ~ 2억원 미만	1천분의 5	80만원
	2억원 이상 ~ 9억원 미만	1천분의 4	–
	9억원 이상 ~ 12억원 미만	1천분의 5	–
	12억원 이상 ~ 15억원 미만	1천분의 6	–
	15억원 이상	1천분의 7	–
임대차 등	5천만원 미만	1천분의 5	20만원
	5천만원 이상 ~ 1억원 미만	1천분의 4	30만원
	1억원 이상 ~ 6억원 미만	1천분의 3	–
	6억원 이상 ~ 12억원 미만	1천분의 4	–
	12억원 이상 ~ 15억원 미만	1천분의 5	–
	15억원 이상	1천분의 6	–

② 오피스텔 : 「공인중개사법 시행규칙」 제20조제4항, 별표2

적용대상	거래내용	상한요율
전용면적 85㎡ 이하 (전용입식 부엌, 전용수세식 화장실 및 목욕시설 갖춘 경우)	매매 · 교환	1천분의 5
	임대차 등	1천분의 4

* 단, 위 적용대상 외 매매/교환/임대차 등의 거래시에는 1천분의 9의 상한요율 적용

③ 토지, 상가 등 : 「공인중개사법 시행규칙」 제20조제4항

거래내용	상한요율
매매 · 교환 · 임대차 등	1천분의 9

부동산 중개보수 적용기준

(1) 중개보수는 거래금액의 상한요율 이내에서 중개의뢰인과 개업공인중개사가 서로 협의하여 결정(단, 한도액 초과 불가)
▶ 「공인중개사법 시행규칙」 제20조제1항, 제4항

(2) 중개보수의 지급시기는 개업공인중개사와 중개의뢰인간의 약정에 따르되, 약정이 없을 때에는 중개대상물의 거래대금 지급이 완료된 날로 함 ▶ 「공인중개사법 시행령」 제27조의2

(3) 보증금 외 차임이 있는 거래금액: 보증금+(월차임×100) ▶ 「공인중개사법 시행규칙」 제20조제5항
※ 합산한 금액이 5천만원 미만일 경우 재계산: 보증금+(월차임×70)

(4) 건축물 중 주택 면적이 1/2 이상인 경우 주택의 중개보수, 주택 면적이 1/2 미만인 경우 주택 외의 중개보수 적용
▶ 「공인중개사법 시행규칙」 제20조제6항

(5) 분양권 거래금액: 거래 당시까지 불입한 금액(융자포함)+프리미엄

(6) 중개보수의 부가가치세는 별도

경기도
GYEONGGI-DO

○ 2. 계약갱신요구권 행사 여부 확인서

계약갱신요구권 행사 여부 확인서				
임대인 (매도인)	성명		주민등록번호	
	주소			
목적물				
계약갱신요구권 행사 여부	기행사	[　]	임대차 기간	～
	행사	[　]	현재 임대차 기간	～
			갱신 후 임대차 기간	～
	불행사	[　] 예) 행사하지 않기로 합의된 경우		
	미결정	[　] 예) 응답이 없거나 연락이 안되는 경우 등		
	해당사항 없음	[　] 예) 1. 임대인이 실거주하고 있는 경우 　　　2. 계약갱신요구권 행사기간이 도래하지 않은 경우		

※ 계약갱신요구권 행사는 임대차기간이 끝나기 6개월 전부터 1개월 전까지의 기간에 가능 (단,
　'20.12.10. 이후 최초로 체결되거나 갱신된 계약에 대한 계약갱신요구권 행사는 임대차기간이
　끝나기 6개월 전부터 2개월 전까지의 기간에 가능)

임대인(매도인)은 위 내용이 사실과 틀림없음을 확인합니다.

　　　　　　　　　　　　　　　　　　　　　　　　　　　년　　월　　일

　　　　　　　확인자 : 임대인(매도인)　　　　　　(서명 또는 인)

○ 3. DM 발송 예

(주) 네오부동산중개법인
명품중개로 품격은 높이고 200% 안심중개로 편안하게..

"네오부동산중개법인은
직원 9명 모두가 공인중개사로
이루어진 부동산 전문 중개 주식회사로
광교에 본사 사옥을 소유하고 20여년
부동산 중개 경험을 바탕으로 안전한
부동산 중개 서비스를 제공합니다"

김진희 공동대표
(공주대부동산학과겸임교수)

이율 변호사
(부동산전문변호사)

중개전문
컨설턴트

광교 원천동 462번지 네오빌딩 2.3층 전체

200% 안심중개
- 보증 2억원, 200% 안심보증
- 권리분석사, 변호사법률자문
- 전원 공인중개사(9명)

풍부한 매수자 네트워크
- 광교 전문 중개 법인
- 전국 공인중개사 연계 네트워크
- 에듀윌 공인 중개사 네트워크

세금 절세 노하우
- 부동산 관련 조세 정보제공
- 절세 사례 가이드
- 전문 법무사, 세무사 연결

투자설계 및 중개
- 전국망 투자 중개 네트워크
- 토지, 주거 및 상가 등 분야별
  전문가 다년간 투자 중개 경험

네오로 나들이 하세요

네오중개사무실은 광교네오빌딩 2.3층 전체를 사용하고 있으며 편안한
휴식공간을 구비하고 있습니다. 편안하게 오셔서 좋은 음악과 함께 차 한잔
하시며 프리미엄 부동산 관련 문의 사항도 안내 받으실 수 있습니다.

외부전경   2층 사무실   3층 상담실

(주) 네오부동산공인중개사 031-215-5117, 고객 행복을 함께 그려가겠습니다~!